中共河北省委党校（河北行政学院）创新工程科研项目

生态产品价值市场化机制研究

牟永福 等 著

人民出版社

目 录

序　言

目前，"绿水青山就是金山银山"的理论深入人心。随着我国持续推进荒漠化、石漠化综合治理，强力实施重大生态修复工程，森林、湖泊、湿地面积不断扩大，水源涵养能力和环境容量不断增强，生产空间、生活空间和生态空间不断优化，生态产品供给能力极大增强。

习近平总书记指出，"保护生态环境就是保护生产力，改善生态环境就是发展生产力"①。在现代经济发展进程中，生态优势已经成为一个国家和地区综合竞争力的重要组成部分。一个地方的生态环境越好，对技术、资金、人才等生产要素的集聚能力就越强，好生态会带来好发展。马克思认为，生产力包含了自然生产力和社会生产力，社会生产力的发展是建立在自然生产力基础之上的。从这个角度理解，良好的生态环境本身就是资源、资产，是潜在的发展优势和效益，就是生产力。

进入新时代，人们对生活品质的要求逐步提高，对优美生态环境的需求日益强烈，开始从"求温饱"转向了"盼环保"、从"谋生计"转向了"要生态"。正如习近平总书记所说："良好生态环境是最公平的公共产品，是最普惠的民生福祉。"②天蓝、地绿、水清是民生福祉的重要内容，是金钱所不能代替的。因此，我们既要创造更多的物质财富和精神财富以满足人

---

① 《习近平关于社会主义生态文明建设论述摘编》，中央文献出版社 2017 年版，第 4 页。
② 《习近平关于社会主义生态文明建设论述摘编》，中央文献出版社 2017 年版，第 4 页。

民日益增长的美好生活需要，也要提供更多优质生态产品以满足人民日益增长的优美生态环境需要，提高人民群众的生态获得感、生态幸福感和生态安全感。

强大富裕而环境污染不是美丽中国，山清水秀但贫穷落后同样不是美丽中国。那么，如何变"生态优势"为"发展优势"、变"资源优势"为"经济优势"、变"比较优势"为"竞争优势"，让绿色发展成为人民群众高质量生活的增长点，成为经济社会健康发展的支撑点，打通"绿水青山""金山银山"的转化通道呢？

2018 年 4 月，习近平总书记指出，"要积极探索推广绿水青山转化为金山银山的路径，选择具备条件的地区开展生态产品价值实现机制试点，探索政府主导、企业和社会各界参与、市场化运作、可持续的生态产品价值实现路径"。[①]2021 年 4 月，中共中央、国务院出台《关于建立健全生态产品价值实现机制的意见》，明确了"政府主导、市场运作"是生态产品价值实现的重要原则。[②]2022 年 10 月，党的二十大报告指出："建立生态产品价值实现机制，完善生态保护补偿制度。"[③]因此，建立生态产品价值实现机制，是激发"绿水青山"动能、释放"金山银山"效应的最优路径选择。

生态产品价值的实现就是通过特殊的机制将生态产品的潜在价值转化为经济价值和社会价值的过程。《生态产品价值市场化机制研究》从市场化的维度，将价格、供求、竞争等市场经济运行机制引入生态产品的生产、交换、消费和定价过程，探讨了当前我国生态产品价值实现的方法、模式、政策等问题，具有较大的理论和现实意义。

---

① 《十九大以来重要文献选编》（上），中央文献出版社 2019 年版，第 407 页。

② 《关于建立健全生态产品价值实现机制的意见》（2021 年第 14 号），2021 年 4 月 26 日。

③ 习近平：《高举中国特色社会主义伟大旗帜　为全面建设社会主义现代化国家而团结奋斗——在中国共产党第二十次全国代表大会上的报告》，人民出版社 2022 年版，第 51 页。

　　发挥市场对生态资源要素配置的决定性作用是促进生态产品价值实现的关键。因此，必须建立统一的生态产品价值核算制度，构建完善的生态产品市场交易体制机制，通过市场化运行机制实现生态产品的成本显性化及外溢收益的内部化，进而打通"两山"转化的市场通道。

　　开展"生态家底"普查，建立生态资源"账本"，为生态资源贴上"价格标签"，变资源为资产、资产为资金，是加快推进生态产品价值实现的前提条件。本书从生态产品价值的时间和空间两个维度，绘制了生态系统分布图、形成了生态产品目录清单，构建了生态产品价值核算数据支撑系统。并且，以解决森林、草原、湿地等资源空间重叠、数据差异为突破口，实现了生态产品和生态环境数据信息的多元融合，从而为生态产品价值核算提供了统一规范的技术、标准和方法。

　　本书认为，通过实施生态产品价值核算、扩大统一开放市场、促进竞争和供求信息的公开透明等手段，促进生态产品市场价格与资源稀缺程度、生态要素价值以及环境损害成本等条件实现联动变化，充分发挥价格机制的重要作用，以科学的价格杠杆撬动供求关系的天平，从而提升生态产品的持续供给和满足人们生态需求的能力。通过生态产品供给与环境规制指标的相互"挂钩"及"可交易"，本书也积极探索了以"生态银行"为代表的规模化运营、绿色信贷等资源运营和融资机制，开拓了生态资源转化为财富资本的市场化交易新机制。

　　但是，由于不同属性的生态产品市场现状不同，在建立生态产品市场化机制的时候应考虑差别化问题。对于可直接参与市场交易的生态产品（如生态农产品、竹木等），可通过生态标签的形式把生态产品的生态价值和社会价值附加到经济价值之上，提升市场价格使之补偿生态要素成本；对于景观性生态产品（如自然保护地、文化资源等），在建立以国家公园为主体的自然保护地体系基础上，通过公私合作运营的模式实现生态产品价值；对于服务性生态产品（如防风固沙、固碳制氧、调节气候等），可引入企业、科研机构、非营利组织等多元主体参与生产和运营，提高服务型生态产品投入产出供给的效率和水平。

众所周知，生态系统是一个有机的整体，任何社会主体都不可能置之事外。因此必须通过培育和扶持市场主体、构建多方共同参与的利益共享和风险共担机制，促进其深入参与生态产品价值的实现。

一般地说，生态资源富集地区往往也伴随着经济发展的落后，因此应利用人才、技术、政策等多方面优势，支持社区对生态资源进行集中统一管理经营，通过成立专业合作社或生态资源开发公司参与生态产品的市场化交易，提高生态价值和社会价值向经济价值的转化效果。社会企业是生态服务型经济的核心主体之一，应进一步完善企业、个人对生态产品的使用付费和保护受益机制，扩大对社会企业成立及运行的政策支持，提升社会企业的技术和市场能力。要深化和推广绿色信贷、绿色基金、绿色债券等金融服务机制，为生态产品的市场化供给、交易和市场发展提供更多资金支持，推动形成生态产品价值实现的"源头活水"。同时，要不断创新生态环境保险、生态信用等机制，为生态产品市场化运营设立"安全阀"，通过风险管控确保市场主体的参与积极性和生态权益。

牟永福

2022 年 12 月 8 日

第一章 何谓生态产品价值？

何谓生态产品价值？目前学术界并没有统一的定论，但是对于"生态产品有价"已经达成了共识。虽然生态产品价值不易度量，但与任何产品一样，也是人类美好生活品质的重要构成要素，同样会进入生产、分配、交换、消费等社会生产全过程。生态环境与劳动力、土地、资本、技术等要素一样，虽然有些难以直接进入市场，但不可否认的是它仍然是现代经济体系的核心生产要素。因此，除了具有生态属性、精神属性和文化属性之外，生态产品还具有经济属性，即经济价值。

一、生态产品

生态产品是人类从自然界获取的生态服务和物质产品的总和。但是，由于生态产品的新颖性、复杂性以及涉及领域的广泛性，围绕生态产品的边界认定，学术界并没现有形成统一的思想，对生态产品的理解呈现出多样性特征。

（一）生态产品的概念

1. 生态产品的概念

1992 年，任耀武、袁国宝发表在《生态学杂志》上的《初论"生态产品"》一文，从内涵上第一次对生态产品的概念作出了界定，认为"生态产品是通过生态工（农）艺生产出来的没有生态滞竭的安全可靠无公害的高档产品"[1]。由此，国内学者开始展开生态产品的研究。1996年，蔡培印发表在《环境》上的文章《生态产品拾零》，则第一次从外延上对生态产品的种类进行了划分，他认为，生态产品包括了生态电池、生态塑料、生态化妆品、生态轮胎、生态火柴、生态防火器材、生态渔网、生态笔、生态办公用纸、生态画、生态啤酒、生态冰箱等[2]，并对其生产工艺和产品特性进行了解释。可以看出，在生态产品的初始研究阶段，学者们对生态产品的理解仅仅停留在物质层面，具有相当程度的局限性。

在学界关注的同时，生态产品问题也逐渐纳入政府的视野。2011年，国务院发布《全国主体功能区规划》，对生态产品的内涵及外延作了权威性解释，认为"生态产品是维系生态安全、保障生态调节功能、提供良好人居环境的自然要素，包括清新的空气、清洁的水源、宜人的气候等"[3]。在内涵上，该规划把生态产品界定为自然要素[4]，并从维系生态安全、保障生态调节和提供良好人居环境等功能的维度对这一内涵进行了限定；在外延上，该规划通过列举的方式，描述了生态产品的具体内容，如清洁的空气、干净的水源和舒适的气候等。

在政府介入之后，生态产品成为学术研究的热点，越来越多的学者开始关注这个问题。目前学术界对生态产品的概念有两种理解：一种是狭义的理解，一种是广义的理解。前者又分为两种情况：一种观点认为生态产品属于自然要素，是由生态系统直接提供的产品；另一种观点认为生态产

---

[1] 参见任耀武、袁国宝：《初论"生态产品"》，《生态学杂志》1992年第6期。

[2] 蔡培印：《生态产品拾零》，《环境》1996年1月15日。

[3] 《国务院关于印发全国主体功能区规划的通知》（国发〔2010〕46号），2010年12月21日。

[4] 自然要素是一切非人类创造的直接和间接影响到人类生活和生产环境的自然界中各个独立的、性质不同而又有总体演化规律的基本物质组分，包括水、大气、生物、阳光、土壤、岩石等。自然各要素之间相互影响、相互制约，通过物质转换和能量传递两种方式密切联系。其相互影响和相互作用的范围，下至岩石圈表层、上至大气圈下部的对流层，包括全部的水圈生物圈。

品也应包括良好的环境要素，是由生态系统间接提供的产品。蒋凡、秦涛
（2022）认为，生态产品的产生与生态系统的存量和功能有关，存量生产
出流量产品，功能生产出可感知的终端产品。[①] 这种理解在一定程度上区
分了生态产品和纯粹的人类劳动产品，把生态产品局限于由生态系统生产
或者与生态系统相关的人类劳动产品，除此之外只能是纯粹的经济产品。
狭义理解的第二种观点认为，与西方"可持续产品"或"环境友好型产品"
的概念相类似，生态产品、绿色产品、有机产品皆可以被视为通过绿色方
式生产出来的物质性产品。根据这类观点，生态产品仅仅具有物质性特
征，只不过是生产生态化和消费生态化的一种外在表现形式而已。因此，
这里的生态产品实质上只是反映了一般商品的经济性和私有性特征（即产
权明晰化、排他性和竞争性），能够直接进入市场进行交易。

　　广义的理解也包括两种观点。一种观点认为，生态产品同其他产品
（如农业产品、工业产品、文化产品等）没有什么不同，都是凝聚人类劳
动的物品。持这类观点的学者认为，生态产品既包括由生态系统提供、难
以核算其价值及市场化交易的纯自然产品，也包括在人类干预下形成的具
有生态调节、生态安全、宜人居住的自然产品，还包括完全融入人类有意
识的行为和理念的绿色环保、生态有机的物质产品，如有机蔬菜、绿色食
品等，具有多重而不是单一价值属性。因此，李宏伟、薄凡、崔莉（2020）
根据生态产品的存在形式，将其划分为经过人工修复后的自然要素和由产
业化形成的经营性产品。[②] 刘江宜、牟德刚（2020）则把生态产品归结为
生态系统在生态与人类劳动共同参与下形成的自然要素或产品。[③] 刘伯恩
（2020）也从形成机理上对生态产品进行了阐释，认为生态产品既包括原

[①]　参见蒋凡、秦涛：《"生态产品"概念的界定、价值形成的机制与价值实现的逻辑研
　　究》，《环境科学与管理》2022年第1期。

[②]　参见李宏伟、薄凡、崔莉：《生态产品价值实现机制的理论创新与实践探索》，《治理研
　　究》2020年第4期。

[③]　参见刘江宜、牟德刚：《生态产品价值及实现机制研究进展》，《生态经济》2020年第
　　10期。

生态的生态产品，也包括改造的生态产品。[1]

另一种观点认为，人类需求具有多样性特征，既有对农产品、工业品和服务产品的物质性和精神性需求，也有对清新空气、清洁水源、宜人的气候等生态产品的需求。作为一种满足人类生存需要的公共产品，生态产品呈现出典型的非竞争、非排他性和自然性特征。从这个角度理解，生态产品是生态系统提供的具有一定功能属性的自然要素或者说生态服务，其主要目的是满足人类对美好生活的需要，维持自然界生态系统的良性运转。秦国伟、董玮、马林（2022）认为，生态产品具有二重性（自然性和经济性），是人类作用于生态系统的结果。[2] 王勇（2020）从生态产品的公共属性的分析视角，探讨了生态产品的外部性和稀缺性问题，并指出由于产权界定不明晰以及局部稀缺或相对稀缺，难以实现商品化，更多地表现为一种存在价值。[3]

2. 国内外研究现状

国外对生态产品价值的研究开展得比较早，但是一般用生态系统服务代替。Costanza 等人（1997）认为，生态系统服务是指人类直接或间接从生态系统功能当中获得的各种收益。[4] Daily 等人（1997）将生态系统服务界定为自然生态系统及其组成物种得以维持、满足人类生命的环境条件和过程。[5] 在此基础上，联合国千年系统评估（MA，2003）将生态系

---

① 参见刘伯恩：《生态产品价值实现机制的内涵、分类与制度框架》，《环境保护》2020年第 13 期。

② 参见秦国伟、董玮、马林：《生态产品价值实现的理论意蕴、机制构成与路径选择》，《中国环境管理》2022 年第 2 期。

③ 参见王勇：《生态产品价值实现的规律路径与发生条件》，《环境与可持续发展》2020年第 6 期。

④ See Costanza, R., d'Age, R., Rudolf de Croot, et al., "The Value of the World's Ecosystem Services and Natural Capital", Nature, 1997.

⑤ See Daily, G. C., Alexamder, S., Ehrlich, P. R., Goulder, L., Lubchenco, J., et al., "Ecosystem Services: Benefits Supplied to Human Societies by Natural Ecosystems", Issues in Ecology, 1997.

统服务定义为人类从生态系统获得的各种收益。[①]2019 年，Butu 等人第一次提出生态产品的概念用来代替生态系统服务。但是，在 Butu 等人那里，对生态产品的理解还比较狭隘，仅仅特指通过环保手段生产出来的产品。[②]

国内对生态产品的研究基本沿着两条主线展开：一条主线是将生态产品与物质产品、文化产品视为同一层次的产品，如徐阳、郭辉（1994）把生态产品等同于绿色产品和环保产品，认为生态产品是能够保护生态环境并对人类无害的产品。[③] 廖茂林、潘家华、孙博文（2021）基于产品供给、消费特征、表现形态和人类文明演化的维度，对生态产品的内涵进行了阐释，认为生态产品与物质产品、精神产品一样，是具有供给属性和消费属性的产品。[④] 张林波等人（2021）认为生态产品应该包含三层意思：一是人类的生产劳动；二是具有商品属性；三是具有有用性。[⑤]

另一条主线是从生态服务的角度界定生态产品。黎元生（2018）认为生态产品主要提供功能性服务，是人类通过劳动生产物质性产品所需要的。而且，这种服务具有广义、狭义之分，前者是生态系统对人类提供的普惠的生态产品，后者是经过人工环境所提供的生态产品。[⑥] 马建堂（2019）也从生态服务的角度，诠释了生态产品的自然要素特征，认为生

[①] See Millennium Ecosystem Assessment, *Ecosystem and Human Well-being: A Framework for Assessment*, Washington D.C.: Island Press, 2003, pp.107–126.

[②] Butu, A., Vasiliu, C. D., Rodino, S., et al., "The Anthropological Analysis of the Key Determinants on the Purchase Decision Taken by the Romanian Consumers Regarding the Ecological Agroalimentary Products", *Sustainability*, 2019.

[③] 参见徐阳、郭辉：《生态产品方兴未艾》，《科学与文化》1994 年第 2 期。

[④] 参见廖茂林、潘家华、孙博文：《生态产品的内涵辨析及价值实现路径》，《经济体制改革》2021 年第 1 期。

[⑤] 参见张林波、虞慧怡、郝超志、王昊、罗仁娟：《生态产品概念再定义及其内涵辨析》，《环境科学研究》2021 年第 3 期。

[⑥] 参见黎元生：《我国流域生态服务供给机制创新研究》，经济科学出版社 2018 年版，第 31—32 页。

态产品涵盖了空气、水源、气候、森林、矿藏等多种类型。[1] 王金南、马国霞、王志凯（2021）则从生态供给服务、生态调节服务和生态文化服务等功能性视角对生态产品进行了界定，认为供给服务是有形的产品，产权清晰；而调节服务是无形的公共产品，不能因被消费者利用而产生较强的需求和支付意愿。[2]

从国内外学者的研究成果来看，虽然对生态产品的理解存在着差异性，但是在其自然属性以及服务功能上还是达成了一致意见。在参考以往文献资料的基础上，本书认为，生态产品是指人类通过保护或修复生态系统，使生态系统能够维持人类赖以生存的自然环境条件和生态服务功能，最终通过生态系统的功能提供给人类社会消费或使用的终端产品，既包括纯粹的、自然生产的自然要素，譬如空气、水源、气候等，也包括经人类改造或加工所得的绿色产品，如生态旅游产品、生态文化产品等。

（二）生态产品的属性

生态产品是生态系统为维持自身稳定运行和人类的生存、发展而提供的具有一定产品功能属性的纯自然要素和有人类劳动介入的自然要素的集合。与农业产品、工业产品和文化产品一样，生态产品也具有自己独特的属性。

1. 自然性

生态产品的本质是自然属性。虽然有些生态产品接入了人类劳动的因素，但是不管是从生产阶段，还是消费阶段，离开自然界的生态产品不称其为生态产品。而且，生态产品的供给与生态资源的总量呈现正相关关

---

[1] 参见马建堂：《生态产品价值实现：路径、机制与模式》，中国发展出版社2019年版，第99页。

[2] 参见王金南、马国霞、王志凯：《生态产品第四产业发展评价指标体系的设计及应用》，《中国人口·资源与环境》2021年第10期。

系，即随着生态资源总量的提升，生态产品的供应也会更加丰富，反之亦然。因此，从这个角度上理解，无论是纯自然的生态产品，还是人工和自然耦合的生态产品，都具有自然性特征。就像王金南等人（2022）所说，生态产品是以生态资源为核心要素的，而其他传统产业都是以劳动力、土地、资本等为核心要素的。①

2. 经济性

生态产品具有经济价值。基于劳动价值理论的观点，人类的具体劳动与自然资源的结合构成了生态产品的使用价值。在环境保护政策发挥效用以及人类生态意识不断提升的前提下，人类修复、保护自然的行为越来越多，而那些因为蕴含了人类劳动的自然资源就具有了特殊的经济价值。马永欢、吴初国、曹庭语（2020）认为，生态产品经济性的最直接体现，不仅蕴含在为了生产生态产品而付出的劳动之中，也存在于后续对生态环境管理与治理所付出的劳动之中。② 另外，基于效用价值理论的观点，商品的价值与边际成本和边际效用呈现密切相关性，是由满足效用的程度来决定的。随着人类生活水平的提高，生态产品的边际效用在逐步增大，其经济性特征也变得越来越明显。

3. 稀缺性

一般来说，生态系统的环境承载力是一定的，在可承受范围内，生态系统保持平衡状态，而作为生态系统的衍生物之一的生态产品也会保持供给的稳定性。但是，由于人类的高强度活动，自然生态系统的平衡性常常处于变动之中，甚至可能引起不同程度的紊乱，从而使生态产品的生产供应能力处于不确定性之中，对满足人类对生态产品的需求产生影响，表现出稀缺性特征。因此，在周斌、陈雪梅（2022）看来，生态产品的经济性

---

① 参见王金南、孙宏亮、赵越：《持续打好长江保护修复攻坚战，谱写生态优先绿色发展新篇章》，《环境工程技术学报》2022 年第 2 期。
② 参见马永欢、吴初国、曹庭语：《对我国生态产品价值实现机制的基本思考》，《环境保护》2020 年第 1 期。

首先表现为稀缺性，在当前生态环境保护压力越来越大的情况下，这种稀缺性更加突出。①

4. 地域性

生态产品具有地域性特点。这种地域性包含两层意思：一个是功能发挥的地域优先性，即生态产品发挥生态功能具有范围优先性，如森林、草原、湿地和新鲜空气等生态资源，如果不能实现远距离运输或交易，那么它们发挥作用的区域是相当有限的，而这也决定了生态产品地域性的第二个特点，即生态产品在空间分布上的差异性。因此，刘宇晨、张心灵（2019）认为，生态产品的空间差异不仅导致生态功能发挥的不同，而且生态产品的形成也需要一定时间积累，在满足当代人生态环境需要的同时，还要满足未来的生活需要，这也就意味着生态产品在时间和空间上都是有限的，具有时空属性。②

5. 社会性

生态产品具有社会性。这种特点也包含了两层意思：一是生态产品融入了人类的劳动，人类参与形成的各种生态产品都对其生存发展发挥了重要作用。二是生态产品对人类福祉最终直接产生效益。仅仅维系生态系统功能或对人类福祉不直接产生收益的生态产品并不在本书的讨论范围之内，如地球化学循环、土壤形成、植被蒸腾、水文循环过程等。③

6. 非排他性和非竞争性

生态产品通常也具有一般意义上的公共产品的两种本质属性，即消费

---

① 参见周斌、陈雪梅：《新时代中国生态产品价值实现机制研究》，《价格月刊》2022 年第 2 期。
② 参见刘宇晨、张心灵：《草原生态保护补奖政策对牧户收入影响的实证分析》，《干旱区资源与环境》2019 年第 2 期。
③ 参见高艳妮、张林波、李凯：《生态系统价值核算指标体系研究》，《环境科学研究》2019 年第 1 期。

的非排他性和非竞争性。① 而在黄如良（2015）看来，这种非排他性和非竞争性主要来自于生态产品初始所有权的不明确性②，而对于这种不明确性，周一虹等（2020）认为，作为原始资源和绿色金融耦合作用的产物，生态产品的供给空间和受益空间关联度很高且有交叉性③。因此，从这个意义上说，生态产品同样具有萨缪尔森正外部性以及由此引起的"搭便车"行为。④

（三）生态产品的分类

从不同的角度可以把生态产品划分为若干类型。关于生态产品的分类，Costanza 等人（1997）最早进行了探索，根据生态系统具有的功能属性，他把生态系统服务（生态产品）划分为 17 类并对其进行了核算，是较早对生态系统服务（生态产品）开展核算方法的尝试。⑤ 从国内研究来看，一般从形成原因、功能属性、表现形态、消费方式和干预程度等几个角度进行划分。

1. 从形成原因的角度划分

从形成原因的角度，潘安君、李其军、韩丽（2022）将生态产品划分为公共性生态产品和经营性生态产品。他们认为，既然生态产品来源于生态系统和人类劳动，那么生态产品必然具有自然和经济社会两重属性，既包括森林、湿地、河流等公共性生态产品，也包括生态农产品、服务业产

---

① 参见曾贤刚、虞慧怡、谢芳：《生态产品的概念、分类及其市场化供给机制》，《中国人口·资源与环境》2014 年第 7 期。

② 参见黄如良：《生态产品价值评估问题探讨》，《中国人口·资源与环境》2015 年第 3 期。

③ 参见周一虹、芦海燕：《基于生态产品价值实现的黄河上游生态补偿机制研究》，《商业会计》2020 年第 6 期。

④ See Samuelson, P. A., "The Pure Theory of Public Expenditure", *Review of Economics and Statistics*, 1954.

⑤ See Costanza, R., D'Arge, R., Groot, R. D., et al., "The Value of the World's Ecosystem Services and Natural Capital", *Nature*, 1997.

品等经营性生态产品。而两者最大的区别就在于，公共性生态产品由于具有非排他性和非竞争性特点而难以通过市场交易的方式实现其价值；而大多数经营性生态产品则可以直接通过市场交易来实现，即可商品化。[①]

2. 从功能属性的角度划分

根据生态产品的物质供给、调节服务和文化服务功能属性，廖茂林、潘家华、孙博文（2021）将生态产品划分为生态物质产品、生态调节产品和生态文化产品三类，并列出了具体种类，如生态物质产品包括生态农畜产品、淡水、天然材料、清洁能源等；生态调节产品包括气候调节、涵养水源、水土保持、固碳释氧、防风固沙、生物多样性保护等；生态文化产品包括旅游、观光、休闲、康养、教育、审美等。[②]（如表 1-1 所示）

表 1-1　生态产品的功能与种类

分类	功能	种类
生态物质产品	物质供给	生态农畜产品、淡水、天然材料、清洁能源
生态调节产品	调节服务	气候调节、涵养水源、水土保持、固碳释氧、防风固沙、生物多样性保护
生态文化产品	文化服务	旅游、观光、休闲、康养、教育、审美

3. 从表现形态的角度划分

从表现形态的角度，朱久兴（2008）将生态产品划分为有形生态产品和无形生态产品。有形生态产品包括有机食品、绿色农产品、绿色木材等，在他看来，这类产品与人类劳动有着直接因果联系；而像清新的空气、清洁的水源、森林、湿地这些无形的生态产品，表面上看似与人类劳动没有直接关系，但是从生态保护、生态修复的方面来说却有着千丝万缕的间接联系。[③] 在朱久兴的基础上，李向林（2018）进一步将生态产品划

---

① 参见潘安君、李其军、韩丽：《公共性生态产品价值实现路径》，《前线》2022 年第 1 期。

② 参见廖茂林、潘家华、孙博文：《生态产品的内涵辨析及价值实现路径》，《经济体制改革》2021 年第 1 期。

③ 参见朱久兴：《关于生态产品有关问题的几点思考》，《浙江经济》2008 年第 14 期。

分为专业生态产品和物质生态产品两种类型。在他看来，专业生态产品就是生态系统对那些不具有实物形态的生态产品的制造流程，而物质生态产品则是人类通过相关的制造流程加工而成的实物形态产品。[①]

4.从消费方式的角度划分

从消费方式的角度，我们可以排他性为经、竞争性为纬，将生态产品划分为私人生态产品、准公益性生态产品、俱乐部生态产品和纯公益性生态产品四种类型。（如图 1-1 所示）

从图 1-1 可以看出，私人生态产品排他性和竞争性都较强，如农畜产品、瓶装水、木材、生物质燃料等具有明确的产权，可直接进入市场进行交易；准公益性生态产品排他性弱而竞争性强，这使得人们虽然共同使用整个资源系统但是只能分别享用资源单位，如海洋渔业、可饮用水、森林产品等的使用可对其他用户造成影响，目前大部分生态产品皆属于此类；俱乐部生态产品排他性强而竞争性弱，如国家公园、风景名胜区、地质公园等虽然具有一定的垄断性和排他性，但在支付费用（购买门票）后即可享受特定生态服务；纯公益性生态产品排他性和竞争性都较弱，如清洁的空气、宜人的气候等虽然生态价值巨大，但由于存在明显的外部效应很难通过市场交易实现其价值。

图 1-1　生态产品分类

① 参见李向林：《草原管理的生态学理论与概念模式进展》，《中国农业科学》2018 年第 1 期。

5. 从干预程度的角度划分

根据人类对生产过程的干预程度，张林波等（2019）将生态产品划分为共有性生态产品和经营性生态产品两种类型。在他们看来，共有性生态产品是指其生产过程没有人类过度的干预，而是通过自然性的生物生产行为形成的具有原生态特点的生态产品，从其权属上说，这类生态产品不属于任何某个人或者某个机构，而为大多数人所共同拥有；经营性生态产品则是在人类干预的情形下，自然资源融入了更多的劳动因素，如农林产品、生物质能、旅游资源等等。①

二、生态产品价值

Bruno 等人（2014）认为，人类社会的幸福感取决于生态系统提供的生态产品和生态服务。② 作为生态系统的一项重要资产，生态产品具有多维度的价值内涵：不仅具有经济价值，还有生态价值、文化价值；不仅具有使用价值，还有存在价值。全面、准确把握生态产品的价值内涵，不仅需要明确其概念，还要探究其理论基础、来源及其构成。

（一）生态产品价值的内涵

关于生态产品价值内涵的分析，从已有的参考文献来看，国内外学术界基本上采用分类研究的范式，也就是通过对生态产品体系本身的关联性认识，以不同的形式表达来体现不同功能的生态产品价值。Directorate（2010）从经济学角度出发，阐明了生态产品价值不仅仅体现在

---

① 参见张林波、虞慧怡、李岱青、贾振宇、吴丰昌、刘旭：《生态产品内涵与其价值实现途径》，《农业机械学报》2019 年第 6 期。

② See Bruno, D. E., Ruban, D. A., "Energy Production and Geoconservation", *Encyclopedia of Mineral and Energy Policy*, 2014.

生态环境功能作用方面，而且对促进经济的增长也具有效用。[1]Krieger（2001）认为生态产品价值依赖于关键生态要素的数量、范围和区位，在此基础上将生态产品价值分为直接利用价值、间接利用价值和非利用价值三部分。[2]而国内学者更倾向于对生态产品价值功能的分类体系研究，对各种生态产品价值功能划分进行了大量尝试性探索。李金昌（1999）对生态产品价值的构成进行了剖析，认为即使并未投入人类劳动的生态资源，也不能否认其价值的客观存在。[3]郝韦霞、滕立（2015）在对生态产品的多维值进行分类的同时，也对其价值来源做了划分，他认为生态产品价值的来源有两种途径：一个是生态产品直接参与市场交易获得，另一个是生态产品作为资源利用后产生。[4]王斌（2019）在进行生态产品价值划分以及形成分析的基础上，认为生态产品价值的大小取决于自然界自然资本的福祉服务能力和水平。[5]

1.生态产品价值概念界定

对于生态产品价值概念的理解，我们可以从不同的维度进行解释。[6]

从使用的维度理解，生态产品价值是指生态产品使用价值和非使用价值的统一。生态产品的使用价值是指生态产品直接使用价值和间接使用价值的统称。而生态产品非使用价值指的是生态产品的内在价值，包括存在价值和馈赠价值。存在价值是指生态资源在没有人类干预情况下的价值，而馈赠价值则是指未来有可能被利用的价值。（如图 1-2 所示）

---

[1] See Directorate, "Ecosystem Services Assessment of Sea Trout Restoration Work on the River Glaven, North Norfolk", *Environment Agency*, 2010, pp.10–28.

[2] See Krieger, D. J., "The Economic Value of Forest Ecosystem Services:A Review", *The Wilderness Society*, 2001.

[3] 参见李金昌：《要重视森林资源价值的计量和应用》，《林业资源管理》1999 年第 5 期。

[4] 参见郝韦霞、滕立：《生态预算的理论与实践》，郑州大学出版社 2015 年版，第 4—5 页。

[5] 参见王斌：《生态产品价值实现的理论基础与一般途径》，《太平洋学报》2019 年第 10 期。

[6] 参见潘安君、李其军、韩丽：《公共性生态产品价值实现路径》，《前线》2022 年第 1 期。

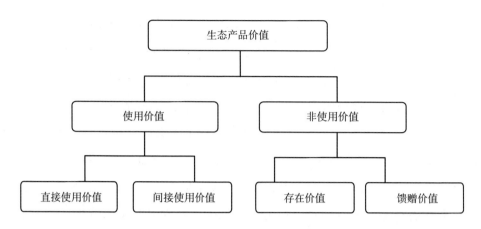

图 1-2　使用维度的生态产品价值

　　从市场的维度理解，生态产品价值是指市场价值（或经济价值）和非市场价值（或生态价值）的统一。市场价值既包括直接获取的物质性价值（如林木、水源等），也包括间接获取的外溢价值①，这种价值通常以物质产品和文化服务等形态存在；非市场价值既包括生态资源的稀缺性价值，也包括生态资源的遗产价值②，这种价值通常以生态调节服务的形态存在。（如图 1-3 所示）

---

① 外溢价值是由生态产品提供的正外部性服务而产生的价值。例如企业打造人工湿地污水处理系统，直接意图是净化污水，但间接成为一项景观，使当地居民从湿地周边环境中获得娱乐、审美等文化服务，这类服务可作为企业建造污水处理设施的一项副产品，增进了社会福利，间接产生了外溢价值，而企业未获得相应的收益补偿。

② 生态资源要素作为生态系统的重要组成部分先于人类社会而存在，与人类是否使用资源无关，反映了固有的存在价值，随着生态环境破坏、资源短缺等问题凸显，尤其是非可再生资源的耗竭，构成生态产品的资源要素稀缺性凸显，资源自身的耗竭以及后代利益的损失需要得以补偿，这类稀缺性价值、遗产价值可归结为生态产品的非市场价值。

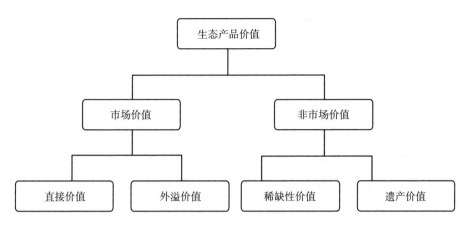

图 1-3　市场维度的生态产品价值

从公共性的维度理解，生态产品价值是指生态环境服务价值和生态资源战略价值的统一。生态环境服务价值是指生态系统用于改善生存和生活的价值，不包括市场交易价值；生态资源战略价值是指除了一般经济价值之外的用以应对重大安全风险的价值，如水资源战略储备价值。（如图 1-4 所示）

综上所述，生态产品价值是自然生态系统为维持自身良好运转的自然价值和人类为保护和修复生态系统而投入的劳动价值的总和，既包括凝结了人类劳动的经济价值，也包括内含在生态系统服务中的生态价值，还包括满足人类精神文化需求的社会文化价值。同时，本书认为，为保护生态环境提供生态产品而主动放弃的发展机会成本也应当属于生态产品价值的一部分。

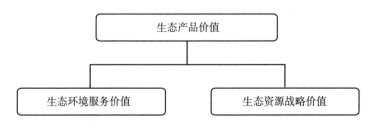

图 1-4　公共性维度的生态产品价值

2. 生态产品价值的特性

认识生态产品价值的特性是理解生态产品价值实现的前提。只有厘清生态产品价值的特性，才能理解生态产品价值，才能在实践上推动生态产品价值的实现。一般来说，生态产品价值具有以下特征。

生态产品价值的多层次性。生态产品以满足人类多层次需求为导向，既可以满足人类的基本生存需求（即基本的使用价值），也能够满足人类更高层次更优品质的生态服务需求（即文化和生态价值）。随着经济社会的高速发展及生活水平的大幅提高，人类对生态产品的需求已经不再满足于基本的使用价值，而是不断追求更高阶段的文化和生态价值。因此，在李芳芳、杨赫（2022）看来，生态产品与物质产品、文化产品最大的不同就在于，生态产品不仅仅关乎人类生存和发展的基本生理需要，而且极大满足了人类对清新的空气、清洁的水源、适宜的环境等精神、文化层次的需要。[①]

生态产品价值的复合性。生态产品价值是由"自然力"和"人力"（劳动力）共同作用而形成的，即生态产品既来源于生态系统自身的循环和再生，也来源于人类劳动的介入和推动。从这个意义说，生态产品价值是整个自然界系统综合的结果，无论是自然要素，还是人工要素，在形成生态产品价值的过程中都发挥了自己的作用。正像曾贤刚等人（2014）所说，生态产品的生产是一种专业性的社会生产活动，是通过人类劳动干预和生态系统资源自我运行共同推动的。[②] 秦国伟等人（2022）也认为，生态产品价值是在自然资源系统提供有使用价值的自然要素的基础上，由人类的抽象劳动所创造出来的，两者缺一不可。[③]

---

① 参见李芳芳、杨赫：《生态产品市场化价值研究》，《青海金融》2022年第7期。

② 参见曾贤刚、虞慧怡、谢芳：《生态产品的概念、分类及其市场化供给机制》，《中国人口·资源与环境》2014年第7期。

③ 参见秦国伟、董玮、宋马林：《生态产品价值实现的理论意蕴、机制构成与路径选择》，《中国环境管理》2022年第2期。

生态产品价值的多重性。生态产品价值是多维的,渗透于人类的生产生活、经济发展、文化需求等各个方面。[①] 我们对于生态产品价值的审视可以从经济维度、生态维度、社会维度来展开:从经济维度,我们可以看到生态产品直接参与市场交易所形成的价值;从生态维度,我们可以看到生态产品维持人类生存与发展所必需的环境价值;从社会维度,我们可以看到生态产品满足人类对美好生活需要过程中所体现出来的非使用价值。三个维度相互映衬,相互依存,共同构成了生态产品价值的多重特质。

3. 生态产品价值的理论基础

生态产品价值的理论基础来源于马克思的劳动价值论、边际效用价值论和生态环境价值论,三种理论从不同的角度解释了生态产品价值的形成。

(1)基于劳动价值论的解释框架

马克思认为,人类劳动在价值形成过程中起决定性作用。这种决定性我们可以从两个角度理解:从主体能动性的角度看,劳动代表了人类有意识、有目的地改造自然界的活动;从客体存在的角度,生产资料只是被动地吸收活劳动,因应发生变化[②]。在此基础上,马克思进一步提出,劳动具有二重性:具体劳动和抽象劳动,前者创造了使用价值,后者创造了价值[③]。因此,价值是在生产商品过程中无差别的人类抽象劳动的凝结。李嘉图(2011)也认为,商品的价值不仅由直接劳动决定,也由消耗在生产资料上的间接劳动决定。[④]而这也说明了商品在本质上并不是单纯的物,而是在商品经济条件下人与人之间的社会生产关系,体现的是商品的社会属性。在马克思看来,商品具有使用价值和交换价值两种因素:使用价值

---

① 参见刘江宜、牟德刚:《生态产品价值及实现机制研究进展》,《生态经济》2020 年第 10 期。

② 参见《马克思恩格斯全集》第 23 卷,人民出版社 1972 年版,第 51—52 页。

③ 参见《马克思恩格斯全集》第 23 卷,人民出版社 1972 年版,第 56 页。

④ 参见 [英] 大卫·李嘉图:《政治经济学及赋税原理》,郭大力、王亚南译,译林出版社 2011 年版,第 89 页。

在一定程度上满足人类的某种需求，是交换价值的载体；而交换价值则是具有不同使用价值的商品按照不同交换比例进行交换的商品价值量。[①]

劳动是价值的唯一来源，自然资源在人类的改造和投入下逐步变成生态产品，才有了现在的价值。随着经济、科技的迅速发展，人类对于生态环境的干预能力越来越强大，很多生态产品不可避免地都渗透进了人类的一般劳动，以往没有价值的生态产品因为人类需求的变化而有了内在使用价值。人类有意识地对生态系统的保护、修复和改造，使其成为有资源价值和经济价值的生态产品，极大地丰富、发展了马克思劳动价值理论，让人们对于生产有了重新定义，在一些学者看来，那些为保护生态环境而放弃发展机会以及经营管理生态环境的行为也应纳入生产的范畴，即生态产品价值既来源于生产生态产品的抽象劳动，也来源于生态治理以及放弃发展机会的生产活动。

（2）基于边际效用价值论的解释框架

无论是奥地利学派还是福利经济学，边际效用价值理论皆认为，价值来源于物品的稀缺性和边际效用的满足程度。刘伯恩（2020）也认为，自然资源能够给人类带来效用，又以其稀缺性作为条件，使得生态产品能够满足人类的多维度需求。[②]

随着生态环境承载力越来越接近极限，以往富裕的生态资源对于人类来说越来越具有稀缺性，生态资源带给人们的边际效用越来越大，生态产品的价值也随之越来越大。同时，生态产品价值也与边际成本密切相关。由于以前人类对自然资源的开发利用程度比较低，环境容量相对比较充裕，因此，生态产品的边际成本相对比较低，其价值也相对低廉。但是当生态环境逐渐恶化，人类开始意识到美好生态环境的重要，其边际效用被极度放大，生态产品愈发凸显出高价值含量。

[①] 参见《马克思恩格斯全集》第 23 卷，人民出版社 1972 年版，第 62 页。

[②] 参见刘伯恩：《生态产品价值实现机制的内涵、分类与制度框架》，《环境保护》2020 年第 13 期。

（3）基于生态环境价值论的解释框架

生态环境价值论认为，生态资源的价值是客观存在的，既不取决于人类对生态资源的使用，也不取决于人类的主观感受和评价，它本身具有能量流动、物质转换和信息传递的基本功能，对人类具有多样而差异的价值。这种价值是由生产生态产品所需要的社会必要劳动时间决定的，这包括：一是人类在修复生态环境中投入的必要劳动，二是人类在修复生态环境中耗费的劳动时间，三是人类为生态环境扩大再生产投入的资金。

综上所述，劳动价值论、边际效用价值论和生态环境价值论都认为生态产品是有价值的，并从不同层面揭示了生态产品的价值内涵。劳动价值论揭示了人类劳动创造生态产品价值的内在逻辑；边际效用价值论则强调了边际效用决定生态价值的观点，认为当生态产品的效用大于人们收入的边际效用时，人们更愿意选择后者，从而导致生态产品价值增长；生态环境价值论则阐释了生态产品价值的内在性，与外在的人类干预无关。

（二）生态产品价值的构成

生态产品的多样性也带来其价值构成的多样性，如生态价值、伦理价值、政治价值、社会价值、文化价值、经济价值等等。为了便于生态产品价值的评估与核算，本书将生态产品的价值构成主要分解为经济价值、生态价值、社会文化价值和机会成本四个方面。（如图 1-5 所示）

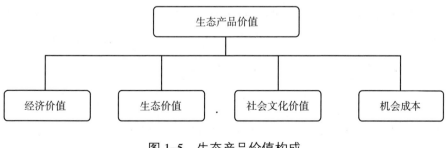

图 1-5　生态产品价值构成

1. 经济价值

在不损害自身稳定性和完整性的前提下，生态系统可以为人类生产生活提供各类生态产品。从经济学角度看，生态产品价值类型多样，如使用价值、选择价值和存在价值等。这里的价值可以理解为生态系统在一定时空范围内为人类提供的物质产品或非物质服务的货币化价值。[①] 生态产品的经济价值包含两个要素：物质要素和劳动要素。物质要素是指生态资源或自然资源，劳动要素是指人类的经济社会活动。早在 17 世纪，英国古典经济学家威廉·配第就提出过劳动与土地是价值产生的并列源泉，马克思、恩格斯也阐释了自然资源创造价值的作用。但是，随着人类干预生态环境的程度不断加深，已经大大超过了环境自身的承载力，生态产品的稀缺性日益明显，由此人类投入大量劳动和资金开始了大规模的保护和修复活动，从而使生态产品的经济价值属性更加显著。然而，人类对生态要素和自然资源的保护和修复等劳动过程主导了生态产品的生产过程，这就决定了生态产品的经济价值带有一定程度的特殊性。一是生态产品的经济价值凝聚了人类的劳动；二是产权明确的生态产品的经济价值更易通过市场交易来实现；三是大部分生态产品由于外部性的影响，其经济价值常常难以转化，只能间接通过人们消费生态产品过程中获得不同等级效益来实现。

2. 生态价值

从生态学角度看，生态产品直接体现的是自然价值，体现的是保护、修复生态系统所发挥的功能（如气候舒适、水源清洁、天蓝地绿等），是一种生态系统中所有的自然要素的互动。生态产品的生态价值主要包括两个方面：一是维持生态系统的平衡，二是连接生态系统中的生物与非生物并使之相互影响。一般来说，生态系统的各种元素在实现自身生态价值的

---

① 参见李宇亮、陈克亮：《生态产品价值形成过程和分类实现途径探析》，《生态经济》2021 年第 8 期。

同时，也为其他元素和整个生态系统创造着生态价值。由于在生物与非生物之间存在着物质流、能量流和信息流，生态系统的各种元素都可以建立联系并相互依存，以便保持整个生态系统的总体平衡。与经济价值相比，生态产品的生态价值更多地表现一种品质价值，往往在经济价值基础上以溢价的形式体现。正像周斌、陈雪梅（2022）所言，生态价值虽然比较难评估，但同样是实实在在的价值。[①]

3. 社会文化价值

从社会文化维度看，生态产品不仅可满足人们的物质需求和品质需求，也为人类的生存和永续发展提供了社会文化服务，如审美、娱乐、文化艺术、精神历史、科学教育等[②]，无论是生产制造领域的物质形态还是精神文化领域的服务形态所组成的生态产品都具有重要的社会文化价值。在表现形态上，社会文化价值与经济价值、生态价值最大的不同就在于，是无形的、不易辨识测量的和不可核算的。虽然生态产品的社会文化价值评估起来比较困难，但是其潜在价值是不容忽视的。

4. 机会成本

机会成本也称替代性成本，是指利用一定资源获得某种收益时所放弃的另一种收益。在现实中，有些机会成本是可以用货币来衡量的，如选择种树就要放弃种植水稻，那么种树的机会成本就是种植水稻的收益。但是，也有很多机会成本是无法用货币来衡量的，如重要生态功能区为保持水源清洁而关停上游污染企业，那么保持水源清洁就是污染企业的经营收益。这种机会成本虽然很难用货币来衡量，但是我们仍然可以用生态补偿的办法来弥补损失。从这个意义上说，我们在计算生态产品价值的时候应当涵盖发展机会成本，这样既可以为生态补偿政策提供参考指标，也有助

[①] 参见周斌、陈雪梅：《新时代中国生态产品价值实现机制研究》，《价格月刊》2022 年第 2 期。

[②] 参见李晓燕、王彬彬、黄一粟：《基于绿色创新价值链视角的农业生态产品价值实现路径研究》，《农村经济》2020 年第 10 期。

于避免生态产品价值被低估而影响到价值实现。

（三）生态产品价值的形成

生态产品价值形成过程是生态产品价值评估的根本依据，也是生态产品价值实现需要解决的核心问题，直接决定了生态产品价值评估的公信度和价值实现的可能性。根据马克思劳动价值论的相关表述，生态产品价值的形成大致需要以下几个环节：

第一，人类有意识、有目的的活动。作为生态产品的载体，生态系统的稳定依赖于人类的保护、修复和治理，即便是原生态的自然生态系统也是如此。因此，生态产品是通过保护和修复生态系统，维持自然环境条件和生态服务功能，并提供给人类社会消费或使用的终端产品。在这个过程中，人类的活动"是制造使用价值的有目的的活动，是为了人类的需要而占有自然物，是人和自然之间的物质变换的一般条件"①。

第二，劳动是生态产品形成的媒介。人类劳动有两种很重要的构成要素：一个是劳动对象，再一个是劳动资料。而生态产品既可以成为劳动对象，也可以成为劳动资料。② 前者是人类劳动过程的起点，后者是劳动的手段和场所。由于可以成为劳动对象和劳动资料，生态产品便有了有用性，从而具有了使用价值。但是，这样的生态产品并不是作为"人和生态之间的物质变换的一般条件"③ 的劳动过程的必然结果，而是整个生态系统动态运转的结果。

第三，生态产品凝聚了人类劳动。劳动意味着产品价值的形成和增殖，生态产品只有凝聚了人类劳动才具有价值。这主要体现在两个方面：一是人类的生存和发展依赖于生态系统，需要获取各种自然资源，这一获

---

① 马克思：《资本论》第 1 卷，人民出版社 1975 年版，第 208 页。
② 天然的树木就是木材加工企业的劳动对象，水土保持良好的土地对任一企业来说是一种作为稳定生产空间的劳动资料。
③ 马克思：《资本论》第 1 卷，人民出版社 1975 年版，第 201 页。

取过程因为劳动而凝结了价值;二是实现人类可持续发展有赖于生态系统的稳定和生态产品的持续供给,而为这种稳定和供给进行保护和修复的人类劳动过程就凝结了价值。即使是凝聚了人类劳动的生态系统,也在提供生态产品的过程中有价值转移到生态产品中去,而这种价值转移归根结底也是消耗的人类劳动。

第四,生态资源具有稀缺性。生态资产是生态产品价值的重要体现,而要形成生态资产,首要前提是稀缺性,因为正是稀缺性决定了生态资源是否具有使用价值和价值的大小。正如董振华(2013)所说,当生态资源的稀缺性达到一定的程度的时候,我们就不能随意取用了,其使用价值必须通过市场交易获取。[①] 这种稀缺性也导致生态产品的供给不能满足人们日益增长的需求,从而迫使人类必须通过投入劳动以保护生态环境和实现生态产品的再生产。除了自然条件形成之外,生态资源的稀缺性还可以通过附加文化、科技等其他要素获得,从而提升生态资源的使用价值,为产生更多交换价值提供基础。

由此可以看出,生态产品价值的形成主要来源于生态系统的转移和人类劳动的创造,在这一过程中人类抽象劳动起了决定性作用。

三、生态产品价值的实现

自 2016 年《国家生态文明试验区(福建)实施方案》提出建设"生态产品价值实现的先行区"目标之后,学术界对生态产品的供给研究开始转向生态产品价值实现的探索。环境经济学家认为,生态产品价值中有些价值可以货币的形式直接转化成使用价值,而有些价值却是隐性的、难以衡量的,容易被忽视的,生态产品价值的实现就是通过特殊的机制将生态

---

① 参见董振华:《生态环境资源的经济价值回归和市场价格补偿》,《中国商贸》2013 年第 6 期。

产品的潜在价值转化为经济价值和社会价值的过程。随着经济、社会的发展和科学技术的进步，生态产品的有些价值属性也将因供给规模、供给主体以及生态产品的需求种类和数量等因素的动态变化而随之发生改变，这也为生态产品价值的实现提供了可能。

（一）生态产品价值实现的内涵

1. 对生态产品价值实现的探索

从国内来看，我国对生态产品价值实现的探索大体可以分为四个阶段。

第一阶段：摸索阶段（1993—2005）。在我国经济发展进入快车道之后，随之而来的生态破坏和环境污染问题日益突出。按照环境经济学理论，生态环境的外部性是导致生态危机的重要原因，因此如何将外部性内部化就成为当时政府部门和学术界研究的热点问题。1992 年 2 月 19 日，国家体改委发布的《关于一九九二年经济体制改革要点》从国家层面上第一次提出了建立森林生态效益补偿和森林资源有偿使用制度，拉开了生态补偿研究的序幕。[①] 随着《中华人民共和国草原法》（2002）、《中华人民共和国水法》（2002）等一批法律法规的相继出台，我国初步建立了以政府为主导的生态补偿政策体系。而在此阶段，学术界也开始从理论、政策、机制等方面展开相应的研究。吴水荣、马天乐（2001）以水源涵养林为研究对象，认为水源涵养林作为生态公益林的重要组成部分，具有明显的外部经济性特征，应该对其生态价值进行补偿。[②] 洪尚群、马丕京、郭慧光（2001）从补偿作用、补偿性质、补偿对象、补偿标准、补偿主体、

---

① 《关于一九九二年经济体制改革要点》中第二十一条"深化林业管理体制改革"提出："要建立林价制度和森林生态效益补偿制度，实行森林资源有偿使用。"
② 参见吴水荣、马天乐：《水源涵养林生态补偿经济分析》，《林业资源管理》2001 年第1 期。

补偿组织体系等方面探讨了建立生态补偿制度的必要性。[1] 毛显强、钟瑜、张胜（2002）认为生态补偿是一种使外部性内部化的经济手段，应以明确产权为基础，以资源产权让渡的机会成本为标准，进行生态补偿机制设计。[2] 孔凡斌（2003）提出生态补偿应充分考虑当地社会经济和人口的现状，建立森林生态补偿标准的函数关系。[3]

第二阶段：探索阶段（2006—2010）。2005 年 10 月 11 日，党的十六届五中全会提出"谁开发谁保护，谁收益谁补偿"，并以此原则实施生态补偿政策。这一时期，随着生态补偿标准体系的建立和转移支付政策的实施，我国生态补偿政策法规体系初步形成。围绕流域生态补偿、异地开发、转移支付等内容，学术界关注的焦点已经由理论性研究转向微观领域研究。孙新章等人（2006）以生态补偿存在问题为切入点，提出生态补偿应有优先顺序、建立多元化融资渠道、因地制宜确定补偿标准等观点。[4] 刘礼军（2006）则以"金磐模式"为样本，探讨了异地开发生态补偿机制的推广意义。[5] 郑雪梅（2006）研究了区际生态转移支付问题，认为转移支付基金应该由提供区政府和区域内生态环境受益区共同负担，其比例应在综合考虑当地 GDP 总值、财力状况、人口规模和生态效益外溢程度等因素的基础上来确定。[6] 张建伟（2007）从维护生态环境价值出发，探讨了政府生态行政补偿问题，提出为了激励环境外部经济性行为，可由政府

---

① 参见洪尚群、马丕京、郭慧光：《生态补偿制度的探索》，《环境科学与技术》2001 年第 5 期。

② 参见毛显强、钟瑜、张胜：《生态补偿的理论探讨》，《中国人口·资源与环境》2002 年第 4 期。

③ 参见孔凡斌：《试论森林生态补偿制度的政策理论、对象和实现途径》，《西北林学院学报》2003 年第 2 期。

④ 参见孙新章、谢高地、张其仔、周海林、郭朝先、汪晓春、刘荣霞：《中国生态补偿的实践及其政策取向》，《资源科学》2006 年第 4 期。

⑤ 参见刘礼军：《异地开发——生态补偿新机制》，《水利发展研究》2006 年第 7 期。

⑥ 参见郑雪梅：《生态转移支付——基于生态补偿的横向转移支付制度》，《环境经济》2006 年第 7 期。

向因保护生态环境但未获得经济回报的个人或单位提供费用补偿。① 杨永芳、艾少伟（2007）探讨了生态补偿与征地的关系问题，他认为征地是一种政府行政行为，这种行为不仅改变了土地资源的使用用途，而且生态价值也往往受到损失，因此有必要对这种政府行为进行收费。②

第三阶段：深化阶段（2011—2015）。2012年11月8日，党的十八大提出"加快推进生态文明建设"的建议，"绿水青山就是金山银山"的理念深入人心，变资源为资产、变资产为资金，成为绿色发展的基本思路。这一时期，学术界对于生态产品价值的研究逐步升温，关注的焦点开始转向生态产品价值实现的路径研究。杜建宾、张志强、姜志德（2012）探讨了公共生态产品的私人提供问题，发现生态产品的私人供给是可能的，而且农户的收入及其结构是影响生态产品供给意愿的第一要素，提出差别化的生态补偿政策仍然是确保私人供给的必然选择。③ 曾贤刚等（2014）认为，生态产品具有自然属性、社会属性和市场属性，有必要对生态产品的价格问题进行深入的探索。④ 张华（2014）分析了生态产品的属性、功能和特点，提出搞好生态产品的市场经营、推动物质产品的生态化的观点。⑤ 黄如良（2015）从生态产品价值评估的视角入手，提出变生态经济的静态模型为动态模型，将生态产品价值的计量重点转向生态产品的数量和质量的边际变化对人类福利的影响。⑥

第四阶段：发展阶段（2016年至今）。这一时期，国家连续出台一系

---

① 参见张建伟：《生态补偿中的政府责任——论政府生态行政补偿》，《学习论坛》2007年第12期。

② 参见杨永芳、艾少伟：《生态补偿在征地补偿中的缺失及路径选择》，《中国土地科学》2007年第6期。

③ 参见杜建宾、张志强、姜志德：《退耕还林：公共生态产品的私人提供》，《林业经济问题》2012年第1期。

④ 参见曾贤刚、虞慧怡、谢芳：《生态产品的概念、分类及其市场化供给机制》，《中国人口·资源与环境》2014年第7期。

⑤ 参见张华：《加强生态产品生产能力研究》，《生态经济》2014年第4期。

⑥ 参见黄如良：《生态产品价值评估问题探讨》，《中国人口·资源与环境》2015年第3期。

列生态政策。2016 年 5 月 13 日，国务院发布《关于健全生态保护补偿机制的意见》，提出发挥市场在生态补偿中的作用，将市场纳入生态补偿的主体当中。2018 年 12 月 28 日，国家发展改革委等九部门联合发布《建立市场化、多元化生态保护补偿机制行动计划》，提出建立市场化、多元化的生态保护补偿机制，引导生态受益者和社会投资者对生态保护者进行补偿。2021 年 4 月 26 日，中央办公厅和国务院办公厅联合印发《关于建立健全生态产品价值实现机制的意见》，提出建立生态产品调查监测和评价机制，健全生态产品经营开发、保护补偿、价值实现保障和推进机制。伴随着国家政策的出台，学术界研究的热点开始转向生态产品价值核算和实现路径方面（尤其是市场化实现机制方面）。陈栋栋（2019）从绿色金融、社会资本等方面对生态产品价值实现的市场化路径进行了深入研究。[1] 聂宾汗、靳利飞（2019）认为现阶段应该将生态价值实现的重点放在潜在变现价值而不是理论价值上，因为只有变现价值才是生态产品的增值价值。[2] 黎元生（2018）则认为应该将生态产品价值实现的重点放在交换价值而不是高额的生态服务价值上，因为后者很难纳入市场交易体系，且操作难度极大。[3] 张颖、杨桂红（2021）认为应当尽快将生态资产纳入国民经济核算体系，以生态产品的经济价值为基础，从生产成本的减少和剩余价值的增加两个方面展开价值评价。[4] 高晓龙、桂华、欧阳志云（2022）分析了生态产品交易难点问题，提出建立"物质—权益交易双机

---

[1] 参见陈栋栋：《青山进"银行"，林农变"储户"福建顺昌：一个林业大县的生态金融试验》，《中国经济周刊》2019 年第 12 期。

[2] 参见聂宾汗、靳利飞：《关于我国生态产品价值实现路径的思考》，《中国国土资源经济》2019 年第 7 期。

[3] 参见黎元生：《生态产业化经营与生态产品价值实现》，《中国特色社会主义研究》2018 年第 4 期。

[4] 参见张颖、杨桂红：《生态价值评价和生态产品价值实现的经济理论、方法探析》，《生态经济》2021 年第 12 期。

制"的观点,力图打通物质产品、资产权益类产品的价值实现通道。[①]

从国外来看,1986 年,美国开启了全世界最早、最大的生态价值有偿使用项目——休耕计划。该计划通过补贴或补偿的方式,鼓励农民将生态脆弱的耕地改造为草地、林地;1990 年,德国制定了世界上第一个跨流域生态补偿制度,以州际横向转移支付的形式与捷克共治易北河;1903 年,瑞典颁布世界上第一部《森林法》,以法律的形式保护森林资源,实现永续利用;1996 年,哥斯达黎加建立世界上第一个环境服务付费制度(PES),通过交易将本国生态产品出售到国外,所得收入纳入生态补偿森林基金,形成良性循环;2002 年,德国颁布《德国国家自然保护法》,建立了世界上第一个生态账户制度;2009 年,美国实施水权交易项目,实现了对点源与非点源水污染的良好控制。

综上所述,生态产品价值实现是为了满足人们对美好生活的需求,在维护生态系统的安全和稳定的前提下,通过制度设计和政策安排,以市场交易的形式将生态产品价值进行货币化转化的过程。(如图 1-6 所示)因此,生态产品价值实现不仅顺利地打通了"绿水青山"向"金山银山"转化的通道,将生态产品蕴含的经济价值、生态价值、社会文化价值和机会成本以市场化的形式彻底释放出来,而且有效地解决了生态资源外部性问题,让生态保护"有利可图"。

图 1-6　生态产品价值实现

2.生态产品价值实现的特性

生态产品价值实现制度化。生态产品价值的实现是以制度安排和政策设计为保障的。众所周知,在生态产品价值实现过程中往往存在"难度量、

[①]　参见高晓龙、桂华、欧阳志云:《生态产品交易机制研究》,《中国土地》2022 年第 8 期。

难抵押、难交易、难变现"等难题，为了克服实现的障碍和困难，生态产品的产权必须予以明确，交易市场必须予以规范，生态补偿（无论是转移支付，还是对口支援）必须予以健全，这都需要制度的安排和政策设计。同时，为了确保生态产品价值的保值增值，也需要构建生态产品认证体系和绿色生态品牌等制度措施。

生态产品价值实现差异化。生态产品价值在时空方面的差异性也明显地体现在实现过程之中：一方面，受自然环境、气候条件等因素的影响，不同时间生态产品的稀缺程度是不一样的，而这也导致价值出现差异化。一般来说，夏季的生态产品价值高于冬季的生态产品价值，因为人们对夏季的气候、风景的需求可能更高一些。另一方面，受生态产品种类差异和居民生产生活方式的影响，不同区域的生态产品更是存在明显的差异，这也是导致生态产品价值实现不同的主要原因。一般来说，城市近郊的生态资源价值要高于远郊或偏远地区，因为近郊的生态资源更容易满足市民的需求，更容易转化为经济价值。

生态产品价值实现多样化。不同时间、不同区域的生态产品的价值实现方式是不一样的。在重点生态功能区、自然保护区和生态公益林区等区域，一般会采用生态补偿或者政府购买生态服务的方式，即对于因草原禁牧、退耕还林还草还湿等措施而放弃或失去发展机会的农户，政府进行一定的经济补偿或补贴；对于产权明晰的生态产品，如生态农畜产品、碳汇、水权等，一般会采用直接或间接市场化交易的方式。

3. 生态产品价值实现的基本逻辑

生态产品价值实现过程一般有两个基本逻辑：一种是直接通过市场交易实现生态产品价值；另一种是生态产品作为生产要素参与价值分配实现其价值。前者需要有明确的产权，后者需要附着在其他产品载体上，即生态产品作为生产要素参与新产品的形成和收入分配，以实现自身价值。

（1）直接进行市场交易

生态产品直接进行市场交易包含三个重要的因素：①交易的前提条

件。生态产品直接进行市场交易的关键是能够进行交易，而交易的前提条件是这些产品是否凝聚了人类的劳动，而人类对这些产品是否有需求。②交易的内外环境。产品交易的价值大小也取决于两个因素：一个是这些产品是否具有稀缺性。稀缺性是产品进行交易的前提条件，也是影响生态产品直接进入市场时价格的重要因素。随着人类经济、社会活动对自然生态环境干预的加强，生态产品的稀缺性特征显得越发明显，人类投入生态治理的劳动量和资金量越来越大，生态产品的价值越来越大，其价格也就水涨船高了。另一个是供给双方是否能够达成一致。生态产品市场交易涉及诸多主体，如政府、企业、个人构成了生态产品价值实现的主要要素，显然这几个主体要素的利益追求是不一样的，且彼此独立。政府更多关注生态环境安全问题，企业更多关注产品利润问题，个人更多关注生存和发展问题。只有这些主体的利益诉求达到了一致平衡，交易才会正式达成。这些前提条件构成了生态产品直接进行市场交易的内外环境。③交易能力。生态产品交易能力的具体形成需要经历两个重要环节，一个是劳动环节，另一个是供求环节。前者生成生态产品的使用价值，后者生成生态产品的交换价值。但是，不管市场交易的方式如何，凝聚在生态产品中的人类劳动始终是交易能力的最本质的东西，也是衡量产品价值的最直接的指标。

抽象劳动是产品交易的价值基础，正是因为商品中凝聚了人类劳动，才有资格和条件在不同的商品之间实现自由的交换。当然，这种交换不是无规则的自由交换，而是按照劳动价值量的比例进行。从这个意义上说，产品的价值决定了产品的价格，决定了价格的底线。如果市场以低于价值的价格进行交易，那么凝结在产品中的抽象劳动就得不到合理补偿。在特定条件下，市场可以以低于价值的价格进行交易，但是这种交易只能是一种短期存在，不会一直持续下去。因为产品供给者是以追求利润最大化为目的的，如果价格长期低于价值，那么他就无利可图，也就失去了生产产品的动力。因此，价格的下限取决于凝结在产品中的抽象劳动所构成的价值。对于生态产品来说，不管经济价值，还是生态价值，抑或社会文化价值,都凝结了人类的抽象劳动在里面,而这是生态产品进行市场交易的本源。

如果说产品的价值决定了价格的下限的话,那么产品的效用则决定了价格的上限。但是效用对每个购买者来说体验是不一样的,同样的产品在不同的购买者眼里效用可能千差万别。因此,在购买之前,每一个消费者都会对产品的效用从自己的角度做出一个主观评价,如果他感觉产品的效用超过了市场价格时,就会做出购买的决定,反之亦然。除了效用影响因素之外,价格还会受到供求关系的影响。产品供不应求时价格上涨,供过于求时价格下跌,供求平衡时价格相对稳定。如果生态产品在市场上没有需求,那么就不会有交易发生。同样,如果生态产品在市场上没有供给,那么也不会有交易发生。

综上所述,生态产品价值要想直接进入市场进行交易,必须经历四个环节(如图 1-7 所示):第一个环节是凝结劳动。生态系统(如森林、湖泊、湿地、草原、海洋等)只有被赋予了人类劳动(如生产活动、生态保护、生态修复、生物多样性保护等),才会具有价值。第二个环节是供给。生态系统能够提供生态物质产品、生态文化产品和生态调节产品。第三个环节是政府和市场两个平台。生态产品要想实现价值转化必须能够进入政府

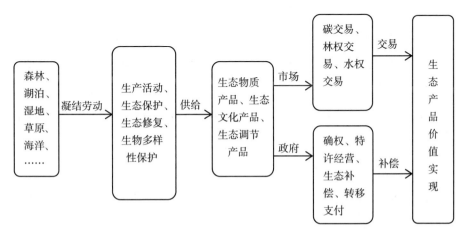

图 1-7 生态产品直接交换价值实现的基本逻辑

和市场主导的两个平台。第四个环节是价值实现。生态产品可通过碳交易、林权交易、水权交易等直接实现价值转化，而有些生态产品则可由政府主导的确权、特许经营、生态补偿、转移支付等间接实现价值转化。

通过图 1-7 可以看出，人类通过凝结劳动于自然环境和生态系统，从而供给各类生态产品；在政府与市场的二元深度融合作用下，借助市场博弈和政府引导实现生态产品的交换价值，从而最终实现生态产品的价值。

（2）作为生产要素参与价值分配

生产要素是人类劳动不可或缺的基本条件，各自发挥着不同的功能。当生产要素在商品生产过程中被消耗后，有权获得应有的补偿。因此，生产要素所有者按贡献参与价值分配有其合理性。那么，何谓作为生产要素参与价值分配？也就是每种生产要素所有者的收入所得均来自于对商品生产的贡献。在市场经济条件下，生产要素也具有相对稀缺性，而这种特性也决定了生产要素价格的差异性，生产要素所有者贡献度不同，那么其所得收入也就不同。因此，我们既要承认劳动对商品价值的创造作用，也要承认生产要素对商品价值形成的贡献，这有利于激励要素所有者积累资本和有效使用资本的积极性。

就生态产品价值实现过程来说，自然资源与资本、劳动力一样也是生产要素。在凝结了人类劳动之后，自然资源成为生态产品，从而具有了满足人类需求的使用价值和交换价值。从这个意义上说，如果生态系统没有提供自然资源，那么人类抽象劳动就无法凝聚其中，也就无法生成价值，交易更无从谈起。

这里的抽象劳动既包括人类为了保护生态环境而进行的修复和改善行动，也包括为了生态系统的可持续发展而进行的经营和管理活动，都是生态产品生产过程的组成部分，能够赋予生态产品价值。换句话说，生态产品价值既来自人类直接的抽象劳动，也来自人们保护和改善环境以及经营管理等生产行为。

与此同时，生态产品与其他生产要素相结合还会生产出其他产品，如生态产品与农产品相结合生产出生态农产品，生态产品与旅游产品相结合生产出生态旅游产品，等等。但是，只有当这些生态产品在市场上完成交换后，作为生产要素的生态产品才会参与价值分配，生态产品所有者才会根据"贡献度"获得相应收入，才能真正实现生态产品的价值。

（二）生态产品价值实现的理论基础

1.劳动价值论

劳动价值论认为，商品的价值是在生产过程中形成的：一方面，劳动创造了价值。劳动之所以创造价值就在于，在人类有目的的生产活动进程中，生产资料价值实现了有效转移，并以价格的形式保存在转移物品之中。另一方面，劳动转移了价值。劳动之所以转移价值就在于，生产资料借助于人类劳动实现了价值转移。因为生产资料本质上是一种物化劳动，而价值就是劳动与生产资料的有机结合，在这一过程中，物化劳动也就是生产资料本身的形态就被改变了。虽然在这个过程中物化劳动本身并不创造价值，但是它却把自身的价值成功转移到了新的产品上，成为新产品价值的一部分。从这个意义上说，商品的价值是人类劳动创造价值和生产资料转移价值的总和。因此，按照劳动价值理论的观点来看，生态产品价值也是自然资源的转移价值与人类抽象劳动创造价值之和，其价值实现也必将是这两个价值的共同实现。

2.产权理论

前面提到，生态产品价值直接进行市场交易的前提条件之一就是产权明晰，从这个意义上说产权理论是生态产品价值实现的理论基础。按照产权理论，产权包括了所有权、管理权和使用权，一般来说自然资源的所有权属于国家和集体，私人生态产品所有权属于个人，生态产品的管理权属于政府职能部门。但是，现实中生态产品的种类多样性以及使用权的模糊带来的产权不明晰现象日益突出。再加上众所周知的生态产品的外部性，更加大了使用权确权的难度。如何解决这个问题一直是理论界热议的话题，幸运的是在某些方面达成了一定的共识，其中最重要的一点就是明确资源所有权和使用权，实现稀缺性资源的最优化配置是最基本的思路。稀缺性决定了生态产品产权的形成和对生态产品需求竞争性的产生，也为生态产品价值市场化实现奠定了基础。因此，产权理论在生态产品价值实现中最大的作用就是，能够有助于明确生态产品的所有者，并为最终的价值实现提供理论依据。

3. 效用价值论

效用价值论认为，商品价值来自于消费者体验到的满足感，而商品在满足消费者需求的时候也实现了自身的价值。由此可知，边际效用在决定商品价值大小的过程中起到了巨大的作用。那么，效用何来呢？按照效用价值理论，效用的一个最主要的来源就是生态产品的稀缺性。但是，这种稀缺性不是与生俱来的，而是伴随着人类对环境的破坏以及人类对美好生活的向往而出现的。人类对环境的破坏导致清洁水源、清新空气、宜人气候等自然资源要素的短缺，人类对美好生活的向往让生态产品的边际效用成倍放大，这成为现在生态产品价值实现的最大利好因素。

4. 外部性理论

根据环境经济学理论，生态产品的外部性主要体现在两个方面：一个是正外部性，另一个是负外部性。正外部性的形成主要得益于人类生态环保意识的整体提高，为了保护生态环境，人类进行了大量的生态修复和保护活动，投入了大量的劳动和资金，使得生态环境逐渐走向好转，由此让更多的人受益；而负外部性的形成主要是人类对生态环境的破坏对他人带来的负面效应。

长期以来，生态产品的外部性（包括正外部性和负外部性）并没有在成本和价格上体现出来：一方面，正外部性得不到合理的补偿而影响到了生态产品的供给；另一方面，负外部性没有承担起应该承担的责任或赔偿而导致生态环境加剧破坏。所以，从一定意义上说，之所以会出现政府失灵和市场失灵的现象，其中一个很大的原因就是生态产品外部性的存在，从而导致资源配置的帕累托最优难以实现。

而解决这个难题最现实的路径就是构建生态产品价值的实现机制，将生态产品外部效应内部化。经济学上通常有两种手段：一个是庇古手段，也称行政手段；另一个是科斯手段，也称市场手段。庇古手段（行政手段）主要强调政府以征税或者补贴的形式平衡私人边际成本收益和社会边际成本收益不对称的问题。但是，庇古手段成为生态产品价值实现的最优选择的前提条件是：生态产品产权不清晰，管理成本比较大。科斯手段（市场手段）主要强调在满足交易费用为零和初始产权明晰的条件下，通过利益相关者协商解决生态产品外部性问题。但是，科斯手段成为生态产品价值实现的最优选择的前提条件是：低交易成本、权力平衡或者产权清晰。综合来看，庇古手段（行政手段）具有短期内的比较优势，科斯手段（市场手段）则在长期内更具效率。

（三）生态产品价值实现的多元模式

如前所述，生态产品包括纯公益性生态产品、准公益性生态产品、俱乐部生态产品和私人生态产品，兼具公共和私有复合性质。在生态产品价值实现过程中，政府部门、私人部门和社会组织是参与其中的三种主要力量。这也决定了生态产品价值实现并不局限于某种单一类型，而是包含了政府主导、市场主导和社会主导等多样化的形式。

1. 政府主导模式

政府主导体现在三个方面：一是作为生态产品的使用代理方，可以运用各种手段主导生态产品价值的实现，包括经济、法律、政策和行政的手段；二是由政府通过为生态产品提供者进行补贴的方式解决生态产品的正外部效应问题；三是由政府通过对生态产品使用者进行征税的方式解决生态产品的负外部效应问题。这种模式主要适用于纯公共生态产品领域，而且其主要手段是转移支付和征收环境税。

转移支付主要包括纵向转移、横向转移和混合转移三种方式，是调节区域间利益关系的重要政策工具。生态产品具有显著的跨区域性和外部性特征，一方的生态环境保护行为会产生明显的溢出效应，为了有效平衡生态环境保护方与生态环境受益方的利益关系，需要通过财政资金转移支付的方式来解决，如德国—捷克易北河流域、美国—加拿大哥伦比亚河流域、美国土地休耕保护项目、英国环境敏感区域保护项目以及我国的退耕还林还草工程均采用此类方法。

环境税又称生态税，是 20 世纪末才出现的一个税种，它是把生态环境破坏的成本，通过对生态产品实际使用者实施强制性或无偿性征税的制度安排转移到生产成本和市场价格中去，以市场机制分配环境资源的一种经济手段。国外实施环境税比较早，法国 1969 年开始征收森林砍伐税，波兰 1970 年设立资源税，美国 1972 年设立二氧化硫税，我国从 2018 年开始征收此项税种，主要对直接向自然环境排放污染物的企事业单位和生产经营者进行征税。

2. 市场主导模式

市场主导是"让市场起决定性作用"在生态产品价值实现过程中的具体体现。生态产品价值实现的过程实质上是生态产品在产权明晰的前提下所有权的自由让渡过程。由于受益范围和规模较小，市场交易较容易开展，这种模式主要适用于准公共生态产品和私人生态产品，其主要采用的手段包括产权交易、生态认证以及生态产业化经营等。

产权交易：生态产品进行市场交易的一个主要前提是稀缺性，正是这种特点使不同市场主体之间产生供需差异，从而为交易行为创造了良好的条件。如美国加利福尼亚州水银行及水权转让、澳大利亚维多利亚州北部水权拍卖、浙江省东阳—义乌水权交易等，就是发生在供水者与用水者之间或者用水者之间的正式或非正式交易。

生态认证：也称生态标识认证，是 1992 年欧盟为了降低日常用品对生态环境影响而制定的一项环保标章制度。生态标识认证一般采用"A

标 +B 标"标准体系和"第三方认证 + 自我声明"的方式,不仅可以鼓励生态产品供给者提供更符合环保理念的生态产品,更能获得生态产品使用者的认可和接纳,从而保证生态产品价值实现的顺利进行。

生态产业化经营:在我国,自然资源的产权属于国家或集体所有,个人或企业只有使用权和经营权,因此生态产业化经营实质上是政府以合同外包或者特许经营的方式赋予生态产品投资者一定期限的生态资产经营权,并由生态产品使用者弥补提供者的投资成本的模式。而国外一些国家由于所有权制度与我国不同,有些生态产品不仅可以转让使用权、经营权,也可以转让所有权。

3.社会主导模式

基于能力视角,受益范围较广、规模较大的生态产品在其价值实现过程中确实存在类似"公地悲剧""囚徒困境""集体行动困境"等难题,在这种条件下,个人和社会组织是无能为力的。但是,对于一些受益范围和规模较小的生态产品,个人和社会组织是可以通过自发的协商机制来达到交换目的的。主要包括社会组织直接付费、可持续生计发展、自愿支付和组织认证等手段。

社会组织直接付费:这种模式的实施主体主要是非政府社会组织,由其作为生态产品实际使用者的代理方,直接向生态产品提供者支付资金或者实物,如 RISEMP 项目。[1]

可持续生计发展:由非政府社会组织单独实施或者联合其他社会企业,运用绿色信贷、水基金、碳信用等方式,以期达到农民增收与生态环境保护双赢的局面,如龙坞善水基金。[2]

---

[1] RISEMP 项目就是区别不同的土地利用,采用相应的补偿。此项目由全球环境基金(GEF)提供赠款、世界银行执行和地方 NGO 负责,在哥伦比亚、哥斯达黎加和尼加拉瓜实施。

[2] 2014 年大自然保护协会(TNC)与阿里巴巴公益基金会、万向信托在杭州市余杭区青山村共同创立中国第一个水基金——龙坞善水基金,集中托管 2000 多亩水库集水区的竹林,村民通过每年收取租金,年收益提高了 20%。

自愿支付：生态产品受益者为了保证优质生态产品的可持续供给而自愿支付报酬的行为，也可以称之为自愿购买生态服务。与政府购买生态服务最大的区别就是，前者是一种个人的自愿行为，而后者是一种政府的行政行为，如哥伦比亚的用水户协会。[①]

组织认证：这种模式有效地发挥了行业协会的作用。针对生态产品价值实现过程中的政府失灵和市场失灵现象，通过符合资质的行业协会对生态产品进行认证的方式，来实现生态产品的保值增值。这种模式有效解决了政府能力偏弱、企业需求乏力所导致的产品交易不能问题，同时也大大降低了市场信息成本和交易成本。

不同类型的生态产品具有不同的利益相关者分配关系，必须通过不同的市场和政府手段实现其价值。

对于私人生态产品来说，由于供给者和消费者比较明确，大多数都可以直接通过市场交易实现。市场交易机制是连接生态产品供需双方最有效的方式，也是最直接、最高效、最经济的价值实现方式。凭借价值机制、奖罚机制、交易公开等工具，市场交易机制不仅很好地实现了生态产品市场资源的合理配置，而且一定程度上也避免了政府干预机制的低效率。但是，也有些私人生态产品并不存在市场交易问题，如家庭种植的农作物、庭院绿化等，虽然这些生态资源产权明确，也具有生态产品的外部性特征，但是这类生态产品并不存在价值实现问题。

对于纯公共性生态产品来说，由于大部分的产权都属于国家或集体所有，具有非排他性和不可分割性。因此，任何人都可以自由地、公开地享受清新的空气、清洁的水源和宜人的气候，在消费这类自然资源的时候不会排除其他人同时消费，消费者的增加也不会减少一个人的消费量，而且消费者增加的边际成本基本为零。因此，这类生态产品一般很难通过市场

---

① 哥伦比亚考卡河流域下游地区的农业灌溉者成立用水户协会，自愿向流域管理公司CVC支付水费溢价，确保CVC公司有足够的资金用于改进流域管理、购买流域上游森林生态服务、扩大流域面积等。

交易实现其价值，只能由政府通过财政投资（或生态购买的方式）来增加生态产品的生产空间或者直接供给。

对于准公共性生态产品来说，其消费过程常常呈现有限的非竞争性或非排他性，容易出现过度消费和"搭便车"的现象。因此，这类生态产品需要通过政府制定的政策或机制(如排污权交易、碳汇交易、水权交易等)或生态产业化经营（如发展林下经济等）或公私合作方式来直接或间接实现其价值。

对于俱乐部生态产品来说，其价值实现过程需要在政府监督和引导下并结合市场化交易来达成。由于俱乐部生态产品（如国家级风景名胜区等）的产权界定也存在着不明确的情形，因此，政府可以通过产权激励的方式，引导个人或组织以直接经营或委托开发经营的准入方式确定所有者产权，为消费者提供优质的生态产品。由于这类生态产品价值的实现一般以门票、会费等方式体现，所以生态产品的服务标准、收费价格一般在政府的指导和监管下制定和实施。

第二章　生态产品价值的时间属性

时间是指物质运动过程的持续性和顺序性，同时也包含了时间序列上的变化性，通常包含过去、现在、未来三个维度。生态产品价值的时间属性，即生态产品及其价值在时间的连续序列维度显现出的连续及变化特性。从理论和实践维度分析阐释生态产品价值的时间属性、变化轨迹及影响因素，有助于从时间维度深化对生态产品价值及其实现的全面理解。

一、理解生态产品价值的时间属性

生态产品价值的时间属性可以从载体、主体、价值、结构四个维度理解，其内涵鲜明地体现了时间对于生态产品价值及其实现的多重意义，也凸显了持续性和顺序性、发展性、代际性、波动性等特征。

（一）生态产品价值的时间属性

1.生态产品价值的时间属性内涵

生态产品价值的时间属性内涵可以从载体、主体、价值、结构四个角度理解。

第一，载体角度，生态产品价值的基础载体即自然生态系统随时间变化而变化。这种变化是生态系统自身演化、地理环境变迁和人类活动改造等多种因素共同交织作用的结果。国内外学者基于相关调查监测数据对森林、草地等生态系统的长期动态变化开展了大量研究，如徐雨晴、周波涛等（2018）评估显示 1971—2000 年间我国森林生态系统服务总价值呈总体增加趋势，同时预测 2021—2050 年我国森林生态系统服务价值仍将呈明显上升态势。[①] 张晓庆、赵万奎等（2021）评估显示甘肃省森林生态系统服务功能和价值从 2006—2016 年 10 年间增长了 13.52%。[②] 郑德凤、郝帅等（2020）年评估显示 1990—2015 年三江源国家公园生态系统服务价值从 542.37 亿元增加至 834.70 亿元，增长了 53.90%。[③]

第二，主体角度，即人作为生态产品价值的生产和消费享受主体也随时间变化而变化。一是人类社会大的历史形态变迁。包括从人的依赖关系到物的依赖关系再到人的自由全面发展的三大社会形态变迁，或者从农业社会、工业社会、信息社会再到未来社会的发展，或者从原始社会、奴隶社会、封建社会、资本主义社会、社会主义和共产主义社会的制度性社会变迁等，都影响着人与生态产品的相互关系，引起生态产品价值持续性生产进程和价值实现的变化。二是人类对生态产品需求的显著变化。虽然古代人类并不缺乏对自然生态产品的敬畏和保护，然而当生态产品不存在稀缺性的时候，它作为产品的需求和价值就不会出现。近现代以来伴随着人类工业社会的发展而产生的生态环境急剧恶化，促使生态产品的稀缺性凸显，也使人们更加意识到生态环境重要性的同时，刺激了人类社会经济发展之外的生态产品需求，这些共同作用于生态产品及其价值的变迁。三是人类生态产品生产能力的巨大变化。有些生态产品的供给不足，除了破坏性影响因素外，还由于人类对生态认知、监测、改善、修复等诸多能力的不足。随着人类生态文明认知的进步，人类监测、改善、修复自然生态，

---

① 参见徐雨晴、周波涛、於琍等：《气候变化背景下中国未来森林生态系统服务价值的时空特征》，《生态学报》2018 年第 6 期。

② 参见张晓庆、赵万奎、陈智平等：《2006—2016 年甘肃省森林生态系统服务功能价值动态变化研究》，《湖北农业科学》2021 年第 16 期。

③ 参见郑德凤、郝帅、吕乐婷等：《三江源国家公园生态系统服务时空变化及权衡—协同关系》，《地理研究》2020 年第 1 期。

提高生态产品供给、促进人与自然和谐的能力大大提高，也影响着生态产品的价值变化。

第三，价值角度，生态产品的价值、价格会随着人类经济社会发展变化而变化。一方面，根据马克思主义政治经济学，商品的价值是由凝结在其中的人类抽象劳动决定的，而其价格即交换价值（实现价值）受到生产过程中的抽象劳动价值和效益、供求等诸多因素的影响，会围绕价值形成波动式变化发展。同时，从马克思关于时间与价值的哲学关系角度，价值尺度的时间并不是纯粹的数字符号，而是时间形式与内容的结合[①]，生态产品价值的时间属性也交织着人的尺度的时间、物的尺度的时间、价值尺度等时间多重时间与价值逻辑。另一方面，价值受到产品供求、社会发展等规律性因素影响，因此在生态产品价值的变迁中又存在着有待深入探索的规律性变化。

第四，结构角度，根据马克思主义时间结构观，人类社会的时间可划分为必要劳动时间、非劳动时间和自由时间。无论是生态农产品、淡水、清新空气、防风固沙等生态物质产品和生态调节产品，还是生态旅游等生态文化产品，在其产品生产中都凝结了人类为维持基本生存而付出的必要劳动时间，而生态文化产品的消费则更多需要人们付出相应的自由时间，而自由时间决定了人的发展空间。此外从实践结构转化的角度，随着人类的生存健康要求越来越高，则要求投入生态产品中的社会必要劳动时间更多；而随着社会生产力的提高，则可能会使得生态产品生产所需的社会必要劳动时间减少。因此生态产品价值的生产和实现过程与人类社会的时间结构构成有着密切的联系，同时这种联系随着时间序列的变化而变化。

2.时间对于生态产品价值的意义

首先，生态产品的时间属性是其存在形式的必然属性。马克思和恩格

---

① 刘少明：《〈资本论〉的时间哲学体系》，《南京大学学报（哲学·人文科学·社会科学）》2021年第6期。

斯指出，"一切存在的基本形式是空间和时间，时间以外的存在像空间以外的存在一样，同样是非常荒诞的事情"①，"时间实际上是人的积极存在，它不仅是人的生命的尺度，而且是人的发展的空间"②。因此，一方面，时间属性是生态产品作为"存在"的基本属性，谈及生态产品的价值必然对应其所处的时间和空间点位，而生态产品的价值在纵向时间序列上也必然发生着多种因素作用下的显著变化。另一方面，同对于人类一样，时间不仅是人类生命的尺度和发展的空间，也同样是生态产品的生命尺度和发展空间，时间属性也是伴随着生态产品的存在而存在的，是生态产品价值的必然属性。

其次，时间在生态产品的自然演化过程中扮演着重要角色。生态产品所依托的自然生态系统在受到人类干扰的同时，也有着自身随时间而生长演化的规律，如森林等植物的生长周期、季节变化，生态系统的自我恢复、自然灾害的发生，生物的复杂演变及其脆弱性，等等。生态产品的自然演化遵循相应的自然规律，人类在这一过程中可以能动地认识和利用自然规律，探索实现人与自然和谐共生。

再次，生态产品的社会属性随着时间变化产生巨大变迁。根据马克思的人类历史三大社会形态理论，人类社会随着时间发展形成了由人的依赖关系到物的依赖关系再到人的自由全面发展的三大形态的巨大变迁。在第一种形态下，人类的活动受制于自然环境的发展变化，人类个体依赖于群体。但在这一阶段的中后期，人类通过对生产工具及火的掌握，加之人口快速繁衍以及战争等社会现象，人类社会对自然生态的影响逐渐扩大。在第二种形态下，人类社会通过商品经济产生复杂的社会联系，个人受制于物的依赖。到目前为止，人类社会仍然处于这种形态下，生态产品作为一种特殊的商品，一方面其生产流通消费遵循着现代市场经济的相应规律，

---

① 《马克思恩格斯选集》第 3 卷，人民出版社 1995 年版，第 392 页。
② 《马克思恩格斯全集》第 47 卷，人民出版社 1979 年版，第 532 页。

另一方面在其生产消费中交织着人类对物的依赖和对自然的能动性，生态产品的价值伴随着这些社会条件的发展变化而变化。第三种形态下，人类获得完全独立的自由全面发展。在这一未来社会形态中，人与自然和谐共生也是实现人类获得自由全面发展的前提和必然要求。在物质运动和人类实践活动的作用下，生态产品的社会性必然具有基本的时间属性。

最后，生态产品的价值性内在包含了时间属性。无论是从使用价值与非使用价值、市场价值与非市场价值，还是其经济价值、生态价值、社会文化价值、机会成本等多元构成，这些价值都具有各自的时空属性，表现出特定随时间发展变化的规律，因此集多元复合价值于一体的生态产品，在其价值表现及人为核算的层面，都内在包含了时间属性。

（二）生态产品价值时间属性的特征

1.持续性和顺序性

持续性是时间属性的本然特征，也内在包含了顺序性和变化性特征。时间的持续流动是一首永恒的旋律，时间的持续性特征也决定了时间本身具有价值性，正如此才产生了人们"逝者如斯夫，不舍昼夜""一寸光阴一寸金，寸金难买寸光阴"的紧迫感。虽然由于包含内容的不同，时间价值不能和劳动价值画等号，但时间的价值不可磨灭。樊宝敏、李智勇等（2019）提出了以"人林共生时间"为基础的森林文化价值评估方法，用游客逗留时间、森林文化活动时间等指标来评估森林的文化服务价值，尤为突出了生态产品价值的时间属性[①]。同时，时间的持续性和顺序性是不以人的意志为转移的，这在生态产品的时间属性上，既体现为生态产品的自然生长规律和社会生产变迁，也体现在生态产品价值及其实现的社会过

---

① 参见樊宝敏、李智勇、张德成等：《基于人林共生时间的森林文化价值评估》，《生态学报》2019 年第 2 期。

程中。因此，生态产品价值的时间属性内在包含持续性、顺序性、变化性等时间特征，这也影响着生态产品价值实现过程中的持续性、顺序性、阶段性、季节性、周期性等特点。

2. 发展性

从生态产品价值的自然属性和社会属性两方面看，其随时间变化体现出的发展性都很鲜明。从自然属性而言，无论是生态产品所依托的自然资源、自然界的动植物，还是生态产品价值所服务的主体人类，都经历了由简单到复杂、由低等到高等的漫长进化过程，其中生存繁衍和发展是自然界和人类社会共同的永恒主题，生态产品的存在过程在过去、现在、未来的时序中也体现着自然发展的进程，因此发展性也是生态产品价值时间属性的鲜明特征。从社会属性而言，一方面根据需求层次理论，人类的需求体现出从生理需求到安全、情感、自我实现等更高层次需求的发展变化，而生态产品的多元价值既可以满足不同层次的相应需求，同时也会随着人类社会需求的发展变化而呈现出发展性变化。另一方面，伴随着人类社会从原始社会到农业社会、工业社会、信息社会的必然发展历程，生态产品及其价值也体现出波动中发展的特性。在当前我国生态文明建设进入新时代的背景下，这种发展性也将会越来越鲜明地体现出上升态势。

3. 代际性

代际性是指生态产品价值在时间序列上价值溢出性在人类社会代际之间的鲜明表现。代际是人类种族延续和持续发展必然考虑的因素，地球上供给人类生存生产生活的生态资源是有限的，是所有时间轴上的地球人类共享的。一方面，上一代人过度挥霍和破坏地球生态资源环境，必然导致下一代人发展受限甚至面临生存威胁。这就要求每代人必须树立可持续发展的理念，充分考量子孙后代永续生存发展的需求，多谋"造福子孙后代"之事。另一方面，一代人通过节约资源、保护环境等举措实现的生态产品供给增加，其效益只能部分由当代人享受，也即当代人付出更多成本的同时，其收益回报相当一部分是由后代人享受的。这就要求当代人必须有"功成不必在我"的历史担当，寻求代际成本和收益的合理平衡。

4. 波动性

波动性既包括生态产品价值随自然季节和生长规律产生的波动变化，也包括随市场、制度等社会因素变化而产生的波动变化。自然因素导致的波动如鄱阳湖、洞庭湖等湖泊水位水量受季节性降水影响巨大，洞庭湖丰水期和枯水期的水量差可多达七倍。社会因素导致的波动如在市场经济条件下，产品的价值价格受到供需市场以及资本、技术等因素的影响，一方面会随着市场因素的变化产生市场规律作用下的价格波动；另一方面也会随着劳动、政策、生产力等社会因素的变化而变化，从而引致生态产品价值及其实现的波动性变化。这就要求在生态产品价值实现的过程中，一方面要正确认识现代市场经济条件下产生的波动及风险；另一方面也要不断完善生态产品价值实现需要的市场、技术及制度条件，在促进生态产品价值实现的同时保障和提升生态产品价值实现中利益分配的公平性，探索与社会主义市场经济体制相适应的生态产品价值实现机制。

（三）生态产品价值时间属性的认识意义

1. 有助于树立生态产品价值实现中的正确时间观

一些有关时间属性的观念认识深刻影响着生态产品价值的生产、评估及实现等过程，因此深入分析阐释生态产品价值的时间属性，有利于树立生态产品价值实现中的正确时间观。那么，在推进生态产品价值实现过程中需要树立什么样的正确时间观呢？一是生态产品生产中自然时间观和社会时间观的结合。在生态产品价值生产和实现过程中，既要遵循生态产品整体系统的自然生长时间规律，也要深入考量生态产品中凝结社会必要劳动时间和拓展社会自由时间的社会时间构成变化。二是树立生态产品价值实现的代际永续发展观。生态产品价值时间属性的代际性特征要求当代人必须树立基本的代际可持续发展观，一方面要多从代际视角考量生态产品的稀缺性及价值；另一方面在享受上一代人生态产品生产的溢出收益的同时，应充分实现生态产品代际成本和收益的平衡，推动形成"功在当代、利在千秋"的生态产品供给机制。三是树立生态产品价值波动变化和风险应对观。生态产品价值在时间序列的变化维度，既受到现代市场经济中的各种社会经济风险因素影响，也面临着不断变化的自然风险因素的制约，因此应从时间长期维度全面把握各种风险因素及其应对策略。

2.有助于从历史角度审视生态产品价值实现的经验教训

一方面在正确时间观的指引下，有助于将生态产品价值实现进程与当前经济社会发展需要相统一，阶段性有序推进生态产品价值实现的经济基础与上层制度动态适应。另一方面贯彻落实以史鉴今的必然要求，有助于更好促进生态产品价值实现和生态文明建设。习近平生态文明思想作为习近平新时代中国特色社会主义思想的重要组成部分，也鲜明地体现了大历史观、大时代观的智慧和要求。深入阐释生态产品价值的时间属性、回顾生态产品及其价值实现曲折变化的历史进程，就是在贯彻落实大历史观要求，更好达到"以史鉴今""学史力行"的作用。

3.有助于全面把握生态产品价值的时间变化特征

空间和时间是一切存在的基本属性，然而不同事物表现出的时间属性却有鲜明的不同。无论是生态产品还是其价值评估、价值实现，都经历了长久显著的发展变化，既包括自然和社会因素共同作用下生态产品自身发展进化和破坏恢复等变化，也包括生态产品生产、评估、监测等方面发生的技术性、市场性、制度性多元环境变化。考察这些变化历程和特征，有助于更准确全面把握生态产品及其价值的变化趋势和规律，对当前及未来生态产品价值实现路径的探索提供借鉴。

（四）生态产品价值时间属性的整体认知

由于生态产品价值时间属性的多维度内涵，造成了生态产品价值属性的认知也是多途径的。从载体角度而言，长时期不间断的监测是呈现自然资源产品最重要的途径，同时这种监测受到不同类型生态系统的极大影响；从价值角度而言，则涉及不同的价值评估方式及多元的生态产品价值实现路径；从主体和结构角度而言，则须考察更广泛的经济社会影响因素。因此，接下来第二和第三部分将分别从载体角度分析阐述生态产品随时间历程的变化轨迹，以及从主体、结构等角度全面考察影响生态产品变化的众多因素，以期有助于从实践层面全面认识生态产品价值的时间属性。

二、生态产品价值的变动轨迹

（一）总体状况

1. 全球生态产品价值变化的总体状况

20 世纪中后期，由于全球工业化的迅速发展和第二次世界大战等因素，全球生态环境质量急剧下降，清新的空气、清洁的水源等良好生态产品的供给严重不足。联合国 2001—2005 年开展的千年生态系统评估结果显示，过去 50 年人类对地球上生态系统和生物多样性造成损害的速度和广度超过了历史上任何一个可比时期，土地转换为农田的数量大幅增长，约有 35% 的红树林消失，1960 年以来在陆地生态系统中由生物产生的氮流量增加了一倍、磷流量增加了两倍。[①] 然而伴随着《寂静的春天》所带来的环境反思和全球生态环境保护行动，人类对生态环境的破坏速度逐渐减缓，并且在 21 世纪之后逐渐实现了波动上升态势的转折。中国生态环境部环境规划院研究显示，2017 年全球陆地生态产品总值（GEP）达 148 万亿美元，是 2017 年全球 GDP 的 1.86 倍，而 2011—2017 年全球 GEP 年均增长率约为 12%，略高于 1997—2011 年的年均增长率。

从森林生态产品来看，联合国粮农组织发布的《2020 年全球森林资

---

① 参见吴昌华、崔丹丹：《千年生态系统评估》，《世界环境》2005 年第 3 期。

源评估》报告显示，当前全球森林总面积是 40.6 亿公顷，占全球土地面积的 30.8%，人均森林面积约 0.52 公顷。全球范围的天然林占比达 97%，人工林占 7%，然而自 1990 年以来天然林面积持续减少（流失速度不断下降），人工林的面积增加了 1.23 亿公顷（2010 年之后增速降低）。科技部国家遥感中心《全球生态环境遥感监测 2019 年度报告（全球森林覆盖状况及变化）》显示，自 2000 年至 2018 年，全球森林覆盖面积总体稳定略有下降，其中减少 2.47 亿公顷，增加 2.30 亿公顷，净减少 0.17 亿公顷。同时监测结果表明，全球森林净初级生产力（NPP）总量整体呈缓慢下降趋势，2000 年以来森林 NPP 急剧下降的区域主要集中在赤道附近的热带雨林地区。与之相对比的是，中国由于成效显著的生态保护工程和植树造林行动，森林面积和区域森林 NPP 显著上升，2000—2018 年间中国森林面积增长了 26.9%，森林 NPP 上升了 6.95%，对世界森林生态产品的供给作出了巨大贡献。

从草原生态产品来看，GlobeLand30 全球地表覆盖 2010 年数据显示，占全球陆地地表面积最大的是林地（28.54%），其次是草地（23.31%）、耕地（14.35%），湿地约占 2.5%。《全球生态环境遥感监测 2021 年度报告（欧亚大陆草原生态状况）》显示，在约占全球草原面积 1/3、占欧亚大陆总面积 22% 的欧亚大陆草原，2000—2020 年草原植被状况整体变好，85% 以上的草原植被总初级生产力（GPP）呈增长趋势，80% 以上的草原植被覆盖度（FVC）呈增加趋势。吴丹、邵全琴等（2016）评估显示，2000—2010 年与 1990—2010 年相比，我国草地生态系统年平均水源涵养量增加了 22.15 亿立方米 / 年，各区域草地植被覆盖度均有增加。[①]

从湿地生态产品来看，虽然联合国生态系统恢复 10 年（2021—2030）计划指出，全球湿地面积在过去 300 年里缩小了约 87%，其中自 1990 年

---

① 参见吴丹、邵全琴、刘纪远等：《中国草原生态系统水源涵养服务时空变化》，《水土保持研究》2016 年第 5 期。

以来湿地面积缩小了一半以上，然而从全球国际重要湿地来看，其数量和面积分别从 1972 年的 570 个、4293.87 万公顷增加到 2022 年的 2439 个、25464.81 万公顷。而中国自 1992 年加入国际《湿地公约》以来，国际重要湿地的数量和面积都大幅增加。如图 2-1 所示，中国国际重要湿地数量和面积分别从 1992 年的 6 个、58.69 万公顷增加到 2022 年的 64 个、732.70 万公顷，美国国际重要湿地数量和面积分别从 1992 年的 11 个、120.18 万公顷增加到 2022 年的 41 个、188.46 万公顷。《全球生态环境遥感监测 2021 年度报告（全球典型湖泊生态环境状况）》显示，2000—2020 年全球 88% 的湖泊水位不同程度上升，平均上升速率为 0.11 米 / 年，湖泊净储水量增长速率为 62.26 立方千米 / 年，全球范围内水位上升趋势最为显著的湖群位于青藏高原内流区，如西藏自治区最大的湖泊色林错水域面积从 2000 年的 1930 平方公里增长到了 2020 年的 2412 平方公里。然而有接近一半的典型湖泊(43%) 存在藻华现象，藻华湖泊数量呈增加趋势，亚洲湖泊藻华面积上升趋势最明显。GlobeLand30 全球地表覆盖 2010 年数据显示，全球陆表水体总面积占比 2.73%，比 2000 年减少了 1.77%。

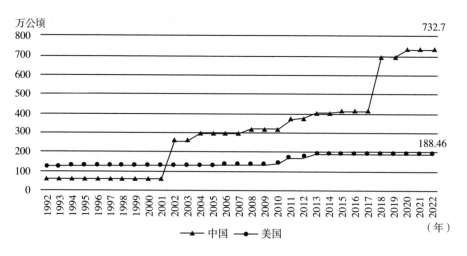

图 2-1 中美国际重要湿地面积的变化

数据来源：http://forest.ckcest.cn/sd/si/sjsdzy.html。

2. 我国生态产品价值变化的总体状况

我国生态产品价值总量在时间维度上呈现波动上升态势，中国气象局发布的《中国气候变化蓝皮书 2022》显示，2000—2021 年，中国年平均归一化植被指数（NDVI）呈显著上升趋势，2021 年中国平均 NDVI 较 2001—2020 年平均值上升 7.9%，较 2016—2020 年平均值上升 2.5%，全国总体植被覆盖稳定增加、变绿趋势显著。国土资源三调与二调数据对比显示，10 年间我国生态功能较强的林地、草地、湿地、河流水面、湖泊水面等地类合计净增加了 2.6 亿亩。从生产、生活、生态三生空间比例而言，王世豪、黄麟等（2022）的研究显示，除粤港澳大湾区外，京津冀、长三角、成渝、长江中游四个特大城市群的生态空间在 1990—2020 年期间表现出增加态势，2010—2020 年增势尤为显著。[1] 国家统计局"自然资本核算与生态系统服务估价（中国）"项目的结题报告显示，广西、贵州两个试点地区的生态系统调节服务价值占比均最大，其中广西 2017 年生态系统调节服务价值占比约 80%，其次为供给服务占比超 15%，而且森林生态系统的调节服务价值在其中发挥重要作用，森林的生态文化价值则有待提升。贵州试点核算结果显示，2018 年贵州省生态系统调节服务价值占比约 70%，其次为文化服务价值占比约 27%，供给服务占比不足 3%。[2]

从生态调节产品而言，因生态调节产品的无形及评估的多元性，此处以考察生态调节产品所依托的自然资源物质量的时间变化轨迹来反映其价值变化基本轨迹。如森林生态系统服务功能的物质量方面，如表 2-1 所示，从第七次（2004—2008）至第九次（2014—2018）全国森林资源清查，10 年间我国各项森林生态服务功能的物质量均显著增长，总碳储量增长了 17.6%，年涵养水源量增长了 27.1%，年吸收大气污染物增长了 25%。

---

① 参见王世豪、黄麟、徐新良等：《特大城市群生态空间及其生态承载状态的时空分异》，《地理学报》2022 年第 1 期。

② 参见国家统计局国民经济核算司、国家统计局国际合作司：《自然资本核算与生态系统服务估价（中国）项目结题报告》，2021 年 7 月。

第九次全国森林资源清查数据显示，截至 2018 年我国人工林面积近 8000 万公顷，是世界上人工林面积最大的国家，约占全球增绿面积的 1/4。第九次清查与第八次（2009—2013）清查相比，全国森林生态服务年价值量从 12.68 万亿元增长到 15.88 万亿元，增长 25.24%，其中林地资源面积增长 4.51%、价值量增长 24.87%，林木资源实物存量增长 15.12%、价值量增长 13.70%，我国人均拥有森林财富从 1.57 万元增长到 1.79 万元，增长 14.01%。从各省份而言，其生态系统服务功能量变化动态与全国保持着相对一致的态势。如有关研究显示，贵州省森林生态系统服务功能物质量和价值量总体呈动态增加趋势，各项功能价值量所占比重从大到小依次为涵养水源（占比约 40%）、生物多样性保护、固碳释氧、保育土壤、净化大气环境和积累营养物质，且历年来各项功能价值量占比波动较小[1]，说明贵州省森林生态系统的各方面保护发展较均衡。

表 2-1 第七次至第九次全国森林资源清查中各项森林生态服务功能的变化

森林生态服务功能	总碳储量（亿吨）	年涵养水源量（亿立方米）	年固土量（亿吨）	年滞尘量（亿吨）	年保肥量（亿吨）	年吸收大气污染物（万吨）
第九次	91.86	6289.5	87.48	61.58	4.62	4000
第八次	84.27	5807.09	81.91	58.45	4.3	3800
第七次	78.11	4947.66	70.35	50.01	3.64	3200

数据来源：http://forest.ckcest.cn/sd/si/zgslzy.html。

从生态物质产品而言，以生态农产品为例，"十三五"期间，全国累计创建果菜茶标准化园、畜禽养殖标准化场、水产健康养殖场近 1.8 万个，绿色、有机和地理标志农产品总数 5 万个，较"十二五"末增加 71.9%。中国绿色食品发展中心历年绿色食品统计年报数据显示，全国绿色食品行业有效用标产品数量从 2014 年的 21153 个增长到 2021 年的 51071 个，

---

[1] 参见高帆、彭祚登、徐鹏：《1977—2018 年贵州省森林生态系统服务功能评估》，《生态科学》2022 年第 4 期。

有效用标单位数量从 2014 年的 8700 家增长到 2021 年的 23493 家，绿色蔬菜认证产品数量和产量分别从 2014 年的 5919 个、1873.92 万吨增长到 2021 年的 13081 个、1990.82 万吨，绿色鲜果认证产品数量和产量分别从 2014 年的 2901 个、1093.46 万吨增长到 2021 年的 11816 个、1601.84 万吨。

从生态文化产品而言，以生态旅游为例，当前我国初步建立了以自然公园和生态景区为主要载体的生态旅游目的地体系，目前我国已有各级各类自然保护地近万处，在 2013—2015 年共确定了 110 家国家生态旅游示范区，生态旅游产品供给日益丰富。"十三五"时期，我国森林旅游游客总量达到 75 亿人次，创造社会综合产值 6.8 万亿元。2016—2019 年，全国森林旅游游客量年增长率达到 14.5%，占国内旅游人数的比例从 27% 上升到 30%。2020 年和 2021 年即使受到新冠疫情的巨大影响，全国生态旅游游客量仍然达到了 2019 年游客量的约 80% 和 70%。国家林草局、国家统计局联合发布的第三期中国森林资源核算研究成果，首次开展评估了森林文化价值，结果显示 2018 年全国森林文化价值约为 3.10 万亿元。

（二）森林生态产品价值的变化

根据丰富的森林资源状况的研究，可将我国森林生态产品的历时变化轨迹划分为古代历史上的丰富森林资源、近代战火中的森林破坏以及新中国成立之后的波动发展三个阶段。

据历史资料考证和推算，史前我国森林覆盖率在 64% 左右，可谓遍布原始森林和奇珍异兽，随着人口的增长、生产生活需要、战争破坏以及自然灾害等影响，到清代中叶森林覆盖率则下降至 30% 左右，鸦片战争前后进一步降至 21% 左右，后又经历国内乱砍滥伐和日俄等侵略掠夺的破坏，新中国成立初期下降至 12.5% 左右。[①] 新中国成立以后，我国

---

① 参见《天然林保护的对策研究》课题组：《中国森林的变迁及其影响》，《林业经济》2002 年第 1 期。

森林资源也经历了农业开垦、大炼钢铁、过度砍伐等破坏性事件的考验，但随即在严峻的生态退化、自然灾害频发的教训下，我国开始逐渐重视森林资源的保护和监测。20 世纪 70 年代之后，在借鉴国外经验和不断探索的基础上，分别于 1973—1976 年、1977—1981 年、1984—1988 年、1989—1993 年、1994—1998 年、1999—2003 年、2004—2008 年、2009—2013 年、2014—2018 年开展了九次全国森林资源连续清查。清查数据显示，我国森林覆盖率和森林蓄积自改革开放以来实现了长期连续增长（如图 2-2），森林覆盖率由第二次清查的 12% 增长到第九次的 22.96%，森林蓄积由第二次清查的 90.3 亿立方米增加到第九次的 175.6 亿立方米。同时第九次清查森林蓄积的增速由之前的约 10% 提高到了 15.98%，说明在我国森林面积增长的同时，森林质量也有了显著提升，这将对森林生态服务功能的发挥带来有益影响。全国森林面积由第一次清查的 1.22 亿公顷稳步增长到第九次的 2.2 亿公顷，增速由第五次清查的最高值 18.66% 逐渐降到了第九次清查的 5.77%，即在总量达到较高水平后增速逐渐趋缓。近年来我国森林生态系统状况持续改善，2021 年我国森林总面积增加到 2.3 亿公顷，森林覆盖率从 2018 年的 22.96% 增加到 24.02%，森林蓄积量从 2018 年的 175.6 亿立方米增长到 194.93 亿立方米，森林植被生物量

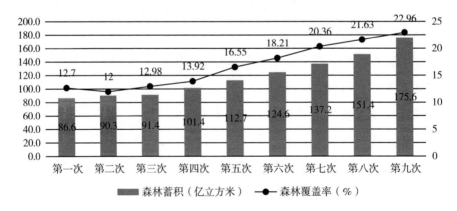

图 2-2　历次全国森林资源清查的森林覆盖率和森林蓄积变化

数据来源：http://forest.ckcest.cn/sd/si/zgslzy.html。

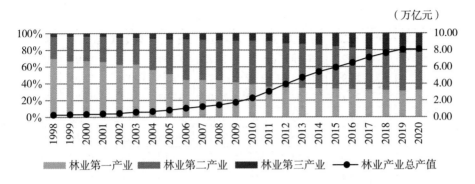

图 2-3　全国林业产业总产值及其一二三产业占比的变化

数据来源：http://forest.ckcest.cn/sd/si/zglyzcz.html。

达 218.86 亿吨，林草植被总碳储量达到 114.43 亿吨，年碳汇量 12.8 亿吨。

从经济价值角度的林业产业总产值而言（如图 2-3），全国林业产业总产值从 1998 年的 0.27 万亿元增长到 2020 年的 8.12 万亿元，其中林业第一、第二、第三产业产值占比分别从 1998 年的 69.77%、26.26%、3.98%，变为 2020 年的 32.40%、44.88%、22.72%。可以说，无论从林业产业经济价值总量还是从内部结构而言，都发生了翻天覆地的变化。

分省份而言，除港澳台之外的 31 省（区、市）历次清查的森林覆盖率数据（如表 2-2 所示），福建省的森林覆盖率长期居大陆地区首位。分析可见，第二次清查（考虑第二次清查比第一次清查数据更加准确）到第九次清查森林覆盖率增长最多的是广西，增长超 38 个百分点，其次是海南、北京、云南、贵州、福建、江西、四川、广东、浙江等地。

表 2-2　各省份历次全国森林资源清查的森林覆盖率变化

（%）

	第一次	第二次	第三次	第四次	第五次	第六次	第七次	第八次	第九次
全国	12.7	12	12.98	13.92	16.55	18.21	20.36	21.63	22.96
北京	11.2	8.1	12.08	14.99	18.93	21.26	31.72	35.84	43.77
天津	2.7	2.6	5.42	7.47	7.47	8.14	8.24	9.87	12.07
河北	10.8	9	10.82	13.35	18.08	17.69	22.29	23.41	26.78

	第一次	第二次	第三次	第四次	第五次	第六次	第七次	第八次	第九次
山西	7	5.2	6.34	8.11	11.72	13.29	14.12	18.03	20.5
内蒙古	0.8	11.9	11.94	12.14	12.73	17.7	20	21.03	22.1
辽宁	17.8	25.1	27.03	26.89	30.95	32.97	35.13	38.24	39.24
吉林	25.8	32.2	32.99	33.6	37.43	38.13	38.93	40.38	41.49
黑龙江	34.9	33.6	34.35	35.55	38.72	39.54	42.39	43.16	43.78
上海	1.7	1.3	1.51	2.47	3.66	3.17	9.41	10.74	14.04
江苏	3.3	3.2	3.76	4.02	4.51	7.54	10.48	15.8	15.2
浙江	38.9	33.7	39.66	42.99	50.8	54.41	57.41	59.07	59.43
安徽	12.7	13	16.36	16.33	22.95	24.03	26.06	27.53	28.65
福建	48.5	37	41.18	50.6	60.52	62.96	63.1	65.95	66.8
江西	36.7	32.8	35.94	40.35	53.37	55.86	58.32	60.01	61.16
山东	8.7	5.9	10.49	10.7	12.58	13.44	16.72	16.73	17.51
河南	10.9	8.5	9.41	10.5	12.52	16.19	20.16	21.5	24.14
湖北	23.5	20.3	20.73	21.26	25.98	26.77	31.14	38.4	39.61
湖南	31.1	32.5	31.88	32.8	38.9	40.63	44.76	47.77	49.69
广东	33.9	27.7	27.34	36.78	45.81	46.49	49.44	51.26	53.52
广西	23.3	22	22	25.34	34.37	41.41	52.71	56.51	60.17
海南	—	20.91	25.4	31.27	39.56	48.87	51.98	55.38	57.36
重庆	—	—	—	—	—	22.25	34.85	38.43	43.11
四川	13.3	12	19.21	20.37	23.5	30.27	34.31	35.22	38.03
贵州	14.5	13.1	12.58	14.75	20.81	23.83	31.61	37.09	43.77
云南	24.9	24	24.38	24.58	33.64	40.77	47.5	50.03	55.04
西藏	5.1	5.1	5.14	5.84	5.93	11.31	11.91	11.98	12.14
陕西	22.3	21.7	22.86	24.15	28.74	32.55	37.26	41.42	43.06
甘肃	3.2	3.9	4.51	4.33	4.83	6.66	10.42	11.28	11.33
青海	0.3	0.3	0.37	0.35	0.43	4.4	4.57	5.63	5.82
宁夏	0.5	1.4	1.78	1.54	2.2	6.08	9.84	11.89	12.63
新疆	0.9	0.7	0.91	0.79	1.08	2.94	4.02	4.24	4.87

数据来源：http://forest.ckcest.cn/sd/si/zgslzy.html。

　　按传统区划的分区域而言（不同时期的区域划分略有差异），如图2-4所示，东北三省区域的森林覆盖率始终最高，东部10个省份的区域森林覆盖率长期略高于中部6个省份，西部12个省份的区域森林覆盖率虽

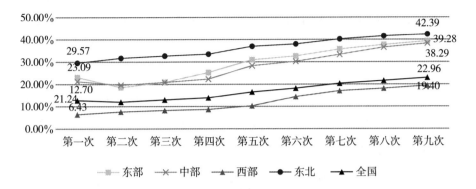

图 2-4 区域森林覆盖率的历次变化

数据来源：http://forest.ckcest.cn/sd/si/zgslzy.html。

然低于全国平均水平，但始终保持稳步增长态势。

（三）草原生态产品价值的变化

根据历年中国草业统计数据（与第三次国土调查中的"草地"统计口径不同）显示，2006—2018 年的全国草原总面积呈相对稳定状态（如图 2-5）。2011—2020 年，全国草原植被综合盖度从 51% 提高到 56.1%，重点天然草原牲畜超载率从 28% 下降到 10.1%。《全球生态环境遥感监测 2021 年度报告（欧亚大陆草原生态状况）》显示，2000 年前后中国草原超 85% 的区域发生着不同程度的退化，2010 年前后退化面积减少至

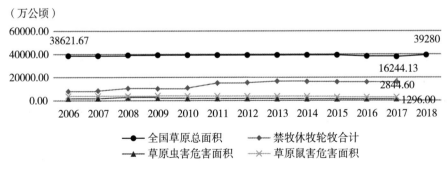

图 2-5 全国草原情况的历年变化

数据来源：http://forest.ckcest.cn/sd/si/cybh.html。

73.24%。然而这并不能说明草原系统自身保持着稳定不变的状态，其中也涉及诸多人为因素的影响，如这一时期全国禁牧休牧轮牧总面积稳步增长，而草原虫害鼠害危害面积均持续减少。赵苗苗、赵海凤等（2017）评估显示，1998—2012年青海省草地生态系统服务功能价值呈现波动上升态势，其中供给服务增长了15.12%，调节服务增长了8.82%，文化服务增长了12倍。[①]

（四）湿地生态产品价值的变化

我国于1995—2003年、2009—2013年分别开展了第一次和第二次全国湿地资源调查（与第三次国土调查中的"湿地"统计口径不同），结果如图2-6所示，第二次全国湿地总面积比第一次增长近40%，其中人工湿地增加近两倍，沼泽湿地增加近60%，河流湿地增加近30%，湖泊湿地、近海与海岸湿地面积分别有小幅增减。分省份而言，第二次湿地调查结果中湿地面积排名前10的省份依次是青海、西藏、内蒙古、黑龙江、新疆、江苏、广东、四川、山东、甘肃。而第三次调查结果（统计口径不

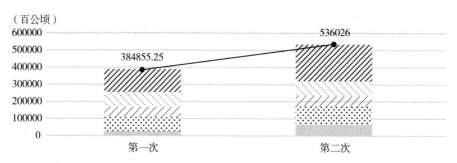

图2-6　全国各类湿地面积的变化

数据来源：http://forest.ckcest.cn/sd/si/zgsdzy.html。

---

① 参见赵苗苗、赵海凤、李仁强等：《青海省1998—2012年草地生态系统服务功能价值评估》，《自然资源学报》2017年第3期。

同）显示，我国湿地主要分布在青海、西藏、内蒙古、黑龙江、新疆、四川、甘肃等 7 个省份，占全国湿地的 88%。考察这 7 个省份第一次、第二次的调查结果，其湿地面积占全国比重由第一次的 55.99% 上升为第二次的 61.97%，其中青海、新疆分别增长 4.47 和 3.7 个百分点。

（五）海洋生态产品价值的变化

从总体来看，我国海洋生产总值从 2012 年的 5 万亿元增长到了 2021 年的 9 万亿元，占国内生产总值的比例从 9.6% 下降为 8%。就海洋渔业产品而言（如表 2-3 所示），2016—2021 年间，在我国渔业产值稳定增长的同时，海洋渔业产品（包括海洋捕捞和海水养殖产品）的产量虽有波动，产值却稳中有升。在渔业产值（不含水产苗种产值）中，海水产品与淡水产品产值比例在 45∶55 至 47.7∶52.3 之间波动，海水产品与淡水产品产量比例在 51∶49 上下波动，在水产养殖中海水养殖与淡水养殖的面积比例在 28.5∶71.5 上下波动，表明我国海水产品的产量略高于淡水产品，而产值略低于淡水产品，同时也显示出我国海洋渔业产品的供给呈稳定态势。而根据对全国近 1 万户渔民家庭当年收支情况的调查显示，全国渔民人均纯收入近年来也显著增加，说明渔业产品的经济价值转化不断改善。

表 2-3　2016—2021 年全国海洋渔业产品的产值和产量变化

年份	渔业产值（亿元）	海水产品产值（亿元）			海水产品产量（万吨）	全国渔民人均纯收入（元）	同比增长
		海洋捕捞	海水养殖	合计			
2016	12002.91	1977.22	3140.39	5117.61	3490.15	16904.20	8.40%
2017	12313.85	1987.65	3307.40	5295.05	3321.74	18452.78	9.16%
2018	12815.41	2228.76	3572.00	5800.76	3301.43	19885.00	7.76%
2019	12934.49	2116.02	3575.29	5691.31	3282.50	21108.29	6.15%
2020	13517.24	2197.20	3836.20	6033.4	3314.38	21837.16	3.45%
2021	15158.63	2303.72	4301.70	6605.42	3387.24	23442.13	7.35%

数据来源：根据历年全国渔业经济统计公报整理。

从海洋生态环境状况而言，生态环境部历年海洋生态环境状况公报显示，我国海洋环境治理总体稳中向好，符合第一类海水水质标准的海域面积占管辖海域的比例从 2015 年的 94.8% 上升到 2021 年的 97.7%，管辖海域劣四类水质海域面积比 2015 年减少 18670km^2，其中 2015—2020 年减少 9950km^2，仅 2021 年就减少 8720km^2。近岸海域优良（一、二类）水质面积比例从 2015 年的 68.4% 上升到 2021 年的 81.3%，劣四类水质比例从 2015 年的 13% 下降到 2021 年的 9.6%。同时，2011—2021 年 10 年间，我国管辖海域富营养化海域面积总体呈显著下降趋势，2015—2020 年呈富营养化状态的海域面积减少了 32420km^2（其中重度富营养化海域面积减少 5080km^2），2021 年呈富营养化状态的海域面积比 2020 年更是减少了 15160km^2（其中轻度、中度和重度富营养化海域面积分别减少 10140km^2、2790km^2、2230km^2）。2021 年开展监测的河口、海湾、滩涂湿地、红树林、珊瑚礁等 24 个典型海洋生态系统中，有 6 个呈健康状态，18 个呈亚健康状态，总体生态状况稳中向好。

三、生态产品价值变化的影响因素

虽然不同生态功能的直接间接影响因子效果有所差异，但都受到自然、技术、经济社会、制度政策等方面因素的影响，如森林、草原等生态系统物质量的变化主要受到人为干扰和自然消长的影响，人为干扰包括经营活动、造林、砍伐等，自然消长包括病虫害、自然火灾等。

（一）自然因素

影响生态产品价值时间变化的自然因素众多，其中最显著也是学者们研究最多的因素主要包括气候因素和自然灾害。气候因素包括降水、气温等因子，自然灾害则包括地震、干旱、洪涝、自然火灾、病虫害等。

1. 气候因素

水是生命之源，从根本上决定着自然生态产品的生长变化，温度也是影响自然生态产品生长变化的重要因素，同时水和温度因子也存在着复杂的交互影响作用，共同作用于生态产品价值的时间变化。

从温度因子来看，全球气候变暖的大趋势已成为共识，联合国政府间气候变化专门委员会（IPCC）发布的 2021 年第六次评估报告（AR6）指出，自工业革命以来，截至 2020 年陆地表面和海洋表面分别升温 1.59℃ 和 0.88℃，其中人类活动导致全球升温约 1.09℃。中国气象局发布的《中国气候变化蓝皮书（2022）》显示，2021 年全球平均温度较工业化前水平（1850—1900 年平均值）高出 1.11℃，最近 20 年（2002—2021 年）全球平均温度较工业化前水平高出 1.01℃。同时中国升温速率高于同期全球平均水平，1951—2021 年中国地表年平均气温呈显著上升趋势，升温速率为 0.26℃ /10 年，高于同期全球平均升温水平（0.15℃ /10 年）。

从降水因子来看，随着全球气候变暖，降水呈现出总量趋多、区域差异巨大的特征。《中国气候变化蓝皮书（2022）》显示，1961—2021 年中国平均年降水量呈增加趋势，平均增加速率为 5.5 毫米 /10 年，21 世纪最初 10 年总体偏少，2012 年以来年降水量持续偏多。2021 年全国平均降水量较常年值偏多 6.7%，其中华北地区平均降水量为 1961 年以来最多，而华南地区平均降水量为近 10 年最少。1981—2010 年我国年平均气温为 9.6℃、年降水量为 629.9 毫米，2011—2021 年我国年平均气温为 10.1℃、年平均降水量为 656.5 毫米。1961—2004 年青海湖水位呈显著下降趋势，2005 年以来青海湖水位转而持续回升，2021 年青海湖水位达到 3196.51 米，已超过 20 世纪 60 年代初期的水位。

2. 自然灾害

严重的自然灾害一方面会直接影响人类正常的生产生活，另一方面通常也对生态产品的生产带来巨大而较难避免的影响。如《全球生态环境遥感监测 2017 年度报告（全球典型重大灾害对植被的影响）》指出，2005

年美国新奥尔良、2010年巴基斯坦发生的严重洪水灾害，都使得受灾地区的植被覆盖率（FVC）明显下降，植被受损严重。1987年5月黑龙江大兴安岭林区、2009年2月澳大利亚维多利亚州发生的重大森林火灾，都造成过火区植被遥感参数迅速降低，植被受损严重且高火烧强度地区植被恢复周期较长。2008年我国汶川特大地震使得8度及以上烈度区内10万多公顷植被严重受损、40多万公顷的植被受损较重、180多万公顷的植被轻度受损，严重受损区的次生地质灾害直接导致植株大量损毁，因此震后植被恢复周期较长，局部地区甚至难以恢复。2011年日本东北部海域发生里氏9.0级地震并引发海啸，使得陆上6度烈度区内近3万公顷植被严重受损、14万公顷的植被受损较重、36万多公顷植被轻度受损。《全球生态环境遥感监测2021年度报告（全球陆域生态系统可持续发展态势）》显示，由于受到厄尔尼诺—南方涛动（ENSO）事件的影响，大洋洲中东部、南部非洲、南亚西部等区域出现严重干旱现象，造成植被生长状况在2010—2020年间明显变差，而同期全球植被生长状况呈显著改善态势。

（二）技术因素

技术因素作为社会生产力要素的重要表征，也显著影响着生态产品价值的历时变化，包括生态产品开发利用、生态修复、生态监测评估等多领域技术的影响。

1.生态产品开发利用技术

生态产品开发利用技术显著体现在两个方面：一是交通技术的快速发展对生态旅游资源产品的影响，越来越发达便捷的交通是生态旅游游客数量增长的重要推动力。2021年末我国铁路营业历程、公路里程、民航定期航班航线里程分别达到15.1万公里、528万公里、690万公里，比2012年分别增长54.4%、24.6%、110.3%。2021年我国高速铁路营业里程达4万公里，是2012年的4.3倍；私人汽车拥有量达2.6亿辆，是2012年的近3倍。二是快速发展进步的绿色生态农业技术促使生态农产品供给增加的影响。《中国农业绿色发展报告 2021》显示，2012—2020 年我国农业绿色发展指数从 73.46 提升至 76.91，全国水稻、玉米、小米三大粮食作物化肥农药使用量连续 5 年保持下降趋势，2020 年全国有机肥施用面积超过 5.5 亿亩次，比 2015 年增加约 50%，主要农作物病虫绿色防控覆盖率超过 41.5%，比 2015 年提高 18.4 个百分点。农业废弃物利用水平持续提升，全国农业畜禽粪污综合利用率超过 76%，秸秆综合利用率达到 87.6%，农膜回收率稳定在 80% 以上。此外，不断改进的森林经营管理也可大大促进生态产品供给的增加，如 Kauppi Pekka E. 等（2022）分析 1960—2017 年间北欧（芬兰、挪威和瑞典）的森林数据发现，其间该区域的森林覆盖总面积变化不大，但其森林生态系统的碳储量增加了 70%，同时期木材采伐量增加了约 40%，这可能得益于轮伐等良好管理措施的应用。[①]

2. 生态修复技术

伴随着生态环境治理修复的投入增加和技术研发，近年来我国生态修复技术取得长足进展，在诸多生态治理修复工程中都做出了应有的贡献，如白洋淀湿地生态环境修复中离不开白洋淀水专项的多项研究技术突破，包括"生态塘群预处理—功能湿地强化污染削减—近自然湿地生态景观提升"成套技术、大清河生态廊道治污群落构建技术、湖泊内源污染治理成套技术等等。2021 年 10 月自然资源部国土空间生态修复司发布了《中国生态修复典型案例集》，包括了塞罕坝机械林场治沙止漠、绿金湖矿山地质环境生态修复、广东湛江红树林造林项目等 18 个典型案例，在这些工程项目中，既离不开各种生态系统修复技术的助力，也在实践中丰富和发展着生态修复技术。此外，生态保护和修复由之前的"单兵作战"变为现在的山水林田湖草沙一体化系统治理和综合保护，生态保护和修复的科学性不断提升，生态产品的生产供给能力不断增强。

[①] See Kauppi Pekka, E., Gustav, S., Lina, A., et al., "Managing Existing Forests can Mitigate Climate Change", *Forest Ecology and Management*, 2022.

3. 生态监测评估技术

生态监测评估技术从多方面影响着生态产品的生产供给和生态环境治理修复。一是数字化智能化监测技术高效助力生态产品供给和生态环境监测。从小尺度而言，各国家公园、自然保护区乃至生态保护修复工程，都广泛应用了数字化智能化的生态环境监测、评估、预警等技术。从大尺度而言，全国性、区域性"空天地"一体化网络化共享化的自然资源和生态环境监测体系逐步形成。二是不同的生态监测评估标准也会产生不同的结论和政策导向，如 2012 年发布的环境空气质量新标准较之前更为严格，有利于提高生态环境保护水平。而 2021 年生态环境部先后发布的《全国生态状况调查评估技术规范——生态系统质量评估（HJ 1972—2021)》《区域生态质量评价办法（试行)》等标准，也将从更广泛的范围提升生态环境监测评估的科学性，进而促进各地生态环境质量改善。三是生态环境监测评估方法的改进，有利于生态产品价值实现公平性的提升。生态资源产品价值评估科学方法研究不断取得进展，有助于提升生态补偿、生态资源有偿使用、生态产品市场化交易等价值实现途径中的公平性，提高生态产品价值实现程度。

（三）经济社会因素

归纳起来，影响生态产品价值历时变化的经济社会因素主要包括了人口增长与社会变迁、城镇化与产业发展、生态文明认知的变化等。在漫长的历史长河中，人口数量的增长和经济社会发展水平的变迁是生态产品及其价值发展变化的根本底色和驱动力，其中城镇化作为近百年人类社会变迁的一个突出特征，深刻地影响着生态产品及其价值的生产变化。思想是行动的先导，人类生态文明认知的变化也反映和影响着生态产品价值及其实现的发展变化。

1. 人口增长与社会变迁

人口数量变化和社会变迁显著影响着生态资源和生态产品的生产演化。从春秋战国到近代的 2000 多年里，中国的人口年平均增长率为 10‰

左右，而同时期欧洲人口年平均增长率为 5‰ 左右，历史上人口增长显著的时期（秦汉、唐宋、清、20 世纪五六十年代等）与天然林消失较快的时期存在着极大的一致性。① 世界和中国范围的人口数量、经济发展水平都有着巨大的历史变迁过程，这既作为生态产品价值生产及价值实现的基本社会环境，也直接驱动着生态产品价值生产及价值实现的宏大进程。

从世界范围而言，世界总人口数量经历了几个不同的发展阶段，从公元元年至 1770 年，世界人口从不足 2 亿缓慢增至 8 亿；1770—1950 年，世界人口由 8 亿快速增至 25 亿，年均增速达 6.4‰；1950—2000 年世界人口飞速增至 61 亿，年均增速达 18‰；2000—2020 年，世界人口增长到 78 亿，年均增速达 12‰。从财富角度而言，全世界总 GDP 从 1960 年的 13694 亿美元增长到了 2020 年的 847054 亿美元，增长了超 60 倍。

从全国范围而言，中国人口数量从 1960 年的 6.67 亿增长到了 2021 年的 14.12 亿，但 2010—2020 年我国人口年平均增长率从 1982—1990 年的 1.48% 降到了 0.53%。同时，我国 GDP 总量从 1960 年的 597.16 亿美元增长到 2021 年的 177271.82 亿美元，占世界 GDP 比例从 1960 年的 14.3% 增长到 2021 年的 18.5%，人均 GDP 从 1960 年的 89 美元增长到了 2021 年的 12551 美元，高于 2021 年世界人均 GDP 平均数 12517 美元。

2. 城镇化与产业发展

城镇化是近百年来人类社会发展变迁的一个鲜明特征，也深刻影响着生态产品及其价值的生产变化。从城镇化自身发展历程而言，根据联合国人居署《世界城市报告 2022》显示，世界城镇化率从 1950 年的 25% 左右增长到了 2020 年的 56%，全球超半数人口居住在城镇，其中世界发达国家的城镇化率超过了 80%，2020 年美国的城镇化率超过了 95%。美国人口研究所《世界城市区域研究报告》显示，2011—2021 年间，全球超

---

① 参见《天然林保护的对策研究》课题组：《中国森林的变迁及其影响》，《林业经济》2002 年第 1 期。

大城市（人口超过 1000 万）的数量由 27 个增长到了 36 个，50 万以上人口城市数量由 796 个增加到 985 个。中国近 40 年的快速城镇化进程也令世界瞩目，我国城镇化率从 1953 年的 13.26% 增长到 2020 年的 63.89%，2021 年我国常住人口城镇化率增至 64.72%，城镇人口达到 9.1 亿。

从城镇化对生态环境和生态产品的影响而言，最大的一个影响就是不透水面面积的增加。《全球生态环境遥感监测 2020 年度报告（全球城市扩展与土地覆盖变化）》显示，全球城市土地面积由 2000 年的 23.09 万 km^2 增长到 2020 年的 51.98 万 km^2，全球城市不透水面面积从 2000 年的 15.30 万 km^2 增长到 2020 年的 31.19 万 km^2，增长均超 1 倍，城市扩展速度从 21 世纪第一个 10 年的平均 1.06 万 km^2/ 年增长到第二个 10 年的平均 1.75 万 km^2/ 年。城市建设面积及不透水面的增加意味着其他生态用地的减少，如 GlobeLand30 全球地表覆盖 2010 年数据显示，2000—2010 年全球新增建设用地 5.74 万 km^2，增幅 5.08%，其中中国和美国约占一半，而这些新增城乡建设用地的来源半数是耕地（50.26%），其次占用比例依次是草地（20.01%）、林地（13.46%）、灌丛（6.81%）、裸地（5.13%）、湿地（1.69%）和水体（1.64%）。[①] 与此同时，随着城市发展模式的优化，全球城市绿地空间面积占城市土地面积比例从 2000 年的 27.36% 增长到 2020 年的 33.01%，全球城市人均绿地空间面积从 2000 年的 23.14%上升到 2020 年的 40.47%，我国 2020 年城市建成区绿地面积覆盖率约为42.1%，但城镇化对生态产品的影响和相互作用模式仍有待优化。城镇化的第二个显著影响就是得到广泛证实的城市热岛效应，城市热岛效应通过温度因子广泛地影响自然生态环境的变化以及人类生产生活行为和生态需求。第三个显著影响是城市环境污染的持续加剧，如我国历年生态环境统计公报显示，全国废水排放量从 2005 年的 524.5 亿吨增长到 2015 年的

---

① 参见陈军、陈利军、李然等：《基于 GlobeLand30 的全球城乡建设用地空间分布与变化统计分析》，《测绘学报》2015 年第 11 期。

735.3 亿吨，其中工业废水排放量由 2015 年的 243.1 亿吨降至 199.5 亿吨，而城镇生活污水排放量则由 2005 年的 281.4 亿吨增长到 2015 年的 535.2 亿吨。虽然"十三五"时期我国城市污水处理率达 97.53%，但 2020 年全国城市污水排放量达 571.4 亿立方米，较"十二五"末增长 22.44%。同样，虽然"十三五"期间我国城市生活垃圾无害化处理率已超过 99.8%，然而 2020 年我国城市生活垃圾清运量达到 23512 万吨，较"十二五"末增长 22.7%，城市人口和工业生产生活带来的环境问题仍然严峻。

此外，与城镇化相应的工业化、信息化进程带来了显著的产业发展变迁，这也对生态产品的市场化价值实现有着鲜明影响。从我国总体产业结构而言，改革开放以来，我国第一产业增加值占 GDP 比重不断下降，第二产业增加值比重在波动中也呈下降趋势，第三产业增加值比重则稳步增加，我国三次产业比例由 1978 年的 27.7 : 47.7 : 24.6 发展调整为 2021 年的 7.3 : 39.4 : 53.3。党的十八大以来的 10 年间，我国产业结构升级和绿色转型取得显著成效，2012—2021 年，我国高技术制造业占规模以上工业增加值比重从 9.4% 增加到 15.1%，清洁能源消费占比从 14.5% 提升到 25.5%，煤炭消费占比从 68.5% 下降至 56%。产业结构的优化和高质量发展转型，为清新的空气、清洁的水源等良好生态产品的供给提供了强力支撑。

3. 生态文明认知的变化

从全球视角而言，在西方对生态环境事件的反思中，产生了环境保护主义、生态马克思主义等理论流派，推动了广泛的环境保护运动和生态文明制度建设，"人类命运共同体"在生态领域的凸显也促进了生态保护全球合作的持续开展。虽然生态马克思主义与马克思主义生态思想的关系还有待深入探讨[1]，西方生态马克思主义也产生了多元差异化理论样态[2]，但

---

[1] 参见阙愚：《马克思主义生态思想与生态马克思主义的基本分野》，《人民论坛》2020 年第 1 期。

[2] 参见陈艺文：《论生态马克思主义理论构建的路径差异——以帕森斯与阿格尔为例》，《中国地质大学学报（社会科学版）》2020 年第 5 期。

是其中从经典马克思主义理论汲取思想智慧，统筹分析解决当前社会生态危机和经济危机的理论导向是一致的。这既说明了生态文明认知随经济社会变迁而发展进步，同时也显示了认知引领行动变化的巨大力量。

从国内视角而言，20 世纪 80 年代，受到改革开放初期林木开放政策的影响，多地集体林区遭受到了过度砍伐的破坏，出现了"森林赤字"现象，后随着社会生态环境意识的觉醒和各地大批生态建设工程的实施，森林生态逐渐恢复和走向盈余。世纪之交时期我国生态环境事件频发，如1997 年创纪录的黄河断流、1998 年长江大洪水、2000 年大范围空前频繁的沙尘暴等等，给人们带来了极为深刻的反思，也逐渐加快了我国生态文明建设的进程。近代中国以来，生态文明建设经历了服从政治建设到服从经济建设，再到"五位一体"总体布局下的生态文明建设全方位融入政治、经济、社会、文化建设阶段。有学者指出了新时代中国特色社会主义建设为生态产品的价值实现提供了三个方面的社会主义特色动力机制，一是习近平生态文明思想指导下党和政府的统一绿色行动，二是对市场机制和资本介入的社会主义制度规约，三是社会主义生态经济民主下的广泛群众性参与。[1] 党的十八大以来，我国经济社会逐步进入了从高速增长转向全面高质量发展的新时代新征程，"绿色发展"成为五大发展理念之一，"生态兴则文明兴""生态文明建设关系民生福祉、人民生活质量""良好生态环境是最公平的公共产品，是最普惠的民生福祉"等理念已成为全党和全国人民的普遍共识。在新时代生态文明理念的引导下，生态产品的需求、供给将被极大激发，生态产品价值实现的社会环境和政策条件也愈加完善。

（四）政策因素

政策因素在我国生态产品价值历时变迁中扮演着重要角色，既包括

---

[1] 参见海明月、郇庆治：《马克思主义生态学视域下的生态产品及其价值实现》，《马克思主义与现实》2022 年第 3 期。

了退耕还林还草、湿地保护和修复、海洋保护、污染防治攻坚战等具体工程行动，也包括了生态文明建设导向下政府生态治理体制机制改革创新提供的制度保障。牟雪洁、饶胜等（2021）核算显示，1979—2017年我国生态保护修复支出总量累计支出超 7 万亿元，2017 年支出总量是 1979 年的 2000 多倍，其间随政策变迁呈现出鲜明的阶段性，而支出结构也由初期的森林支出独大（占比 90% 左右）转变为向多要素和重点区域倾斜，2017 年我国生态保护修复支出总体呈现出城镇（29.4%）、森林（25.5%）、水土保持及生态（27.3%）三大类并重，其他类型支出为补充的格局。①

1. 植树造林和草原保护

21 世纪以来中国国土绿化对世界增绿作出了巨大贡献，2013—2021 年全国累计造林总面积约 5944 万公顷，新增水土流失综合治理面积 53.4 万平方公里，2020 年末我国城市人均公园绿地面积比 2012 年末增长 20.5%。这离不开长久以来我国相继实施的诸多植树造林和林草保护重点工程的贡献。"植树造林、绿化祖国"始终是新中国成立以来不断推进的工作任务，自 1950 年起在内蒙古东部、新疆等多地开展防护林建设，至 1978 年推出了一项超级生态工程——"三北"防护林体系建设工程。"三北"防护林工程涉及范围占国土面积的 42.4%，规划至 2050 年共造林 3508.3 万公顷，截至 2020 年底 40 多年间，已累计完成营造林保存面积达 3174.29 万公顷，工程区森林覆盖率由 5.05% 提高到 13.57%，活立木蓄积量由 7.2 亿立方米提高到 33.3 亿立方米，年森林生态系统服务功能价值达 2.34 万亿元。② 京津风沙源治理工程自 2002 年实施 20 年来，工程区累计营造林 902.9 万公顷，工程固沙 5.1 万公顷，草地治理 979.7 万公

---

① 参见牟雪洁、饶胜、张萧、王夏晖、朱振肖：《改革开放以来我国生态保护修复支出核算研究》，《生态经济》2021 年第 7 期。

② 参见李世东、冯德乾：《三北工程：世界上"最大的植树造林工程"》，《中国绿色时报》2021 年 6 月 28 日。

顷，森林覆盖率由 10.59% 增加到 18.67%，综合植被盖度由 39.8% 提高到 45.5%。北京市大气可吸入颗粒物年平均浓度从 2000 年的每立方米 162 微克下降到 2019 年的每立方米 68 微克，沙尘天气发生次数从工程实施初期的年均 13 次减少到近年来年均 2—3 次，空气质量明显改善。

退耕还林还草工程和天然林资源保护工作缘起于我国 1998 年特大洪水之后的灾后重建反思，至今已 20 余年。国家林业和草原局发布的《中国退耕还林还草二十年（1999—2019）》白皮书显示，20 年间，中央财政累计投入 5000 多亿元，在 25 个省（区、市）和新疆生产建设兵团的 287 个地市(含地级单位)2435 个县(含县级单位) 实施退耕还林还草 5 亿多亩，占同期全国林业重点生态工程造林总面积的 40%，在生态改善、农民增收、农村发展等方面取得了显著的综合效益。在生态效益方面，白皮书数据显示，全国 25 个工程省区和新疆生产建设兵团退耕还林每年涵养水源 385.23 亿立方米、固土 6.34 亿吨、保肥 2650.28 万吨、固碳 0.49 亿吨、释氧 1.17 亿吨、提供空气负离子 8389.38×1022 个、吸收污染物 314.83 万吨、滞尘 4.76 亿吨、防风固沙 7.12 亿吨，按照 2016 年现价评估，每年产生的生态效益总价值量为 1.38 万亿元，约为工程总投入的 2.7 倍。天然林保护工程于 2000 年全面启动，首要任务是停伐减产和有效保护，截至 2020 年，国家对"天保工程"投入资金达 5083 亿元，"天保工程"累计完成公益林建设 3.06 亿亩、后备森林资源培育 1651 万亩、森林抚育 2.73 亿亩，近 20 亿亩天然林得到有效保护，天然林森林蓄积量占全国森林蓄积量比例超 80%。诸如此类的重大生态工程项目的实施，也使得中国大地上产生了诸多塞罕坝、右玉式的治沙造林绿化奇迹。如新疆柯柯牙绿化工程，1986—2012 年共投入资金 2.55 亿元，造林 26.97 万亩，2013—2020 年共投入资金 26.12 亿元，造林 93.29 万亩，使阿克苏地区每年沙尘天气从 100 多天减少到不足 30 天，年降雨量从 60 毫米增长到 120 毫米。①

---

① 参见《新疆：怎一个美字了得!》，《光明日报》2022 年 9 月 30 日。

2. 湿地保护和修复

自 1992 年加入国际《湿地公约》以来，我国湿地保护经历了摸清家底和夯实基础到抢救性保护再到全面保护三个历史阶段，2003 年我国发布《全国湿地保护工程规划（2002—2030）》，随后自 2005 年先后实施了三个五年期实施规划，其间中央政府累计投入 198 亿元，实施了 4100 多个湿地保护和修复工程项目，建成国家湿地公园 899 处，有效保护了 240 万公顷湿地，其中约 90% 的国家湿地公园向公众免费开放，极大增加了人民群众共享的绿色生态产品供给。其中"十三五"期间累计安排中央投资 98.7 亿元，实施湿地生态效益补偿补助、退耕还湿、湿地保护与恢复补助项目 2000 余个，修复退化湿地面积 700 多万亩，新增湿地面积 300 多万亩，湿地保护率达 52%，2021 年我国又新增和修复湿地 109 万亩，湿地生态状态持续改善。青头潜鸭落户白洋淀、黑顶鹤落户玛旁雍错湿地、疣鼻天鹅落户黄河三角洲国家级自然保护区等等，这些自然生物用其自然选择的天性昭示了区域湿地生态系统的改善，也映射了我国湿地保护和修复的巨大成绩及背后付出的巨大努力。[①] 同时，2013 年我国出台《湿地保护管理规定》，2016年出台《湿地保护修复制度方案》，2022 年 6 月 1 日正式实施《湿地保

---

① 白洋淀是华北地区最大的淡水湖泊湿地生态系统，被誉为"华北之肾"。自 2017 年雄安新区成立以来，白洋淀的环境污染治理和湿地生态保护修复就成为了"千年大计"的首要任务之一。五年来，河北省和雄安新区通过强力实施控源、治污、补水、生态修复等系统举措，使得白洋淀生态环境质量和生态功能状况显著改善。白洋淀水质从 2017 年的劣五类提升到 2021 年淀区整体三类水质，进入全国优良湖泊系列，淀区水位稳定保持在 7.2 米左右，面积从 170 平方公里恢复至约 293 平方公里。2019—2021年全区稻田、藕田退耕还淀 15.05 万亩，旱田退耕还淀 11.9 万亩。完成了唐河污水库的治理修复，在白洋淀上游建成府河河口湿地、孝义河河口湿地两个大型功能性人工湿地，每天能净化入淀水 45 万立方米。截至 2022 年 1 月底，白洋淀野生鸟类数量达到 237 种，比新区设立前增加了 30 多种，其中有国家一级保护鸟类大鸨、白枕鹤、青头潜鸭等 10 种，国家二级保护鸟类灰鹤、水雉、黑翅鸢等 41 种。参见《白洋淀生态修复记》，《人民日报》2022 年 5 月 27 日。

护法》，我国湿地保护的制度保障体系逐渐完善，将有力支撑我国湿地生态系统的保护修复和高质量发展。

3.海洋保护

新中国成立以来，我国海洋保护历程也经历了曲折发展，1963 年建立第一个海洋保护地——大连蛇岛自然保护区，2005 年建立第一个国家级海洋特别保护区——浙江乐清市西门岛国家级海洋特别保护区，自此我国海洋保护区的数量快速增长，截至 2018 年底，我国已建立各类海洋保护地 271 处，总面积达 12.4 万 km^2，约占国家管辖海域面积的 4.1%，其中国家级海洋保护地 102 处（包括国家级海洋自然保护区 35 处，国家级海洋特别保护区 67 处）。[①]"十三五"期间，我国海洋保护管理在生态文明建设和 2018 年机构改革的推动下进入了新阶段，累计实施了 58 个"蓝色海湾"整治项目、24 个海岸带保护修复工程、61 个渤海综合治理攻坚战生态修复项目等一系列海洋生态保护修复重大项目，累计整治修复岸线 1200 公里、滨海湿地 2.3 万公顷，国家级海洋保护区超过 50 个，近 30% 的近岸海域和 37% 的大陆岸线纳入生态保护红线管控范围，海洋生态系统保护修复取得显著成效，海洋生态产品供给能力极大提升。

4.环境污染治理和绿色发展

改革开放以来，我国持续开展了生态环境保护工作，如 1979 年颁布试行《环境保护法》、1992 年发布《中国关于环境与发展问题的十大对策》、1994 年第四次全国环境保护会议发布《关于环境保护若干问题的决定》，2002 年以来先后提出科学发展观、建设资源节约型环境友好型社会等等。但是由于这一阶段环境保护工作服从服务于经济的快速发展，使得环境保护工作的力度不足，我国环境污染状况持续恶化。2013 年中国环境状况公报显示，74 个按照新的环境空气质量标准监测评价的城市，平均达标

---

① 参见赵林林、程梦旎等：《我国海洋保护地现状、问题及发展对策》，《海洋开发与管理》2019 年第 5 期。

天数比例为 60.5%，PM$_{2.5}$ 平均浓度为 72 微克 / 立方米，达标城市比例为 4.1%。

党的十八大以来，我国全面加强环境污染治理和生态环境保护，党的十九大之后又强力推动了三大攻坚战之一的污染防治攻坚战，制定和坚持了最严格的生态环境保护制度，陆域生态保护红线面积占陆域国土面积比例超过 30%，2015—2020 年全国实施生态环境行政处罚案件 93.06 万件、罚款金额 578.64 亿元。在习近平生态文明思想的引领下，近 10 年我国生态环境质量显著改善。2021 年，全国地级及以上城市平均空气质量优良天数比例为 87.5%，比 2015 年提高 6.3 个百分点，PM$_{2.5}$ 平均浓度为 31 微克 / 立方米，比 2015 年下降了 34.8%，地表水优良（I—III 类）断面比例达到 84.9%，比 2012 年提高了 23.3 个百分点。与 2012 年相比，2021 年我国单位 GDP 能耗下降了 26.4%，年均下降 3.3%，单位 GDP 二氧化碳排放下降了 34.4%，单位 GDP 水耗下降了 45%，主要资源产出率提高了约 58%，风光发电装机规模增长了 12 倍左右[①]，单位 GDP 建设用地使用面积下降 40.85%……一系列数据显示我国绿色低碳发展转型走上了新时代高质量发展的快车道，这为良好生态产品的生产和价值实现提供了有利环境条件。

5. 生态文明体制改革和政策创新

党的十八大以来，深化生态文明体制改革作为全面深化改革的重要内容，也是坚持和贯彻"五位一体"总体布局的关键举措。在《关于加快推进生态文明建设的意见》《生态文明体制改革总体方案》和数十项生态文明体制改革具体方案的引导下，我国生态文明建设取得了显著成效，促进人与自然和谐共生的生态文明制度体系逐渐形成。在先期 10 个国家公园体制试点基础上，我国于 2021 年 10 月正式设立了三江源、大熊猫、东北

[①] 参见《国家发改委：10 年来我国单位 GDP 能耗下降 26.4%》，《工人日报》2022 年 9 月 23 日。

虎豹、海南热带雨林、武夷山等首批国家公园。目前，三江源国家公园草原综合植被盖度超过 60%，较 2015 年提高近 5 个百分点，湿地植被盖度稳定在 66%左右，东北虎豹国家公园内野生东北虎、东北豹数量由试点之初的 27 只和 42 只分别增长至 50 只和 60 只，野生东北虎幼崽存活率从试点前的 33%提升到 50%以上，以国家公园为主体的自然保护地体系将极大提升生态产品的供给和全民共享价值。

第三章　生态产品价值的空间属性

与时间相对应，空间是指物体存在和运动的客观形式，主要以长度、宽度、大小和高度为表现形态。由此，我们可以得出结论，生态产品价值的空间属性就是生态产品及其价值在三维空间呈现出的连续性及变化性。从空间属性角度，研究生态产品价值的特征、空间分布和影响因素，有利于提升对生态产品价值的整体性认识。

一、理解生态产品价值的空间属性

从物理学的角度理解，物质运动存在的客观形式或者元素在区域内的集合即为空间，其形式表现为长度、宽度、高度和大小等。广义上讲，空间本身是没有能量的集合体，它存在的最大价值就是使物质产生了区域性变化，而这种变化又带来能量的变化。因此，爱因斯坦认为，空间是与辐射和能量有关的变量。从宇宙大爆炸开始，光子的产生及其波动性便成就了空间。随着光子波动频率变慢、波长增加，空间也相应不断膨胀。直到现在为止，在我们的认知里，宇宙空间仍然一直在不断地膨胀。在牛顿看来，空间即是绝对空间，是保持始终不变和静止的状态，无关于任何外在事物。与之相对应的即是相对空间，是可移动的。因此，绝对空间与地球的关系是确定的，而相对空间则是完全不相同的，处于不断变化之中的。一般意义上，空间是由不同的点连接而成的区域。由此看来，生态产品价值存在的位置和形式（也即空间分布）就是空间属性的具体体现。

生态产品价值的空间属性为生态产品价值的初次分配提供基础条件。从主体功能区的角度，参考区域环境承载能力以及现有开发力度和潜力，进行统筹谋划，摸清生态产品价值空间分布情况，可以对经济发展的布局、国土资源的有效利用以及城镇化发展提供数据支撑。同时，生态产品的空间属性也为生态产品价值初次分配提供了基础条件，因为初次分配是按照不同区域和位置来核算的。例如，塞罕坝地区以针叶林为主，热带地区则以阔叶林为主，区位不同，同样体量的森林的生态产品价值量也不一样。

生态产品价值的空间属性有利于建立生态产品价值评价体系。构建生态产品价值的评估体系，需要考量区域生态环境整体性，核算区域内自然生态要素，合理开发利用区域内生态产品，完成生态产品价值转化。周煜斌（2021）以西樵国家生态公园为例，从三个空间生态属性（即自然属性空间、近自然属性空间和人为活动属性空间），构建了生态公园区域内的评价指标体系。①

生态产品价值的空间属性有助于掌握生态产品价值的影响因素，提高综合认知水平。价值指凝结在商品中的无差别的人类劳动。生态产品价值的大小与生态资源所处的空间位置有关。对同一劳动对象来说，因空间属性变化而产生的社会生产力和劳动时间变化都能影响最终的生态产品价值。比如，同样一吨水南方和北方、人口多经济发达地区和人口少经济欠发达地区，所需生产资料和生产效率以及劳动力都不相同，而这一吨水的生态产品价值也必然呈现出明显的差异性。

空间属性是生态产品价值的构成要素之一，其主要特征表现在：

区域性。任何一种生态产品价值要素、生态资源以及生态建设活动必须占有一定的空间位置，从而具有了区域性特征。由于经纬度的差异，地

---

① 参见周煜斌：《基于空间属性分析的西樵国家生态公园规划研究》，广州大学硕士学位论文，2021年。

球上的能量、水和空气在自然环境的分布不同，陆地和水域生态系统形成了垂直和水平地带性分布。生态产品价值的空间分布与组合呈现出很大的地区性差异，这种区域性特征是生态产品价值本身与自然和社会环境相适应的产物。

个体性。任何一个独立空间内的生态产品的价值都具有唯一性。首先特定区域内的生态产品的种类不一样，就决定了其生态产品价值也不一样：森林可以净化空气，吸收二氧化碳；湿地可以涵养水源，改善土壤环境，保护生物多样性；湖泊可以调蓄、改善地表水水质，补充地下水位，为动物提供栖息地，调节局部气候；海洋可以调节全球气候、提供物质和能量来源，净化空气和储存碳汇。显然，不同种类或不同组合的生态产品，在某一空间范围内的价值具有个性化特征。其次，同一生态产品种类，同一生态产品价值，因为地域不同，也会导致价值转化的不同。比如，同样是净化后的水，具有相同的生态产品价值，但因其所在的空间不同，其转化方式也不一样：湿地可以净化地下水；湖泊可以净化地表水；污水处理厂可以净化生活和工业污水。

距离性和溢出性。生态产品的空间位置决定了消费需求的距离远近。这种距离体现在生态产品价值交换、流动以及跨区域交易上。生态产品价值集聚程度较高或者具有一定规模的空间区域，其价值多少、供需关系存在相互影响，呈现出一定程度的溢出效应。如京津冀地区生态补偿机制就体现了空间属性溢出性特征：2018 年，北京市与河北省签订了《密云水库上游潮白河流域水源涵养区横向生态保护补偿协议》；2020 年，河北省与天津市签订了《关于引滦入津上下游横向生态补偿的协议（第二期）》。

二、生态产品价值的空间分布

我国自然资源总量丰富但空间分布不均，北方的耕地面积占全国的62%，但水资源只占全国的 20%；南方耕地只占全国的 30%，但水资源占全国 80% 以上；林地多位于山地，草地多分布在高原和山区。社会发展水平差异较大，因我国人口数量大，导致我国的自然资源人均占有量较少，生态产品的保护和开发问题突出。自然资源丰富地区的生态产品种类和数量趋增，直接导致价值增长。

（一）总体状况

目前关于生态产品价值的空间分布数据有限。2018 年，我国各省生态产品价值总量和人口情况如表 3-1 所示。

表 3-1　2018 年各省（区、市）生态产品价值统计

省份	2018 年生态产品价值（亿元）	2018 年人口数量（万人）	人均生态产品价值（元）
北京	1216.2	2170.7	5602
天津	2716.2	1556.87	17446
河北	11067.6	7519.52	14718
山西	5384.6	3702.35	14543
内蒙古	79978.6	2528.6	316295
辽宁	12047.2	4368.9	27574
吉林	13980.9	2717.43	51448
黑龙江	61388.9	3788.7	162031
上海	1576.2	2418.33	6517
江苏	18722.2	8029.3	23317
浙江	9184.4	5657	16235
安徽	15406.1	6254.8	24630
福建	8206.5	3911	20983
江西	20116	4622.1	43521
山东	12269.7	10005.83	12262
河南	10310.2	9559.13	10785
湖北	28021.4	5902	47477
湖南	23726.9	6860.2	34586
广东	19289.3	11169	17270
广西	18124.1	4885	37101
海南	4510.4	925.76	48721

省份	2018 年生态产品价值 （亿元）	2018 年人口数量 （万人）	人均生态产品价值 （元）
重庆	4239.3	3048.43	13906
四川	27458.1	8302	33074
贵州	7643.6	3580	21350
云南	19952	4800.5	41562
西藏	84082.6	337.15	2493922
陕西	7263.3	3835.44	18937
甘肃	10864.3	2625.71	41376
青海	46734.7	598.38	781020
宁夏	2025.4	681.79	29707
新疆	23762.5	2444.67	97201

数据来源：根据《完善生态环境空间管控体系增强生态产品供给能力》（王夏晖、王晶晶，2021）和各省市自治区统计年鉴相关数据整理而成。

　　我国单位面积生态产品资源的空间分布呈东高西低的趋势：东北和华南等植被茂密地区单位面积生态产品价值较高；华北与西北地区的单位面积生态产品价值较低。从人均生态产品价值的空间分布来看，从高到低排名前三的分别是西藏、青海、内蒙古；从低到高排名前三的分别是北京、上海、河南。由此可知，人口密度低的西部地区，人均生态产品价值较高；人口数量多、密度大的东部沿海和人口大省，人均生态产品价值较低。像山西、河北等省虽然经济较为发达，但生态产品种类、数量并不丰富，生态产品有待进一步开发。

（二）森林生态产品价值的空间分布

　　根据我国第三次全国国土调查主要数据公报显示，截至 2019 年 12 月 31 日，我国拥有林地 28412.59 万公顷（426188.82 万亩）。

　　其中，乔木林地占总量的 69.46%，共计 19735.16 万公顷（296027.43 万亩）；竹林地占总量的 2.47%，共计 701.97 万公顷（10529.53 万亩）；灌木林地占总量的 20.63%，共计 5862.61 万公顷（87939.19 万亩）；而其他林地占总量的 7.44%，共计 2112.84 万公顷（31692.67 万亩）。而其中有 87%的林地分布在年降水量较高的地区。（如图 3-1 所示）

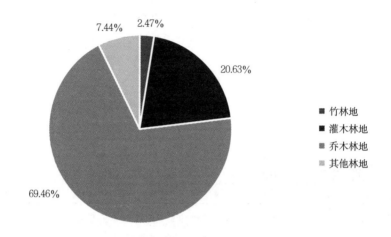

图 3-1　2019 年我国林地调查结果示意图

数据来源：http://forest.ckcest.cn/sd/si/sjsdzy.html。

来自第九次全国森林资源清查《中国森林资源报告》数据显示，在 2014—2018 年之间，我国森林覆盖率达到了 22.96%，排名前 10 位的省份分别是：福建、江西、台湾、广西、浙江、海南、云南、广东、湖南、黑龙江。（如图 3-2 所示）

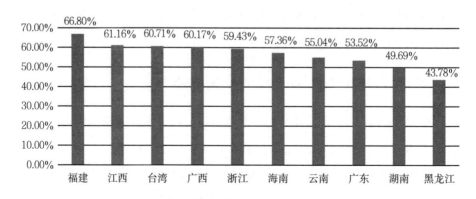

图 3-2　森林覆盖率前 10 位的省份

数据来源：http://forest.ckcest.cn/sd/si/sjsdzy.html。

全国的森林总面积为 2204462 百公顷，其中排名前 10 位的省份分别是：内蒙古、云南、黑龙江、四川、西藏、广西、湖南、江西、广东、陕西。（如图 3-3 所示）

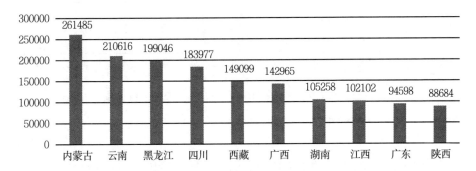

图 3-3　森林面积前 10 位的省份（单位：百公顷）

数据来源：http://forest.ckcest.cn/sd/si/sjsdzy.html。

全国森林蓄积总量为 175602299 百立方米，排名前 10 位的省份分别是：西藏、云南、四川、黑龙江、内蒙古、吉林、福建、广西、江西、台湾。（如图 3-4 所示）

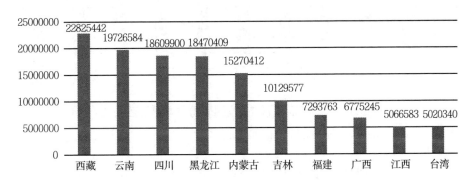

图 3-4　森林蓄积量前 10 位的省份（单位：百立方米）

数据来源：http://forest.ckcest.cn/sd/si/sjsdzy.html。

全国天然林总面积为 1404152 百公顷，排名前 10 位的省份分别是：内蒙古、黑龙江、云南、西藏、四川、广西、新疆、江西、吉林、陕西。（如图 3-5 所示）

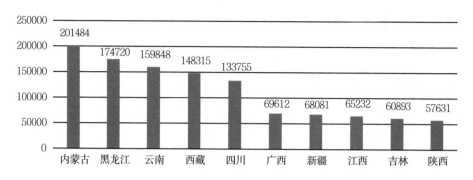

图 3-5　天然林面积前 10 位的省份（单位：百公顷）

数据来源：http://forest.ckcest.cn/sd/si/sjsdzy.html。

　　全国人工林总面积为 800310 百公顷，排名前 10 位的省份分别是：广西、广东、内蒙古、云南、四川、湖南、福建、江西、贵州、辽宁。（如图 3-6 所示）

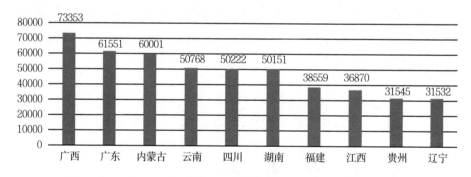

图 3-6　人工林面积前 10 位的省份（单位：百公顷）

数据来源：http://forest.ckcest.cn/sd/si/sjsdzy.html。

　　全国天然林蓄积总量为 136705963 百立方米，排名前 10 位的分别是西藏、云南、黑龙江、四川、内蒙古、吉林、陕西、福建、江西、广西。（如图 3-7 所示）

　　全国人工林蓄积总量为 33875996 百立方米，排名前 10 位的省份分别是：广西、福建、四川、云南、广东、黑龙江、湖南、贵州、内蒙古、江西。（如图 3-8 所示）

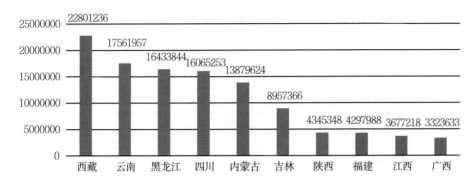

图 3-7　天然林蓄积量前 10 位的省份（单位：百立方米）

数据来源：http://forest.ckcest.cn/sd/si/sjsdzy.html。

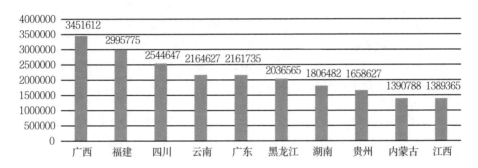

图 3-8　人工林蓄积量前 10 位的省份（单位：百立方米）

数据来源：http://forest.ckcest.cn/sd/si/sjsdzy.html。

　　2020 年底我国森林覆盖率达到 23.04%，森林蓄积量达到 175 亿立方米，森林面积达到 2.2 亿公顷。预计"十四五"期间森林覆盖率提高到 24.1%，但仍低于全球 32% 的平均水平，人均森林面积仅为世界人均水平的 1/4。在此期间，我国将不断增加财政投入，充分发挥国家重点生态工程推动国土绿化的作用，以大工程带动大发展，在长江重点生态区、黄河重点生态区、青藏高原生态屏障区、北方防沙带、南方丘陵地带、东北森林带、海岸带等重点区域开展天然林修复工程，稳步推进退耕还林。（如表 3-2 所示）

表 3-2　重要生态系统保护和修复工程

1	长江重点生态区（含川滇生态屏障） 以长江源、横断山区、岩溶石漠北区、三峡库区、洞庭湖、鄱阳湖等为重点，推进天然林保护、退耕还林还草工程建设，开展森林质量精准提升，建设国家储备林，完成造林 1650 万亩。
2	黄河重点生态区（含黄土高原生态屏障） 以黄河源、秦岭、贺兰山、黄土高原、汾河、黄河口等为重点，推进三北天然林保护、退耕还林工程建设，保护修复林草植被 1200 万亩。
3	青藏高原生态屏障区 以三江源、祁连山、若尔盖、甘南黄河水源补给区等为重点，推进三北、天然林保护、退耕还林工程建设，加强原生地带性植被。
4	北方防沙带 以京津冀地区、内蒙古高原、河西走廊、塔里木河流域为重点，推进三北、天然林保护、退耕还林、京津风沙源工程建设，完成造林 3300 万亩。
5	南方丘陵地带 以南岭山地、武夷山区、湘桂岩溶石漠化区等为重点，推进退耕还林工程建设，实施森林质量精准提升行动，营造防护林 135 万亩。
6	东北森林带 以大小兴安岭、长白山以及三江平原、松嫩平原等为重点，推进三北、天然林保护、退耕还林工程建设，培育天然林后备资源 1050 万亩。
7	海岸带 以粤港澳大湾区、长三角、海南岛、黄渤海、粤闽浙沿海、北部湾等为重点统筹推进森林生态保护和修复，营造防护林 165 万亩。

数据来源：全国重要生态系统保护和修复重大工程总体规划（2021—2035 年）。

（三）湿地生态产品价值的空间分布

按照《湿地公约》对湿地类型的划分，我国湿地分为 5 大类 28 种类型：一是近海及海岸湿地类，其中包括 12 种类型（浅海水域、珊瑚礁、潮下水生层、岩石性海岸、潮间淤泥海滩、潮间沙石海滩、潮间盐水沼泽、红树林沼泽、河口水域、海岸性咸水湖、海岸性淡水湖、三角洲湿地）；二是河流湿地类，其中包括 3 种类型（季节性或间歇性河流、永久性河流、泛洪平原湿地）；三是湖泊湿地类，其中包括 4 种类型（季节性咸水湖、季节性淡水湖、永久性咸水湖、永久性淡水湖）；四是沼泽湿地类，其中包括 8 种类型（森林沼泽、藓类沼泽、灌丛沼泽、内陆盐沼、草本沼泽、地热湿地、沼泽化草甸、淡水泉或绿洲湿地）；五是人工湿地类，其中涉及多种类型，但从全国湿地调查中仅查询到库塘湿地 1 型。我国大陆地区现有 100 公顷以上的各类湿地总面积为 3848 万公顷。（如表 3-3 所示）

表 3-3 我国湿地资源调查统计结果一览表

序号	湿地类型		面积（万公顷）	占比（%）
1	自然湿地（3620 万公顷，占全国湿地面积的 94.07%）	近海与海岸湿地	594	15.44
		河流湿地	821	21.33
		湖泊湿地	835	21.70
		沼泽湿地	1370	35.60
2	库塘湿地		229	5.93

数据来源：中国湿地资源调查统计情况汇总。

近海与海岸湿地。我国近海与海岸湿地主要分布在涉及 11 个省（区、市）的沿海和港澳台地区。海域沿岸形成了由三角洲、珊瑚礁、河口水域、红树林、浅海滩涂等组成的湿地生态系统，涉及约 1500 多条大中河流。以杭州湾为界，近海与海岸湿地分成了杭州湾以南和以北两个部分：杭州湾以北的近海与海岸湿地主要是淤泥质和沙质海滩。受环境因素影响，此类湿地植物生长旺盛，无脊椎动物和浅水区鱼类种类和数量丰富，且有大量珍禽和鸟类在此栖息，如黄河三角洲、辽河三角洲、江苏盐城沿海等；杭州湾以南的近海与海岸湿地主要是岩石性海滩。

河流湿地。我国河流流域面积广大，超过 100 平方公里以上的河流有 50000 多条，超过 1000 平方公里以上的河流约 1500 条。这些河流主要分布在东部气候湿润多雨的季风区，而气候干旱少雨的西北内陆则河流较少，无流区数量也很多。中国外流河与内陆河的分界线是从大兴安岭西麓起，沿东北向西南，经阴山、巴颜喀拉山、贺兰山、祁连山、念青唐古拉山、冈底斯山，直到我国的西端。分界线以东以南都是外流河，面积约为全国的 65.2%；分界线以西以北，除额尔齐斯河流入北冰洋外，均属内陆河，面积为全国的 34.8%。外流河多发源于水利资源丰富、水量巨大的青藏高原，其中包括了怒江、雅鲁藏布江、长江、黄河、澜沧江等；发源于豫西山地、云贵高原、内蒙古高原、黄土高原的河流包括滦海河、黑龙江、珠江、辽河、淮河、元江等；发源于流程短、落差大、水量较为丰富的东部沿海山地河流，包括图们江、瓯江、闽江、鸭绿江、钱塘江、赣江等。我国的内陆河划分为五大区域，分别是河西内陆诸河、新疆内陆诸河、羌塘内陆诸河、青海内陆诸河和内蒙古内陆诸河，五大内陆河的径流都产生于山区最终流入内陆湖泊并消失于山前平原。

湖泊湿地。根据地理环境、开发利用程度以及环境整治等，我国的湖泊共划分为 5 个自然区域，分别为东部平原地区湖泊、蒙新高原地区湖泊、云贵高原地区湖泊、青藏高原地区湖泊以及东北平原与山区湖泊。东部平原地区湖泊是我国湖泊分布密度最大的地区之一，如洞庭湖、鄱阳湖、太湖、洪泽湖和巢湖都位于东部平原地区湖泊。从地理分布来看，这些湖泊湿地大都位于黄河及海河下游、长江及淮河中下游以及大运河沿岸，湖泊生物的生产能力强，水情变化明显，但由于开发等因素造成湖泊质量和数量日趋下降。蒙新高原地区湖泊处于我国内陆地区，是受气候影响明显，降水较少，蒸发严重，地表水补充不足，从而造成湖水浓缩而形成的盐湖。云贵高原地区湖泊位于抚仙湖、滇池、洱海等地处断裂带或各大水系的分水岭，支流水系多，出流水系少，换水周期短，导致生态系统不平衡。青藏高原地区湖泊是我国湖泊分布密度最大的两大稠密湖群区之一，属于高原湖群区，受气候影响主要以冰雪融水为主，水资源较少，干化现象严重，以咸水湖和盐湖为主。东北平原与山区湖泊主要分布在地势低平的松辽平原和三江平原，由于排水不通畅导致湖泊大小不均，多为外流淡水湖。

沼泽湿地。我国沼泽湿地主要集中在大兴安岭、小兴安岭、东北三江平原、青藏高原和长白山地，其次分布在云贵高原以及阿尔泰山、天山山麓、湖滨、海滨地区，其特征表现为：一是分布广而零散。虽然沿海、内陆、平原、山地和高原都有沼泽，但大部分沼泽的分布面积都不大，可以形成连片分布的仅有四川西北部的若尔盖沼泽和东北的三江平原。二是受气候影响较大。由于我国东部地势低平，气温恒温且湿润，降水量足够，所以地下水和地表水充足，利于沼泽发育，沼泽面积占到了全国的70%左右。三是受纬度地带性影响较为明显。从气候来看，东北地区包括山地和平原，气候较为寒冷潮湿，利于沼泽发育，因此沼泽类型偏多且面积较大，占全国总面积50%以上。

库塘湿地。库塘湿地的分布较为零散，在大江大河中、上游以及天然湿地集中的区域都具有分布，主要集中于长江流域中、下游地区。

（四）湖泊生态产品价值的空间分布

1. 按行政区域划分

除香港、台湾和澳门地区之外，我国境内总共有2780个自然湖泊，总面积78727.9平方公里，约占全国国土面积的0.9%。其中，拥有湖泊数量最多的3个省份是黑龙江、西藏和内蒙古，分别占到全国湖泊总数量的9.2%、32.9%、12.3%；我国拥有湖泊面积最大的3个省份是新疆、西藏和青海，分别占全国湖泊总面积的9.1%、39.7%、17%；面积最大的5个湖泊是青海湖、色林错、呼伦湖、鄱阳湖和洞庭湖。（如表3-4所示）

表3-4 2018年我国湖泊数量与面积统计

省（自治区、直辖市）	不同级别湖泊数量／个（单位：平方公里）						量合计／个	面积合计／平方公里
	≥1000	500—1000	100—500	50—100	10—50	1—10		
北京	0	0	0	0	0	1	1	2.1
天津	0	0	0	0	0	4	4	9.3
上海	0	0	0	1	1	8	10	100.7
河南	0	0	0	0	0	8	8	14.1
山东	0	0	2	0	2	16	20	614.6

续表

省（自治区、直辖市）	不同级别湖泊数量／个（单位：平方公里）						量合计／个	面积合计／平方公里
	≥1000	500—1000	100—500	50—100	10—50	1—10		
山西	0	0	0	0	2	1	3	38.5
黑龙江	1	0	2	2	27	225	257	3093.5
安徽	0	1	6	4	20	71	102	20720.8
辽宁	0	0	0	0	0	2	2	3.6
内蒙古	1	0	2	2	25	313	343	3987.8
吉林	0	0	1	2	14	94	111	1074.8
甘肃	0	0	1	0	4	2	7	208.1
宁夏	0	0	0	0	1	11	12	52.9
青海	1	5	17	15	43	171	252	13399.1
广东	0	0	0	0	0	5	5	15.9
广西	0	0	0	0	0	2	2	3.2
贵州	0	0	0	0	1	1	2	27.4
湖北	0	0	5	3	33	119	160	2372.0
湖南	1	0	0	2	7	69	79	1799.2
江苏	2	1	4	3	8	69	87	5509.4
江西	1	0	1	2	9	37	50	3765.9
陕西	0	0	0	0	2	10	12	87.2
四川	0	0	0	0	2	34	36	126.3
西藏	4	3	61	59	181	608	916	31252.7
新疆	1	4	5	6	34	167	217	7130.7
浙江	0	0	0	0	1	20	21	60.8
云南	0	0	3	2	6	28	39	1138.6
数量合计／个	12	14	110	103	425	2116	2780	
面积合计／平方公里	23325.6	9413.0	22935.4	7295.0	9434.2	6324.7		78727.9

数据来源：尚博譞、肖春蕾：《中国湖泊分布特征及典型流域生态保护修复建议》，《中国地质调查》2021年12月第8卷第6期。

2. 按湖区划分

青藏高原湖区拥有全国湖泊总数量的42.0%，总面积的56.7%，是我国湖泊数量和面积最多的湖区；位居第二的是拥有全国湖泊总数量

20.54%和总面积21.73%的东部平原湖区。五大湖区的中东部平原湖区和青藏高原湖区占全国湖泊总数量的62.5%，总面积的78.4%，形成了东西密集分布的两大湖群，是湖泊分布最为集中的区域。而东北、蒙新、云贵等3个湖区合计总量不及全国的一半，仅占全国湖泊总数量的37.4%和总面积的21.5%，呈现较大的不均衡性。

3. 按流域划分

西北诸河流域湖泊面积最大，合计47298.3平方公里，主要分布在青藏高原地区。湖泊数量最多的3个一级流域占全国湖泊总数量的45.0%；位居第二的长江流域占全国湖泊总数量的20.1%；第三的松花江流域占全国湖泊总数量的15.9%。（如表3-5所示）

表 3-5　我国各流域湖泊面积统计

流域	不同级别湖泊面积／平方公里						面积合计／平方公里
	≥ 1000	500—1000	100—500	50—100	10—50	1—10	
西北诸河流域	12001.4	6257.0	15877.2	5215.7	5332.0	2615.0	47298.3
黄河流域	0	1240.1	473.5	0	375.5	335.0	2424.2
辽河流域	0	0	0	0	26.8	146.1	172.8
海河流域	0	0	0	0	55.0	67.6	122.6
松花江流域	3289.5	0	819.3	345.7	1036.6	1065.2	6556.4
东南诸河流域	0	0	0	0	18.6	18.5	37.1
淮河流域	1301.9	580.0	1018.4	199.1	404.0	126.2	3629.5
长江流域	6732.8	783.7	2693.0	284.6	625.1	457.5	4576.6
珠江流域	0	0	215.8	0	148.1	48.5	412.3
西南诸河流域	0	552.2	838.2	250.0	412.5	445.1	3498.0
面积合计／平方公里	23325.6	9413.0	22935.4	7295.0	9434.2	6324.7	78727.9

数据来源：尚博譞、肖春蕾：《中国湖泊分布特征及典型流域生态保护修复建议》，《中国地质调查》2021年12月第8卷第6期。

我国湖泊的分布现状直接反映出我国地表水资源的占比分布情况，也反映了我国水资源生态产品的价值分布情况。从全国总体水量来看，我国属于水资源相对匮乏的国家，且地区分配并不均衡。例如，长江流域及其以南地区水资源非常充沛，国土面积仅占全国的 36.5%，但水资源量却占到全国的 81%；而淮河流域及其以北地区，国土面积达到了全国的63.5%，但水资源量只有 19%。

（五）草原生态产品价值的空间分布

对于草原的界定主要有两种观点：联合国教科文组织（UNESCO）把植被中树木和灌木丛盖度小于 10% 的草地称为草原，而介于 10%—40% 丛盖度的称为疏林草地；我国《草原法》则把天然草原和人工草地统称为草原。其中，草地、草山和草坡统称为天然草原，改良草地和退耕还草地统称为人工草地。

我国是一个草原资源丰富的国家，拥有全球 12% 的草原面积，其中天然草原有 3.928 亿公顷，位居世界第二，草原资源面积占国土面积的 40.9%，是森林面积的 1.89 倍、耕地面积的 2.91 倍，是我国最大的国土资源。从地理分布来看，北方以传统的天然草原为主，占 80%；南方以草山和草坡为主，占 20%。我国草原大省主要包括青海、甘肃、西藏、内蒙古、新疆和四川，这 6 个省区的草原总面积占全国草原面积的73.35%，共计 2.93 亿公顷。新疆草原面积占全国的 14.58%，西藏草原面积占全国的 20.9%，内蒙古草原面积占全国的 20.06%，这 6 个省区是我国天然草原面积最大的省（区）。因此，我国天然草地主要分布在 3 个区域：青藏高寒草原区、北方温带干旱半干旱草原区和南方草山草坡区。植被类型主要以草甸草原、典型草原、高寒草原、荒漠草原以及集中分布在沼泽湿地和南方草山草坡的草甸、草丛为主。

如果进行更为细致的划分，可以把北方温带草原分为东北草原区、蒙宁甘草原区和新疆草原区，形成 5 大区域：新疆草原区、东北草原区、蒙宁甘草原区、青藏高原高寒草原区和南方草山草坡区。新疆草原区属于大陆性气候，以山地草原为主，面积较大，占全国草原总面积的 22% 以上，主要位于西北边陲地区，北起准尔界山和阿尔泰山，南至阿尔金山和昆仑山。东北草原区面积较小，仅占全国草原总面积的 2%，主要位于辽宁、吉林、黑龙江、内蒙古的东北部地区，涵盖了长白山脉和大小兴安岭的山前台地以及东北平原大部分地区的丘陵。蒙宁甘草原区分布在山地、低山丘陵、沙地和平原等地，涵盖了内蒙古、甘肃、宁夏的全部，冀北、晋北、陕北草原区的大部分地区。青藏高原高寒草原区属于高寒草原区，面积较大，约占全国草原面积的 32% 以上，位于中国西南部地区，北至祁连、昆仑两山，南至喜马拉雅山，西接帕米尔高原，涵盖了青海、西藏、甘肃、四川、云南等地。

中国草原资源丰富，热带、亚热带、暖温带、中温带、寒温带、高寒地带草原类型一应俱有，拥有大量优质牧草的野生种和伴生种，具有草原景观类型和植被生态类型，形成了东南亚、东亚、南亚的众水发源地。从地理分布来看，草地主要位于湿润森林地带两侧到干旱荒漠地带的过渡区域，涉及森林生态系统和干旱（高寒）荒漠生态系统。从分布不均衡程度来看，森林附近由于气候湿润，草群资源丰富，生物种类较多；而荒漠附近由于降雨量少，气候干燥，草群种类单调。

草原具有保护生态屏障、储备生物资源、碳库和水资源涵养的重要功能。其中，草原的水源涵养能力是森林的 0.5—3 倍、农田的 40—100 倍。草原不仅防风固沙、保持水土，同时也是培育动植物新品种、发展农业生物工程以及生物多样性的基因库。我国草原生长植物高达 1.5 万余种，包括了我国特有的饲用植物 200 余种、药用植物（如甘草、麻黄草、冬虫夏草等）6000 多种、野生动物 2000 多种，其中有野骆驼、野牦牛、藏羚羊等 40 多种国家一级重点保护野生动物。同时，丰富的草原自然资源和宜人的生态风景所带来的生态旅游价值也极高。

（六）海洋生态产品价值的空间分布

从狭义的角度，海洋资源是指在海洋中生存的生物，包括海底的矿产资源和海水中的化学元素；从广义的角度，是指包括海洋生物、资源、化学元素、海洋景观、海底地热、港湾、海洋航线、水产资源、海风、海洋空间和海洋纳污能力在内的所有资源。概括地说，海洋资源主要是指海洋存在的可供人类开发利用的所有自然资源的总和。海洋资源种类繁多，从海洋资源性质、特点及存在形态的角度，可划分为6大类。（如表3-6所示）

表3-6　海洋资源种类划分

	种类	内容
1	海洋生物资源	渔业、海洋药物和珍稀物种等
2	海底矿产资源	金属矿物（如金属砂矿、基岩金属矿、大洋多金属结核等）；非金属矿产（如非金属砂矿、海底煤炭磷灰石和海绿石、岩盐等）；石油和天然气
3	海洋空间资源	海岸带区域、港口和交通、环境空间
4	海水资源	盐业、溶存的化学资源、水资源等
5	海洋新能源	潮汐能、波浪能、海流能、温差和盐能、海上风能等
6	海洋旅游资源	海洋自然景观旅游、娱乐与运动旅游、人类海洋历史遗迹旅游、海洋科学旅游、海洋自然保护区旅游等

资料来源：《中国海洋资源状况》。

按照《联合国海洋法公约》，我国管辖近300万平方公里海域面积，是我国陆地国土面积的近1/3，海洋生物、矿物资源、可再生能源、旅游等资源丰富。海洋生物物种种类、数量多，约占世界海洋生物物种的1/4以上，达到20278种。除此之外，滩涂浅海生物数量也多达2950种，且适合养殖开发的经济生物有238种。海底矿物资源比较丰富，海洋石油资源近海储量246亿吨、深海储量160亿吨，海洋天然气资源储量8.4万亿立方米，海滨砂矿储量16.25亿吨（含0.25亿吨金属矿和16亿吨非金属矿）。潮汐能、波浪能、海流能、温差能等可再生能源理论功率约为 4 亿—5 亿千瓦。旅游资源丰富，可开发旅游景点有 1500 多处，其中包括 100 多处规模较大的海边沙滩和 273 处重要景区。

我国海域纵跨亚热带、暖温带和热带 3 个温度带，拥有海岸滩涂、大洋、珊瑚礁、湿地、红树林、海岛、上升流和河口等各种生态系统。但是，受地域、开发利用程度、自然灾害和污染程度的影响，发展潜力差异化比较明显。

沿海滩涂和浅海资源。我国沿海滩涂资源丰富，总面积 2.17 万平方公里，是发展种养殖业的重要基地。主要分布在平原海岸，渤海（31.3%）、黄海（26.8%）、东海（25.6%）、南海（16.3%）。浅海资源（位于 0—15 米水深的浅海）总计 123800 平方公里，占近海总面积的 2.6%。其中，31120 平方公里在渤海，30330 平方公里在黄海，38980 平方公里在东海，23330 平方公里在南海。

港址资源。我国大陆基岩海岸约有 5000 多公里，坡度陡，岸滩窄，水深大，占全国大陆岸线总长的 1/4，港址资源非常丰富。岬湾曲折且无泥沙淤积或很少，港址条件良好。根据地貌发育类型，我国的港址可划分为大中型港址和中小型港口。目前，可供选择建设中级泊位以上的港址有 164 处，可建大中型港口的淤泥质海岸 4000 多公里。

海岛资源。据不完全统计，除香港、澳门和台湾省外，我国共有面积大于 500 平方米的岛屿 5000 多个，约占全国陆地总面积的 0.8%，总面积为 8 万平方公里，其中有人居住的岛屿 400 多个，共有人口约 500 万。我国海岛分布并不均衡，其中东海岛屿最多，南海次之，黄海、渤海最少，分别占全国岛屿总数的 58%、28% 和 14%。可以看出，东海岛屿占比超过南海、黄海和渤海数量之和。海岛是陆地国土和海洋国土的重要连接，起着促进海洋经济发展和沿海建设的重要作用。目前，我国海岛资源主要有以下几种类型。（如表 3-7 所示）

表 3-7　海岛资源分类

种类	内容
陆土资源	全国海岛共有农田面积 1900 多万亩,森林面积 5600 多万亩。其中,海岛农田面积最大的省份是山东,约 900 万亩;海岛森林面积最大的省份是海南,约 450 万亩。
滩涂资源	全国海岛滩涂资源共有 650 多万亩,其中山东省约 150 万亩,是最多的省份。
可养殖水面	全国海岛共有可养殖水面 1200 多万亩,其中福建最多,为 620 多万亩。
港址资源	全国海岛共有港址 370 多个,其中浙江最多,为 178 处。
旅游资源	具有独特的自然景观、人文古迹、生态环境等,我国的旅游性海岛大约有 300 个。
矿物资源	非金属和金属矿物,石油和天然气储量尤以南沙群岛及其附近海域最丰富。

资料来源:《中国海洋资源状况》。

海洋生物资源。中国近海海洋生物物种高达 20278 种之多,且以暖温性种类为主,共有暖温性、暖水性、冷温性和冷水性四种种类。从地理分布看,黄海、东海、南海属于半封闭性海域,外缘被岛链所环绕,域内生物种类以土著种类为主。从海洋生物资源种类来看,以藻类为主,还有少量种子植物。其中,浮游藻类有 1500 多种,固着性藻类 320 多种。海洋动物种类涵盖了从低等原生动物到高等哺乳动物各种门类,共有 12500 多种,其中包括 3200 多种脊椎动物(软骨鱼 200 多种,硬骨鱼 2700 余种)和 9000 多种无脊椎动物(浮游动物 1000 多种,软体动物 2500 多种,甲壳类约 2900 种,环节动物近 900 种)。从海洋生物产量来看,我国近海年平均生物生产量在全球范围属中下水平,为 3.020 吨/平方公里,这包括:东海 3.92 吨/平方公里,日本近海 11.8 吨/平方公里,南太平洋 18.2 吨/平方公里,北海 4.7 吨/平方公里。海洋渔业的最佳资源可捕量为 280 万—329 万吨。其中,106 万—125 万吨的底层近底层鱼类占 38%;76 万—89 万吨的中上层鱼类占 27%;48 万—56 万吨其他鱼类占 17%;39 万—46 万吨的虾蟹类占 14%;11 万—13 万吨的头足类占 4%。

海洋油气资源。我国近海大陆架内有 240 余亿吨的石油资源、13 万亿立方米的天然气资源。近海各海区分布如表 3-8 所示。

表 3-8　我国各海区油气资源量统计

海区	石油储量（亿吨）	天然气储量（亿立方米）
渤海	≥ 40	≤ 10000
东海	≥ 50	≤ 20000
南黄海	≤ 5	≤ 600
南海 （不包括台湾西南部、东沙群岛南部和西部、中沙和南沙群岛南海域）	≤ 150	≤ 100000

数据来源：《中国海洋资源状况》。

调查结果显示，我国深海区石油和天然气资源较少，包括曾母暗沙—沙巴盆地、管事滩北盆地、中建岛西盆地、礼乐太平盆地、巴拉望西北盆地、万安滩西北盆地和冲绳盆地等估计共含有 8 万亿立方米天然气资源和 200 多亿吨石油资源。

滨海砂矿资源。我国滨海矿砂资源丰富，世界滨海矿砂全部种类在我国都有分布，种类高达 60 种以上，以海积砂矿为主，海、河混合堆积砂矿次之，包括了磷钇矿、磁铁矿、石英砂、锡石、钛铁矿、锆石、铬铁矿、铌（钽）铁矿、金红石、独居石、锐钛矿、石榴子石等。目前已探明储量为 15.25 亿吨。滨海砂矿主要包括金属矿和非金属矿，其中，滨海金属矿有 0.25 亿吨，非金属矿有 15 亿吨。从地理分布来看，金属矿主要分布在南方沿海地区且种类繁多，包括钛铁矿、锆石、金红石、独居石、磷钇矿等，其中锆石和钛铁矿占滨海金属矿藏总量的 90% 以上，而广东、福建两省就占了总储量的 90% 以上。

深海矿产资源。深海矿产资源主要包括多金属结核资源和热液矿床。其中，多金属结核资源深海矿产资源非常丰富，主要分布在北纬 14°—21°31′、东经 115°—118°，水深在 2000—4000 米的南海中央海盆和大陆坡海底，以及涉及国际领域的太平洋东北部以克拉里昂—克里帕顿断裂带

95

为边界的海区属于品位和丰度都很高的远景矿区。热液矿床也是我国深海重要的矿产资源，主要位于东海冲绳海槽西北水深 1400 米处，是迄今为止发现的世界上海底含贵金属品位最高的热液矿床（1 吨矿石含金 14 克、银 11 公斤）。

海水化学资源。我国沿海地区含盐量高的海水资源充沛，海水元素含量丰富，据统计共含有 80 多种元素和多种溶解的矿物质以及 200 万吨核聚变原料和未来的能源（也就是重水），提取潜力巨大。用于制盐和盐化工的高浓度地下卤水资源储藏浅且易开采：莱州湾含有 74 亿立方米卤水总净储量、0.15 亿吨氯化钾以及 6.46 亿吨含盐量；渤海湾地区含有 6.24 亿立方米卤水储量和 0.27 亿吨盐量；福州湾沿岸的滨海平原也含有非常高浓度的地下卤水资源。另外，氯化钠含量也非常丰富，山东半岛东部、渤海海峡北部和南部年平均盐度为 31，南沙群岛和南海的西沙沿岸水域年平均盐度为 33—34，闽浙沿岸年平均盐度为 28—32。

滨海旅游资源。我国沿海地带跨越热带、亚热带、温带三个气候带，具备了旅游资源最基本的五要素，即"空气、绿色、阳光、沙滩、海水"，旅游资源相当丰富。据初步调查，我国有 1500 多处海滨旅游景点，100 多处滨海沙滩，5 处国家海岸自然保护区。

海洋能资源。我国海洋能资源蕴含量巨大，据调查约有 4.31 亿千瓦，其种类和主要地理分布为：一是浙江和福建两省的大陆沿岸潮汐能资源，蕴藏量 1.1 亿千瓦，年发电量 2750 亿千瓦小时；二是浙江、广东、福建、海南和台湾海域的波浪能，总蕴藏量 0.23 亿千瓦；三是沿海 92 个水道的海洋潮流能，可开发的装机容量 0.183 亿千瓦，年发电量约 270 亿千瓦小时；四是南海中部海域区域海洋温差能，可利用 1.5 亿千瓦的热能资源量；五是河口区海水盐差能资源量，估计为 1.1 亿千瓦。

第四章　生态产品价值核算指标体系

一、生态产品价值核算

从人类文明进步的角度看，从原始文明到工业文明，每次的文明交替，都是以牺牲生态资源、破坏生态环境的方式来换取人类经济社会的发展。如今我们进入构建人与自然和谐共生的生态文明的新发展阶段，建立健全生态产品价值核算体系不仅是要解决生态资源价值实现的现实问题，更是要通过核算体系将"人—社会—自然"内在关系通过核算体系映射出来，从以前的"粗狂式"定性管理转向"精细化"质量管理，从而更好地支撑生态文明建设。

（一）生态产品价值核算的概念与内涵

生态产品价值核算是在中国特色社会主义制度体系语境下结合我国生态文明建设的实践对全要素生态资源价值实现提出的本土化概念。从本质上看生态产品价值核算，包含实物计量和价格核算两个方面，是生态资源定价和反映供需情况的基础性机制，是构建生态产品市场体系和准确衡量生态补偿标准、生态治理成本的关键环节，能够有效推动生态资源的集约、高效和可持续化利用。但是，生态产品的形式多样、结构复杂和区域性差异较大的特点，为生态产品价值计量和价格核算带来了难度，同时由于生态产品的价值维度较多，不同价值维度下核算出的数值差异也较大。总体上看，生态产品价值核算的评估标准、制度规范等内容尚处于探索阶段，尚未形成统一的意见，国内外学者围绕相关问题开展了系列研究和探讨。

1. 国外关于生态产品价值核算的研究

20 世纪 40 年代起，面对工业化带来的生态环境快速恶化以及重大环境危害事件频发的现状，环境和资源经济学研究逐渐兴起。同时，随着国民经济核算体系（SNA）的逐渐普及和发展，一些经济学家将研究方向聚焦在了生态资源核算体系的构建方面。

20 世纪 70 年代，以 Tobin 和 Nordhous 等为代表的学者提出了"净生产（福利）指标"的概念[①]，该指标的核心思想是要将生产、经济活动与自然资源损耗、环境污染联系起来，把生态环境的治理成本从本地区 GDP 中剔除，从而更多地为公民提供有益的"纯经济福利"[②]。"净生产（福利）指标"是对传统国民经济核算体系统计范式提出的变革，将"市场经营"以外经济活动和"非生产资产"等内容纳入国民经济核算体系，为后续"绿色 GDP"核算的产生和推广奠定了理论基础。

1995 年，世界银行在其研究报告中提出了"扩展的财富"的概念，并将自然资本与生产资本、社会资本和人力资本并列作为财富的主要内容。对自然资本的认同是面对经济社会发展的重大变化，是较为客观、全面反映一个国家和地区真实发展现状的衡量尺度，极大提高了自然资产资源对经济社会发展的重要程度。

20 世纪 90 年代初，加拿大经济学家李斯（Rees）等人提出了"生态足迹"（Ecological Footprint）的概念，其后由其博士研究生 Wackernagel 进一步丰富，构建了一套自然资源对人类发展贡献的度量指标。[③]"生态足迹"指标体系是较早成系统测量地区生态资源对人类活动支撑作用的应用方法，其将全球的自然资本通过统一的度量单位进行划分计算，提出了"全球平均生态生产性土地面积"的计量概念。在具体操作方法上，从供

---

① 参见邱琼：《绿色 GDP 核算研究综述》，《中国统计》2006 年第 9 期。

② See Bartelmus, P., "SEEA–2003:Accounting for Sustainable Development", *Ecological Economics*, 2007.

③ 参见李宏：《生态足迹理论及其应用研究》，兰州大学博士学位论文，2006 年。

给和需求两个方面展开：在供给端，测算地区的生物承载能力，作为当地发展情况的校准值；在需求端，核算保障和持续改善人民群众生活质量所需要的生态资源量，即计算"生态足迹"的大小。最后通过供给和需求层面的对比来衡量区域生态的亏盈情况。

1999 年，Wackernagel 基于生态足迹指标体系核算和全球公开的生态资源数据测算出 1993 年全球的生态足迹量。其计算表明，1993 年全球年人均生态足迹为 2.8 公顷，而人均生态承载力为 2.1 公顷，全球处于生态赤字状态，人均赤字量为 0.7 公顷[①]。Wackernagel 的研究成果极大推动了生态足迹在全球实践领域的影响，世界自然基金会（原世界野生生物基金会）决定自 2001 年起每两年公布一次世界各国的生态足迹。2004 年世界自然基金会在其年度研究报告中采用了生态足迹的核算办法测算了全球生态承载力的情况，同时又对全球 1961 年至 2001 年之间的生态足迹按时间顺序作了动态分析，明确指出全球在 1986 年之前的生态承载能力处于盈余状态，其后生态足迹一直处于亏损状态，开始转入不可持续发展的阶段。

20 世纪末，以 Daily 等为代表的学者提出"生态系统服务"概念[②]，Costanza 等进一步丰富和发展了"生态系统服务"价值的核算理念，构建了相对完整的评估指标。生态系统服务价值的评估方法的计算指标更为细化，将每种生态系统的服务按照每公顷的面积核算出一个价格，再将公顷价格与地区生态系统的面积相乘，得出单项生态系统服务的价值，然后再相加，得到地球生物圈生态系统服务总价值。根据其计算评估结果显示，全球生态系统服务价值在 16 万亿—54 万亿美元之间，平均为 33 万亿美元 / 年。[③] 其中，海洋生态系统的服务价值主要来源于海岸生态系统，陆

[①] 参见李宏：《生态足迹理论及其应用研究》，兰州大学博士学位论文，2006 年。

[②] Daily, G. C., Nature's Services: Societal Dependence on Natural Ecosystems, *Washington D. C.: Island Press*, 1997, pp.9–14.

[③] Costanza, R., D'Arge, R., Groot, R. D., et al., "The Value of the World's Ecosystem Services and Natural Capital", Nature, 1997.

图4-1 全球生态系统服务的平均公益价值

	面积(106公顷)	大气调节	气候调节	干扰调节	水分调节	水资源供给	侵蚀控制	土壤形成	营养循环	废物处理	授粉	生物控制	避难所	食物生产	原材料	基因资源	娱乐	文化	每公顷总价值	全球总系统价值
海洋	36,302																		577	20,949
开放水域	33,200	38							118			5		15	0		76		252	8,381
海滨	33,200			88					3,667			38		93	4		82	62	4,052	12,568
河口湾	180			567					21,100			78	131	521	25		381	29	22,832	4,110
海带/海藻	200								19,002					2					19,004	3,801
珊瑚礁	62			2,750						58		5		220	27		3008	1	6,075	375
大陆架	2,660								1,431			39		68	2		70		1,610	4,283
陆地	15,323																		804	12,319
森林	4,855		141	2	2	3	96	10	361	87		2		43	138	16	66	2	969	4,706
热带林	1,900		223	2	6	8	245	10	922	87				32	315	41	112	2	2,007	3,813
温带林	2,955		88		0			10	87	87		4		50	25		36	2	302	894
草地草原	3,898	7	0	0	3		29	1		87	25	23		67		0	2		232	906
湿地	330	133		4,539	15	3,800				4,177			304	256	106		574	881	14,785	4,879
森林草甸/红树林	165			1,839						6,696			169	466	162		658		9,990	1,648
草甸/河漫滩	165			7,240	30	7,600				1,659			439	47	49		491	1,761	19,580	3,231
河流湖泊	200				5,445	2,117				665				41			230		8,498	1,700
沙漠	1,925																			
冻原	743																			
冰体、裸岩	1,640																			
庄稼地	1,400										14	24		54					92	128
城镇	332																			
总计	51,625	1,341	684	1,799	1,115	1,692	576	53	17,075	2,277	117	417	124	1,386	721	79	851	3,015		33,268

注：各项平均公益价值的单位：美元（公顷/年）；全球总价值单位：美元（公顷/年）×10^9。

数据来源：Costanza，"The Value of the World's Ecosystem Services and Natural Capital"，Nature，1997。

地生态系统的服务价值主要来源于森林和湿地。① （如图 4-1 所示）

1989 年联合国、世界银行、经济合作与发展组织、欧洲经济委员会和国际货币基金组织联合开展了关于"环境经济综合核算问题"的研究，试图在传统 SNA 核算的基础上增加关于发展环境成本的计算。1994年联合国统计司发布了《国民核算手册：综合环境经济核算体（SEEA-1993）》，这是第一版基于可持续发展理念开展环境资源全面核算的全球性框架体系，该核算体系提出了建立自然资源账户和污染账户的建议。此后环境经济核算体系几经修改完善，2012 年联合国统计署和世界银行正式公布了《环境经济核算体系：中心框架（SEEA-2012）》，SEEA-2012 成为了全球首个环境经济核算体系的国际规范标准。

SEEA-2012 核算体系是将环境和经济信息组织起来的系统方法，目的是尽可能完整地涵盖与环境经济问题分析有关的存量和流量。SEEA-2012 为生态资源与经济发展的映射框架设计了两条逻辑主线（如图 4-2所示）：一是经济发展对环境资源的利用层面，主要体现在经济与环境之间的实物流，既包括在生产环节自然资源的投入，也包括流通端各种残余和废物排除到生态空间，由此体现生态环境对经济的物质支持和环境收纳功能。二是经济发展过程中对生态环境保护的主动支出，既包括降低经济

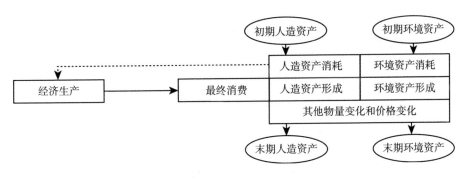

图 4-2　SEEA-2012 基本思路

---

① Costanza 等学者计算的并不全面，由于对某些类型的生态系统如沙漠、冻土带和耕地等知之甚少，因而缺乏对这些生态系统服务的估价。

发展废弃物对生态环境的影响，也包括在资源约束逐渐趋紧的前提下，开发新资源和传统资源利用技术的提升改造。

在技术操作层面，SEEA-2012设立了四大类账户，第一组是资源环境在经济发展中的物质量核算表，表现在生态资源在经济过程中的直接投资，主要核算资源量和排放量；第二组是生态资源保护活动流量核算表，体现为保护生态资源环境所产生的支出，主要核算资源管理和环境保护费用支出；第三组是自然资源资产存量及变化核算表，记录现存量和变化量；第四组是总量调整核算表，在GDP基础上，将资源环境消耗成本从中扣除，得到"过滤化"的经济总量，即通常所说的绿色GDP。（如图4-3所示）

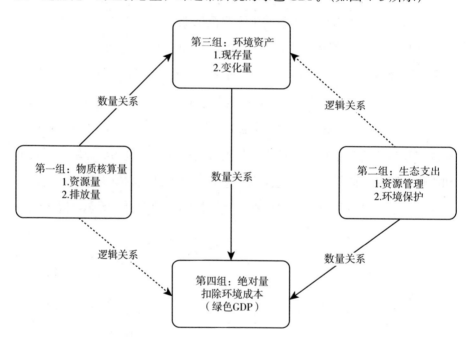

图4-3 SEEA-2012账户对应关系

环境经济核算体系的确立极大推动了国际领域生态产品价值核算体系实践，包括我国在内的世界大多数国家和地区纷纷结合本地经济发展和生态资源情况开展了相关核算，形成了《中国绿色国民经济核算体系框架》《国民经济核算矩阵体系（NAMEA）》《欧洲环境的经济信息收集体系（SERLEE）》《环境和自然资源账户计划（ENARP）》等一系列"环境—
经济"核算体系框架。

2. 国内关于生态产品价值核算的研究

我国开展生态产品价值核算相关研究和实践，虽起步较晚，但起步之后
政府重视程度很高。1988 年国务院发展研究中心就开展了"自然资源核算及
其纳入国民经济核算体系"相关研究，开启了国内生态产品价值核算体系研
究的大门，1993 年我国正式使用适应市场经济体制的 SNA 核算体系，市场
经济产品的理念逐渐被广泛接受。生态产品核算体系在理论领域围绕相关理
论框架、技术方法等开展了大量系统研究。在实践领域，围绕全国、区域生
态产品价值核算，以及单要素生态系统产品价值核算开展了相关探索。

总体来看，国内生态产品价值核算体系的研究主要逻辑框架是基于"生
态系统服务价值"和"环境经济核算体系"两类。在技术设计层面，根据生
态产品的属性特点，可以划分为三类：一是市场体系直接核算评估，对于在
目前市场经济体系中存在现实交易的生态产品（如木材、经济作物等），主
要采用市场价值法、替代花费法、生产成本法这三种核算方法；二是替代品
市场经济核算评估，对于目前没有成体系的价值对应方法、但是存在与其相
似的产品有相对合理的价值的生态产品，主要采用旅行费用法、享乐价值法

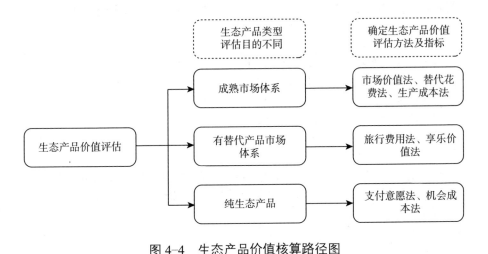

图 4-4　生态产品价值核算路径图

等方法；三是纯公共生态产品的核算评估，对于当前不存在交易市场的生态产品价值核算，主要采用支付意愿法、机会成本法等方法。（如图 4-4 所示）

在国家、地区总体生态产品价值核算评估方面。薛达元（1997）将长白山自然保护区生态产品划分为直接实物产品、直接服务、间接服务及非使用类价值（存在价值、遗产价值和选择价值）等几类，核算评估当地年总经济价值为 72.91 亿元。[1] 中国生物多样性国情研究报告编写组（1998）对我国的生物多样性的年度价值开展了测算，其测算结果显示我国生物多样性每年提供的生态价值总计达 39.33 万亿元。[2] 欧阳志云等（1999）对全国陆地生态系统的生态产品价值开展了核算评估，其选取了物质生产、气候调节、生态净化、水土保持、物质循环等方面开展了统计计算，得出陆地生态系统每年生态产品的价值为 30.488 万亿。[3] 陈仲新等（2000）参照"生态系统服务价值"的核算框架，测算出中国生态系统服务的单位价值为 1443万 / 平方千米，总价值为每年 77834.48 亿元，其中陆地系统为每年 56098.46亿元，海洋系统为 21736.02 亿元。[4] 张林波等（2020）以厦门市的城市生态系统为核算样本，以 2015 年厦门的自然资源情况为基础数据，得出厦门市每年生态产品价值为 1210.64 亿元，相当于当年 GDP 的 34.93%。[5]

在单要素生态产品价值评估方面。吴玲玲等（2003）探索研究了长江口湿地生态产品价值核算。[6] 黄湘等（2006）基于生态系统服务价值的评

---

[1] 参见薛达元：《生物多样性的经济价值评估——长白山自然保护区案例研究》，中国环境科学出版社 1997 年版，第 14—28 页。

[2] 参见中国生物多样性国情研究报告编写组编：《中国生物多样性国情研究报告》，中国环境科学出版社 1998 年版，第 6—9 页。

[3] 参见欧阳志云、王效科、苗鸿：《中国陆地生态系统服务功能及其生态经济价值的初步研究》，《生态学报》1999 年第 5 期。

[4] 参见陈仲新、张新时：《中国生态系统效益的价值》，《科学通报》2000 年第 1 期。

[5] 参见张林波、高艳妮等：《生态系统生产价值核算与业务化体系研究》，科学出版社 2020 年版，第 125—130 页。

[6] 参见吴玲玲、陆健健、童春富、刘存岐：《长江口湿地生态系统服务功能价值的评估》，《长江流域资源与环境》2003 年第 5 期。

估指标和方法，对荒漠生态产品的价值开展了核算研究，其结果表明荒漠生态产品在提供支持和供给层面的价值极高。[①] 姜海燕等（2007）对大兴安岭森林在土壤水文的产品数量开展了评估核算，得出该地区森林枯落物累积量为每公顷 12.35—48.46 吨。[②] 赵晟等（2007）对中国红树林生态系统服务进行核算，指出中国红树林生态系统提供的生态产品每年价值 12.6亿元，每公顷的价值 9.24 万元，红树林生态系统主要的生态产品是生物栖息地、生态净化、生态防护、木材等。[③] 刘兴元（2011）基于生态系统服务价值的核心框架对西藏地区高寒草地生态产品的价值开展了核算。[④]吴霜等（2014）核算了中国森林生态系统提供的生态产品价值。[⑤]

在生态产品价值核算方法和体系方法方面。王金南等（2006）在"绿色 GDP"理论的基础上通过自己研究确定资源环境基尼系数，计算了中国2002 年水资源消耗、能源消耗等资源环境基尼系数。[⑥] 谢高地等（2008）通过调研问卷测算生态产品价值的当量因子，并以此为基础计算地区生态产品经济价值。[⑦] 欧阳志云等（2013）定义了 GEP 的概念，其研究指出 GEP中包括生态产品价值、生态调节服务价值与生态文化服务价值三部分。[⑧] 黄

---

① 参见黄湘、李卫红：《荒漠生态系统服务功能及其价值研究》，《环境科学与管理》2006年第 7 期。

② 参见姜海燕、赵雨森、陈祥伟、李为海、朱万昌：《大兴安岭岭南 12 种主要森林类型土壤水文功能研究》，《水土保持学报》2007 年第 3 期。

③ 参见赵晟、洪华生等：《中国红树林生态系统服务的能值价值》，《资源科学》2007 年第 1 期。

④ 参见刘兴元：《藏北高寒草地生态系统服务功能及其价值评估与生态补偿机制研究》，兰州大学博士学位论文，2011 年。

⑤ 参见吴霜、延晓冬、张丽娟：《中国森林生态系统能值与服务功能价值的关系》，《地理学报》2014 年第 3 期。

⑥ 参见王金南、逯元堂等：《基于 GDP 的中国资源环境基尼系数分析》，《中国环境科学》2006 年第 1 期。

⑦ 参见谢高地、甄青、鲁春霞、肖玉、陈操：《一个基于专家知识的生态系统服务价值化方法》，《自然资源学报》2008 年第 5 期。

⑧ 参见欧阳志云、朱春全、杨广斌、徐卫华、郑华：《生态系统生产总值核算：概念、核算方法与案例研究》，《生态学报》2013 年第 21 期。

如良（2015）提出了生态产品价值包含要素的连续一体化模型。[①] 孙庆刚等（2015）提出产品的供给和价值实现存在"U"型线性关系。[②] 张洪瑞等（2017）运用 DEA 及其衍生模型，用生态产品增值来表征产出指标。[③] 潘鹤思等（2018）模拟出了生态产品定价模型，将生态产品按系统类别分为森林、草原、海洋等类别。[④]

在生态产品价值核算体系应用和推广层面，整体看我国生态产品价值评价和核算尚处于地方探索阶段，已经在不同尺度开展标准及规范的制定及应用。我国的深圳、丽水、抚州、黄山等地已经出台 GEP 的地方核算标准，这些标准已经被联合国统计委员会纳入 SEEA-EA 的实验账户。

3. 生态产品价值核算的定义

综合前期相关研究和实践的成果，本书将生态产品价值核算定义为在生态文明的语境下，货币化评估生态资源和人类劳动通过生态系统的产生的产品或服务的价值，本质上是通过对生态资源和生态系统服务相关数据的统计、衡量和分析来跟踪生态系统变化情况，并将这些信息与经济和其他人类活动联系起来的核算体系。生态产品价值核算包括实物量核算和价值量核算：实物量即各类生态系统的资源存量和产品流量，包括森林、草地、湿地等各类生态系统的资源存储量和产量；价值量是货币化的表现形式，通过相应评估指标和估价方法，将实物量核算成经济价值。

（二）生态产品价值核算对推进生态文明建设的意义

生态文明建设是中国特色社会主义事业"五位一体"总体布局的重要

---

① 参见黄如良：《生态产品价值评估问题探讨》，《中国人口·资源与环境》2015 年第 3 期。
② 参见孙庆刚、郭菊娥、安尼瓦尔·阿木提：《生态产品供求机理一般性分析——兼论生态涵养区"富绿"同步的路径》，《中国人口·资源与环境》2015 年第 3 期。
③ 参见张洪瑞、吕洁华：《森林生态产品供给的投入产出效率分析——以东北重点国有林区为例》，《经济问题》2017 年第 9 期。
④ 参见潘鹤思、李英、陈振环：《森林生态系统服务价值评估方法研究综述及展望》，《干旱区资源与环境》2018 年第 6 期。

内容，是新形势下党中央立足中华民族永续发展作出的重要战略决策。我国对生态资源开展价值核算起步较晚，价值核算标准也处在探索阶段，但生态产品价值核算并不是国外生态系统服务价值评估的简单本土化，而是我国生态文明建设实践的系统性制度变革，是立足于我国市场经济体系、自然资源资产产权制度、生态环境状况和人民对优质生态产品需求等现实情况作出的创新性举措。

生态产品价值核算是生态文明建设实践的重大变革。生态产品核算体系是生态文明时代的综合统计框架，构建生态产品价值核算体系是将生态文明建设融入中国特色社会主义事业总体布局，真正把生态效益纳入经济社会发展评价体系的具体措施。在生态文明建设理念下，生态产品不再是一般的生产资料和劳动对象，而是凝结着生物生产和人类劳动、满足人民群众对美好生活需要的生活必需品和优质产品。生态产品价值核算体系是在新的发展理念和发展模式下的考量评价框架和体系：一方面，体现了在马克思政治经济学理论下，围绕生态产品带来生产力和生产关系的变化作出的调整，是对生态环境保护型生产在生产资料、消费品分配等方面的制度建设；另一方面，体现了在良好生态环境是最普惠的民生福祉的理念下合理确定生态产品的定价核算以及付费机制。"两山"理论是习近平生态文明思想的重要内容。"绿水青山"是生态产品提供的实物和服务量，价值核算体系通过对生态资源和服务的分类统计，核算出生态产品的存量和流量，规范生态产品的统计口径，盘活、调动生态资源。"金山银山"是人类社会经济生产系统形成的财富，价值核算体系通过对生态产品定价，构建生态产品与经济社会发展的关联体系，创造交易需求，培育消费市场。生态产品价值核算是打通"绿水青山"向"金山银山"转化通道的重要环节，是客观事物的价值标准，是构建制度化生态产品价值实现机制的关键。

生态产品价值核算是构建多元化生态环境保护体系的基础。生态产品价值核算是影响人类内部动机的主要因素，它通过生态产品价值核算体系将生态资源转化为生态产品，进而推动生态产品进入市场流通、交易、消费，通过市场的供求关系和价值规律调动和配置市场资金，提高污染治理和生态保护的资源配置效率，从而吸引市场主体和社会组织更多参与到环境治理体系中，以经济发展的方式解决生态环境的外部不经济性问题。同时，生态产品价值核算是健全自然资源资产产权与用途管制制度、自然资源资产监管体制、空间规划体系等制度的前提，也是资源有偿使用制度、生态补偿制度的依据，是实施生态环境损害责任终身追究制、损害赔偿、自然资源资产离任审计等制度的基础。

二、生态产品价值核算的理论逻辑

生态产品价值核算体系是涉及多学科的交叉领域，我们既要从纯生态和自然科学的角度研究生态产品的产生机理和生产规律，也要从社会科学的理论、原理和知识框架的角度研究生态产品的价值来源、赋值标准、实现路径。生态产品价值核算体系既有与传统物质产品、服务产品核算相一致的规律，也有与一般国民经济核算体系不同的产品属性和核算特点。从总体上看，生态产品价值核算体系要在符合核算惯例的基础上，充分吸收和融合哲学、生态学、经济学等学科的现有理论。

（一）生态产品价值核算的哲学基础

根据马克思主义的观点，哲学是世界观和方法论的统一体。生态文明蕴含整体论的世界观，将生态系统看成一个普遍联系的有机整体，要求人们用全面、和谐、动态的观念理解世界，这也就决定了在方法论上我们必须摒弃以"中心主义"为代表的分析性思维范式。（如表4-1所示）工业革命以来，以专业分工的机械论为基础的解构式思维逐渐占据主导地位。解构思维以"化整为零"为主线，认为世界的本质是相互割裂的不同"零部件"，强调对"部分"的认识，重视单向度地研究某个客体，认为弄清了构成世界的基本单元就认清了世界，忽视了对事物间特别是人与自然相互关系的探索。正如黑格尔所说："用分析的方法来研究对象就好像剥葱一样，将葱皮一层又一层地剥掉，但原葱已不在了"①。

表 4-1　中心主义的表现

名称	主要观点
人类中心主义	人是万物之灵，是独立于自然的存在。人类天生是自然界的主宰，并可以为了自身的利益理所应当地向自然索取。
自然中心主义	追求自然之间的绝对平等关系，否定人与地球其他物种在生态意义上的差距，否定人的主体地位。
经济中心主义	经济可以支配一切，经济发展是评价人类生存发展行为的最终标准。
科技中心主义	科学技术是人类开发利用自然的强有力手段，科学活动是生态系统运行的首要条件。

在解构主义的影响下，人与人之间的生产活动从自然界中剥离出来，成为了与自然界对立的存在（即人类是主体，自然是客体），追求经济利益的商品生产关系构成了社会生活的全部。生态资源成为了人类的"私产"，成为商品生产的一般原料和废弃物容纳的天然空间。人对自然资源的态度就是无限度地占有和夺取，人与人的关系就是对劳动成果的榨取和盘剥。在此基础上构建的核算体系必然是以最大限度改造和使用生态资源为目的，其自身就存在着破坏自然界的内在张力，其绘制出的人与自然的对应关系是片面追求经济利益的异化关系。

生态文明世界观下重视用整体性思维解释世界，明确"人—社会—自然"所组成的是统一的有机生态系统，人与自然在整个世界中是平等的"公民"，且人与自然之间存在相互联系、相互依存、相互支撑的密切关系。

---

① ［德］黑格尔：《小逻辑》，贺麟译，商务印书馆1980年版，第413页。

同时，整体性思维也强调生态系统的动态性，其核心是人类与自然在相互作用的过程中通过协调互补不断地向着有序性提高和价值增值的方向发展和进化，是协调可持续的统一发展：既要保障人类社会经济发展的永恒主题，也要实现好生态资源在发展过程中的有序利用和循环利用。党的十八大以来，我国的生态文明建设的顶层理论设计、基本制度框架和宏观战略部署日渐完善，特别是形成了习近平生态文明思想，提出了"三个共同体"（山水林田湖草是生命共同体、人与自然是生命共同体、共同构建人类命运共同体）的重要论断，提出了将生态文明建设融入经济社会发展的全过程的总体要求。这在哲学层面为我们树立整体性思维提供了理论基础，在实践层面对创新生态产品价值核算体系提出必然要求，对生态资源的所有要素和人与自然的关系进行整合，构建一套符合生态文明发展规律的人类与自然界的物质交换途径和映射，促进生态资源的保值增值与经济社会双轨同步发展。（如图4-5所示）

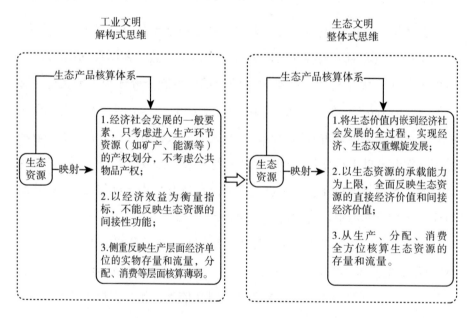

图4-5　从解构式思维到整体式思维的转变

（二）生态产品价值核算的生物学基础

生态产品在其形成过程中会基于生物学的特性产生一定的服务，这些服务会对人类的福祉产生影响。虽然人类很早就意识到了生态系统产生的服务对生存、发展的支撑作用，从而在行政制度中制定保护生态系统稳定性的政策，比如早在西周时期我国就开始实行了"虞衡制度"，对森林、湖泊、山坡等自然资源进行平衡管理。但从本质上看，这种认识和管理制度一直停留在较为宏观的"合天时、取地利"层面，缺少对自然界系统服务与人类福祉之间内在规律和相互作用的框架化、科学化、标准化研究。工业革命的技术创新极大推动了现代生物学的发展，科学技术可以代替或重造生态系统的观点逐渐成为主流观点。但 20 世纪 50 年代以来重大环境污染事件频发，生态系统功能持续出现不可逆恶化的现实宣告了自然生态系统技术再造的失败，也使得人类重新审视生态资源在经济社会发展中的价值，在全球范围内探讨和研究不同的生态资源价值评估框架和技术。

20 世纪 70 年代，生态系统服务功能研究作为生态学与生态经济学研究的分支，开始成为一个科学术语。大量以生物学理论为基础，应用经济学分析框架评估、度量生态系统服务价值的研究成果得到广泛关注，并逐步影响各国的经济政策和环境政策。联合国在 2001 年开始实施了"千年生态系统评估"（MA）项目，较为成体系地构建了"生态—福祉—经济"影响评估框架体系。（如图 4-6 所示）该项目评估了全球 24 类生态系统服务在过去 50 年的变化情况以及在现行经济发展模式下的未来的变化趋势，明确指出地球上部分重要的生态系统正在经历非可逆的严重退化。

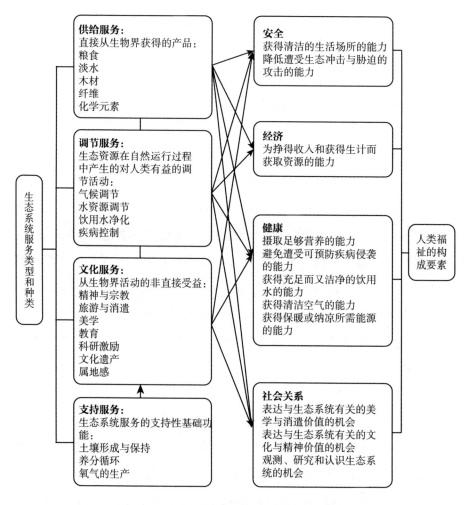

图 4-6　千年生态系统评估的基本框架

　　"千年生态系统评估"项目系统梳理生态资源与人类福祉之间的对应关系，并建立了多尺度、综合评估的方法体系，清晰地描绘了人类生存发展的生态学图谱。从功能角度看，生态资源除了为人类提供直接生产生活资料外，还能提供调节功能、休闲功能、文化功能和支持功能等生态服务。从系统角度看，正是这些服务功能的存在，使得人与自然界组成的共同体中生物和无机成分相互依赖、相互制约、相生相克形成了网状复杂关系，从而共同推动和支撑经济社会稳定发展。

生态产品价值核算以生态资源的经济价值和经济潜力为研究对象，把生物界的物质流、能量流和信息流与经济社会发展作为一个整体来研究，揭示符合生态文明理念的可持续发展路径规律。从一般规律上看，生物界系统与经济社会发展系统有各自不同的反馈机制：经济社会发展系统属于增长型模型，增长率和增长速度是其追求的目标，要求持续增加系统的资源投入和产出，不断刺激消费需求，实现经济的不断增长；生物界系统属于稳定反馈模型，其呈现状态是系统中各种物质要素在发展中保持平衡状态，整体上是一个开放的系统，与人类的生产生活活动存在物质和能量交换，但这种交换有一定的限度，以生物界系统的自我调节能力为上限，超越生态阈值的交换将带来生物界系统的衰退甚至是不可逆式崩溃。（见图4-7）

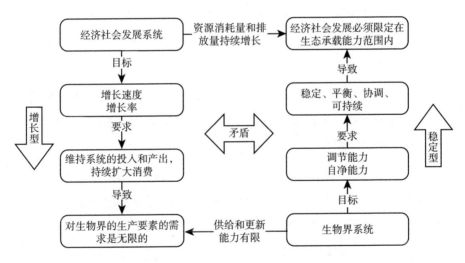

图 4-7　经济社会发展系统与生物界系统的矛盾

进入生态文明的新时期，单纯考虑单一生态系统要素或者局部环境问题已经不再充分，必须更加全面和准确反映生态环境对人类永恒发展的真实价值。同时，传统经济活动对自然资源需求的无限性和生态系统满足这种需求的能力和更新能力的有限性之间的矛盾也需要有一套规范的映射框架统筹考虑。

（三）生态产品价值核算的经济学基础

经济学本质上是研究充分利用和合理配置经济资源的科学，在生态文明视域下，生态资源的范围和内涵都有了极大程度的丰富。生态产品可以为人类提供直接的收益，同时还可以作为其他产品和服务的资源，但是在古典经济学的视角下，生态产品的间接和隐形成本不能在一般市场体系中体现出来。人类的劳动活动不但会产生有益的"善品"，即对人类有使用价值的产品和服务，但同时也必然附带着"恶品"，即由于资源消耗和废弃物排放所带来的环境恶化和生态功能退化，这些消耗在传统的核算框架中是不计入核算流程的。价值核算本质上是一个会计用语，具有鲜明的经济学属性。根据一般经济学理论，"产品"概念天然伴随产权和供求关系两个属性，并且稀缺性是产品价值的基础，而从效用价值论来看，商品价值的实现来自其给消费者带来的效用满足程度，其价值大小取决于该商品给消费者带来的边际效用。

经济学是人类社会科学最古老的学科之一，在其发展历史中，不同流派对生态资源价值核算体系的看法并不相同。在相关经济学理论成果中，消费者剩余理论和福利经济学理论对生态资源价值在核算层面的参考意义重大，目前成型的生态资源核算框架如生态系统服务价值核算和环境经济核算体系核算均依据上述理论开展核算制度设计。因此对生态产品价值核算的计量在经济学层面需要从生产成本的节约和剩余价值的增加两个方面统筹考虑。[1] 消费者剩余理论强调，消费者在购买某种商品时，当市场价格低于消费者所愿意支付的价格时，消费者可以得到额外福利，即消费者剩余，在商品价值评价时往往用消费者剩余来评价其价值的大小；福利经济学则强调产业的社会福利应等于消费者剩余加上生产者剩余，即总消费

---

[1] 参见张颖、杨桂红：《生态价值评价和生态产品价值实现的经济理论、方法探析》，《生态经济》2021 年第 12 期。

效用与生产成本之差。（如图 4-8 所示）CS 代表消费者剩余，PS 代表生产者剩余，即生产者通过市场销售他们的产品所获得的收益，PC 假定代表生产成本，不同的生产者生产成本不同。CS+PS 为消费者和生产者剩余，是从市场以价格 P 交易 Q 数量获得的收益。

实际上在评价中，往往将生态产品的形成看成一种"生产"，这种"生产"的成本由维持、恢复或维护生态系统的直接成本和间接成本两大部分构成。在此，从生产成本的角度来看，直接成本是购买生态系统产品、服务的实际支出，如生态旅行活动中购买各种食品、水、纪念品等的花费和交通、住宿、参观游览等项目开支，同时还存在间接成本，比如消费者消费过程所花费的机会损失，即消费时间的价值。[①] 生态产品的生产成本按照所评价的生态系统的现时重置成本，扣除维持、恢复或维护生态系统的各项损耗来确定生态产品价值。生态系统的损耗应包括实体性损耗、功能性损耗和经济性损耗。生态产品相比一般产品的特殊性在于，许多重要生态产品的生产方式具有高度的开放性，地区之间会通过自然生态系统相互输入自然资源、生物和污染物等物质，同时开展能量交换。在生态产品的交易体系中，其市场价格 P 反映了消费者在数量 Q 时的边际支付意愿。由于许多生态产品属于准公共物品或公共物品，往往选择上述方法来确定其价值，但确定生产者剩余和生态服务的生产成本才是重点。在确定生态服务的价值时，福利经济学为生态产品的效用需求函数和供给函数的分析提供了基础，也为相关价值的确定提供了一定的价值范围大小衡量。如果生态服务或商品基于成本的估价方法评价，其价值大小应该为 PS+PC，如果基于收益的估价方法评价，其价值大小应该为 CS+PS+PC。因此生态产品价值大小应该是一个动态区间，是一种"协议价"，在这个区间内的任何值都是可接受的，生态产品的价值大小 P 应该在 PS+PC 至 CS+PS+PC 之间。

[①]　参见张颖：《资源资产价值评估研究最新进展》，《环境保护》2017 年第 11 期。

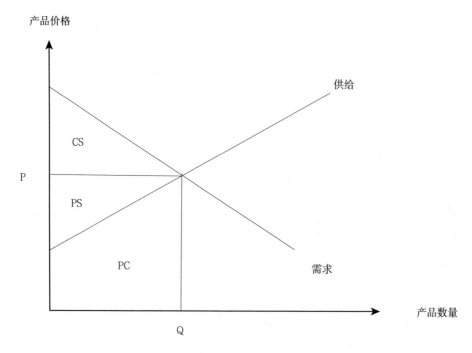

图 4-8　消费者和生产者示意图

（四）生态产品价值核算的社会学基础

从自然科学的角度可以清晰地描述生态产品的变化的客观存在，从经济学的角度可以揭示生态产品变化对人类生存和发展的影响，但这也只揭示生态产品价值核算的自然面。除此之外，生态产品价值核算还要考虑社会面的问题。特别是在我国，将生态文明建设定义为中华民族永续发展的千年大计，将良好的生态环境看作最普惠的民生福祉，是共同富裕的重要内容。因此生态产品价值核算要充分考虑社会对生态产品变化认知和行动的非均衡性，并且可以借用社会学关于对社会结构、社会过程、社会实践分析的方法，解释和破解这种非均衡性。

20 世纪 50 年代以来，受生态环境快速恶化、重大污染事件频发的影响，一些老牌资本主义国家开始不断爆发环境维权运动，并催生了围绕环境风险与环境责任开展的生态公正问题的社会研究。生态产品价值核算作为一种衡量人与自然、自然与经济体系之间的价值尺度，在当前生态文明语境下必须充分考虑人与人以及人与社会的社会学价值尺度。在社会学视野下，人与社会的生态关系应该至少包括以下三个命题：一是生物多样性是自然界天然存在的，也是人类社会稳定可持续发展的基础，因此人类的发展活动应尽量减少对生物多样性的破坏；二是部分人的发展不应削弱其他人的发展能力；三是当代人的发展应给后代人留下发展的空间。因此，生态产品价值核算体系以程序意义上的生态公正和社会意义上的生态公平为维度，在构建过程中要充分考虑族际关系、域际关系、人际关系和时际关系等社会关系。涉及生态产品的各种规章制度和评估标准都应当是普遍适用的，不同民族、群体所承受的环境风险比例相当，每个人在涉及自己社区的事务时，都应当拥有知情权和参与权。

三、生态产品价值核算内容程序

生态产品价值核算是一项复杂的科学难题，对生态价值评估客体的划定尚不统一，加之森林、荒漠、草地、海洋等单项生态系统评估实践陆续开展，因此形成的指标体系与核算科目差异性较大。为了能够真实反映地区生态价值，本书在系统总结国内外生态资源价值评估研究理论与实践的基础上，借鉴国内开展生态产品价值核算地区的经验和做法，提出了生态产品核算的内容和程序。

（一）生态系统划分

生态产品依赖于与人类休戚与共的各类生态系统，根据生物生产在生态环境物质流、能量流、信息流等方面形成的系统性规律，以及人类参与的程度，生态系统可以被划分为不同的类型。基于不同的角度，产生生态产品的生态系统大体上有以下几类划分标准：一是按资源固定属性和利用限度的划分，可分为可再生资源和不可再生资源；二是按照产品使用目的划分，可分为农业产品、能源产品、旅游产品等；三是按照生物圈层特征划分，可分为大气、水、土地、气候、矿产、生物等资源。从理论角度看，我国生态产品价值核算的研究仍处在起步阶段，相关的概念、意义、内容和框架的解释尚未形成统一意见。从实践角度看，自然资源和生态系统的种类繁多，分类标准的精细化程度多样，同时生态产品与经济发展、生态环境之间存在动态的机理作用，在核算统计过程中必须要考虑产品的形成、开发、运用、保护以及生态环境质量的变化。因此本书在综合考虑生态产品属性和经济核算的经验的基础上，根据生态资源的自然特性将产生生态产品的生态系统划分为七类。（如图4-9所示）

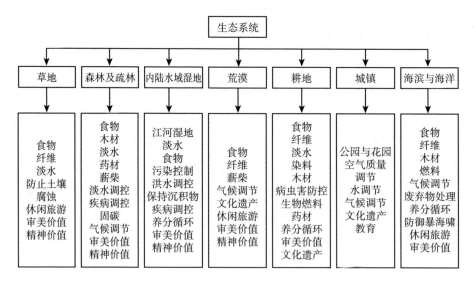

图4-9 生态系统分类

草地生态系统。草地生态系统是以食用植物和草为主体的生物与生存环境共同构成的开放生态系统，包括人工草地和天然草地。

森林及疏林生态系统。森林及疏林生态系统是以乔木为主体的生物群落与非生物环境相互作用，并产生能量转换和物质循环的综合系统，包括天然林和人工林。

内陆水域湿地生态系统。由陆地和水域相互作用而形成的兼顾陆地和水域生态系统特征的自然综合系统，包括陆地所有淡水生态系统、陆地和水域过渡地带湿地。

荒漠生态系统。由超强耐旱动植物及其气候条件所组成的生态系统。

耕地生态系统。以农田为基本工作领地，人类通过合理的生态结构和高效生态机能、进行能量转化和物质循环、并按人类社会需要进行物质生产的综合体。

城镇生态系统。城镇生态系统是城市居民与环境相互作用而形成的统一整体，由自然环境、社会经济和文化科学技术共同组成。

海滨与海洋生态系统。海洋生物群落与周围环境相互作用的统一体和具有相对稳定功能并能自我调控的生态单元，包括陆地和海洋过渡地带的滨海湿地生态系统和海洋边缘部分咸水、半咸水水域。

(二) 生态产品价值核算的基本原则

1. 系统生产原则

系统生产原则是指纳入评估的生态产品必须是由当地生态系统持续产生且具有可再生性的产品。人类活动和生物生产是生态价值评估的基础，单纯的物理化学过程或者不可再生产品不予评估核算。有些生态资源是自然界在长期地质活动中形成的矿产材料，比如煤、盐业等矿产资源；有些生态资源是单纯的自然现象，没有人类和生物参与的过程，比如闪电导致的空气负氧离子增加、地表水流动过程中吸收热量而带来的气温调节等现象。这些没有生物和人类参与生产的生态资源的价值是不能持续更新的，并且还会伴随着人类的开发利用逐渐减少或者造成污染。

2. 稀缺性原则

稀缺性原则是指纳入评估的生态资源必须具有经济稀缺性，数量无限或者在目前的科技水平条件下无法控制的生态产品不纳入评估范围。稀缺性是生态价值市场化路径实现的前提，从发展实践上看生态资源的稀缺性和经济社会的发展密切相关。在特定历史条件下，生态资源不存在稀缺性的情况，但随着经济社会的发展，特别是工业化进程的快速推进，大部分生态资源相比快速激增的人口数量和生产、物质需求量呈现出了稀缺性，有的生态资源甚至呈现了不可逆的破坏性，比如清新的空气、干净的水源等。但是仍有部分生态资源是不具有稀缺性的，比如阳光、风能等，这些生态资源在目前条件下是不适合纳入生态价值评估范畴的。

3. 受益性原则

受益性原则是指评估的生态资源能够直接对人类的活动产生惠益的最终产品，仅是生态资源维持自身功能或者中间过程产生的产品不予以评估。生态价值的产生需要生态资源通过复杂的生态系统和生态功能才能实现，但有些生态资源是对生态系统自身维持非常重要，但不直接对人类活动产生惠益，其产品还要通过其他生态功能或过程才能对人类产生惠益。比如土壤的形成、植物的授粉等生态过程，其对于粮食果木生产是必要的生态资源，但是这种惠益最终在收获的农林产品中得到体现，因此这些不应再计算。

4. 现实性原则

现实性原则是指纳入评估的生态资源是在一定核算周期内为人类生产活动提供的产品或服务，核算周期之内未能发生或者潜在的生态产品或服务不在评估范围之内。本书重点是探索生态价值市场化的实现路径，因此重点在于评估地区生态资源产生的增量服务价值和现实服务价值。生态资源具有的存在价值、遗产价值等潜在价值是在将来可能会发生的存量价值，会随着经济社会的发展和科技使用手段的升级而逐渐实现生态价值。同时，对于部分产生生态价值的生态资源，由于受限于目前技术原因获得数据困难或无法获得，一般也不采用虚拟条件替代法或意愿调查法替代。因为采用相关替代法条件变量的设定主观性太强，对结果的影响差异性较大，使评估的结果不具有重复性和可比性，比如采用净现值法估算某些生态资源的市场价格时，由于贴现率选取标准的差异会导致生态价值出现数倍的差异；再如用条件价值法评估生态资源的市场价值，消费对象难以准确选取，同时支付意愿并不能客观反映资源重要程度，如果只单纯考虑市场价格，不考虑收益地区经济社会发展的情况，贫困地区孱弱的支付能力则可能大幅度降低生态资源的价值。

（三）生态产品价值核算的程序

生态产品价值核算是涉及实物核算和价值测算的综合工作体系，本书根据国民经济核算体系的一般规律和学者关于生态产品价值核算的总结概括，依据系统工作的原理将生态产品价值核算分为：确定核算区域范围；明确生态系统类型以及生态产品清单；确定核算模型方法与适用技术参数；开展生态产品实物量与价值量核算等主要程序。（如图4-10所示）

确定核算的区域范围。在区域选择上可以是行政区域，如省、市、县、乡（根据生态产品的相关属性，核算范围不宜过小），也可以是功能相对完整的单独生态系统，如森林、湖泊或不同尺度的流域，以及由不同生态系统类型组合而成的地域单元。

明确核算区域内生态系统类型与分布。调查分析核算区域内的森林、草地、湿地等各类生态系统类型、面积与分布，搭建空间分布框架。

编制生态产品与服务清单。根据生态产品类型及核算的用途，调查核算范围的生态系统服务的种类，编制生态系统产品和服务清单。

收集资料与补充调查。收集开展生态系统生产总值核算所需要的相关文献资料、监测与统计等信息数据以及基础地理与地形图件，开展必要的实地观测调查，进行数据预处理以及参数本地化。

开展生态产品与服务实物量核算。选择科学合理、符合核算区域特点的实物量核算方法与技术参数，根据确定的核算基准时间，核算各类生态系统产品与服务的实物量。

开展生态产品与服务价值量核算。根据生态产品与服务实物量，运用市场价值法、替代成本法等方法，核算生态系统产品与服务的货币价值；无法获得核算年份价格数据时，利用已有年份数据，按照价格指数进行折

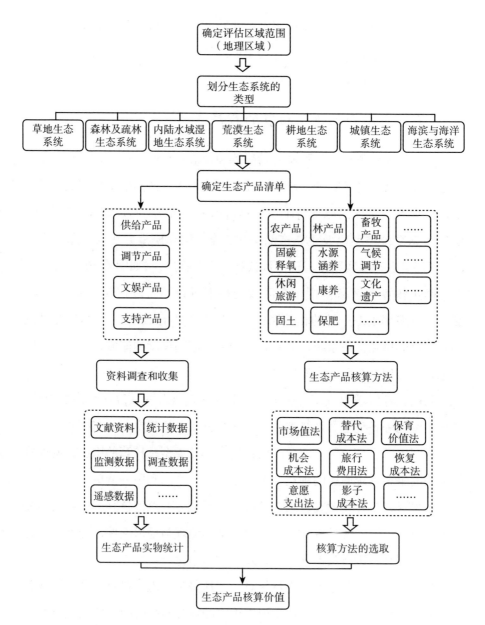

图 4-10 生态产品价值核算的工作程序

算,核算地区生态产品总价值。将核算区域范围的生态产品与服务价值加总,得到生态系统生产总值。

（四）生态产品价值核算的指标

生态产品涉及的生态资源种类较多，产品的功能属性在不同的区域也存在着异质性，并且关于生态产品价值核算的研究目前仍处在起步探索阶段。本书在以往学者关于生态产品价值核算研究成果的基础上，采用生态系统服务价值评估的一级指标分类设计，将生态产品的核算分为 20 个二级指标。（如表 4-2 所示）

表 4-2 生态产品价值核算指标

序号	一级指标	二级指标	指标说明
1	物质产品	农业产品	从农业生态系统中获得的初级产品，如稻谷、玉米、谷子、豆类、薯类、油料、棉花、麻类、糖类、烟叶、茶叶、药材、蔬菜、水果等。
2		林业产品	林木产品、林产品以及与森林资源相关的初级产品，如木材、竹材、松脂、生漆、油桐籽等。
3		畜牧业产品	利用放牧、圈养或者两者结合的方式，饲养禽畜获得的产品，如牛、羊、猪、家禽、奶类、禽蛋等。
4		渔业产品	利用水域中生物的物质转化功能，通过捕捞、养殖等方式获取的水产品，如鱼类、其他水生动物等。
5		生态能源	生态产品中的生物物质及其所含的能量，如沼气、秸秆、薪柴、水能等。
6		其他	用于装饰的一些产品（例如动物皮毛）和花卉、苗木等。
7	调节服务	水源涵养	生态产品通过其结构和过程拦截滞蓄降水，增强土壤下渗，涵养土壤水分和补充地下水、调节河川流量，增加可利用水资源量的功能。
8		水土保持	生态产品通过其结构与过程保护土壤、降低雨水的侵蚀能力，减少土壤流失的功能。
9		防风固沙	生态产品通过增加土壤抗风能力，降低风力侵蚀和风沙危害的功能。
10		海岸带防护	避免或减小海堤或海岸受侵蚀的功能。

序号	一级指标	二级指标	指标说明
11	调节服务	洪水调蓄	生态系统通过调节暴雨径流、削减洪峰，减轻洪水危害的功能。
12		碳固定	生态产品吸收二氧化碳合成有机物质，将碳固定在植物和土壤中，降低大气中二氧化碳浓度的功能。
13		氧气提供	生态产品通过光合作用释放出氧气，维持大气氧气浓度稳定的功能。
14		空气净化	生态产品吸收、阻滤大气中的污染物，如 SO_2、NO_x、颗粒物等，降低空气污染浓度，改善空气环境的功能。
15		水质净化	生态产品通过物理和生化过程对水体污染物吸附、降解以及生物吸收等，降低水体污染物浓度、净化水环境的功能。
16		气候调节	生态产品通过植被蒸腾作用和水面蒸发过程吸收能量、降低气温、提高湿度的功能。
17	文化服务	休闲旅游	人类通过精神感受、知识获取、休闲娱乐和美学体验、康养等旅游休闲方式，从生态系统获得的非物质惠益。
18		景观价值	生态产品为人类提供美学体验、精神愉悦，从而提高周边土地、房产价值的功能。
19	支持服务	土壤保育	生态产品通过物质和能量循环为保持土壤中肥料元素含量和土壤的稳定提供的服务。
20		物种保育	生态产品为珍稀濒危物种提供生存与繁衍场所，促进生物多样性的作用和价值。

从原理上看，生态价值评估分为实物统计和价值核算两个部分，其中实物统计随着各种统计和地理信息技术的发展可以不断提高统计精度，而价值核算则是难点。在一定意义上，生态资源的支持和服务对于地球上的经济体系的价值是无限的，因为如果没有生态学意义上的生命支持系统，所有经济体系都会失去运转的动力和客体，这种大而化之的概念不但不能突出生态价值的重要性，反而会弱化生态资源的价值。因此在生态产品价值核算过程中必须明确生态产品的实物量指标和价值量

指标。（如表 4-3 所示）

表 4-3 生态产品实物量及价值量核算指标

服务类别	核算科目	实物量指标	价值量指标
物质产品	农业产品	农业产品产量	农业产品产值
	林业产品	林业产品产量	林业产品产值
	畜牧业产品	畜牧业产品产量	畜牧业产品产值
	渔业产品	渔业产品产量	渔业产品产值
	生态能源	生态能源总量	生态能源产值
	其他产品	装饰观赏资源总量	装饰观赏资源产值等
调节服务	水源涵养	水源涵养量	水源涵养价值
	水土保持	土壤保持量	减少泥沙淤积价值
			减少面源污染价值
	防风固沙	固沙量	草地恢复成本
	海岸带防护	海岸带防护面积	海岸带防护价值
	洪水调蓄	洪水调蓄量	洪水调蓄价值
	空气净化	净化二氧化硫量	净化二氧化硫价值
		净化氮氧化物量	净化氮氧化物价值
		净化颗粒物量	净化颗粒物价值
	水质净化	净化 COD 量	净化 COD 价值
		净化总氮量	净化总氮价值
		净化总磷量	净化总磷价值
	碳固定	固定二氧化碳量	碳固定价值
	氧气提供	氧气提供量	氧气价值
	气候调节	蒸腾消耗能量	植被蒸腾调节温湿度价值
文化服务	休闲旅游	游客总人数	游憩康养价值
	景观价值	受益土地与房产面积	土地、房产升值
支持服务	土壤保育	氮磷钾元素的保有量	氮磷钾肥料的价值
	物种保育	珍稀濒危物种数量保护区面积	珍稀濒危物种保育价值保护区保育价值

（五）生态产品价值核算主要方法

综合前期生态产品价值核算的研究和实践来看，生态产品价值的核算可以分为四大类：一是从支出成本角度，如为了改善水环境质量，开展污染物减排、产业产能的压减、生物多样性的保护等措施而采取的投入或者是经济损失。如为了维持生物多样性，采取的濒危野生动物人工繁育、珍稀动物保护等生态修复工程而发生的各种投入。二是从生态赋能角度，通过生态环境改善或者恶化，使一般的工业化产品或者文化产品获得产品品质和价值的提升或者下降。三是从市场直接受益的角度，如木材、林下产品、优质水资源等生态产品在生长过程中受到生态系统服务的加持。在目前的市场体系中，这部分产品的生产有人类劳动的参与，也有相对成形的交易规范和交易量，可以直接由市场评估实现。四是从消费者偏好角度，对于尚无直接市场体系的生态产品种类，在无法明确确定投入和产出的情况下，一般通过调研消费者偏好的形式核算价值，以消费者的意愿支出模拟市场化条件下生态产品的价值。在具体方法上可以依据有无成熟的市场交易体系细化为直接市场法、替代市场法和模拟市场法。（如表4-4所示）

表4-4　生态产品价值核算方法

分类	评估方法	优点	缺点
直接市场法	费用支出法	生态环境价值可以得到较为粗略的量化	费用统计不够全面合理，不能真实反映游憩地的实际游憩价值
	市场价值法	评估比较客观，争议较少，可信度较高	数据要求全面，数据量足够大
	机会成本法	比较客观全面地体现了资源系统的生态价值	资源必须具有稀缺性
	恢复和防护费用法	可通过生态恢复费用或防护费用量化生态环境	评估结果为最低的生态环境价值

分类	评估方法	优点	缺点
	影子工程法	可以将难以直接估算的生态价值用替代工程表示出来	替代工程非唯一，替代工程时间、空间性差异较大
	人力资本法	可以对难以量化的生命价值进行量化	违背伦理道德，效益归属问题以及理论上尚存在缺陷
替代市场法	旅行费用法	可以核算生态系统游憩的使用价值，可以评价无市场价格的生态环境价值	不能核算生态系统的非使用价值，可信度低于直接市场法
	享乐价格法	通过侧面的比较分析可以求出生态环境的价值	主观性较强，受其他因素的影响较大，可信度低于直接市场法
模拟市场法	条件价值法	适用于缺乏实际市场和替代市场交换的商品的价值评估，能评价各种生态系统服务功能的经济价值，适宜于非实用价值占较大比重的独特景观和文物古迹价值的评价	实际评价结果出现重大的偏差，调查结果的准确与否很大程度上依赖于调查方案的设计和被调查的对象等诸多因素，可信度低于替代市场法

四、生态产品价值核算的实践

（一）评估框架

在国民经济核算体系中，生产被定义为"在使用劳动力、资本、货物和服务生产货物或服务的机构单位的控制和责任下进行的活动"，借鉴此定义的逻辑，生态价值实现要在理念上建立"自然资源资产→生态系统服务→收益"的链式关系（如图 4-11 所示），生态资源在有人类参与或指导的情况下通过生态系统的综合作用实现收益。这部分以探索塞罕坝地区的生态价值的市场化路径为目标，以确定生态资源的市场价格为核心，以生态资源的流量增值为评估重点。其中，有交易市场的产品和服务直接以市场价格计算，缺乏市场价格的调节产品和社会价值则采用预估生态系统服务流的方式估计市场价格。（如图 4-12 所示）

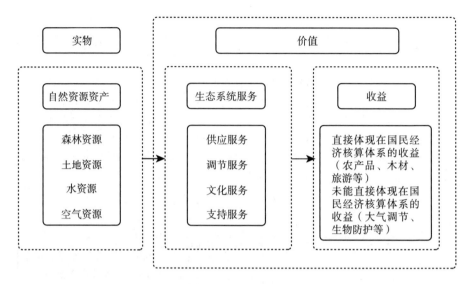

图 4-11 "自然资源资产→生态系统服务→收益"链式关系

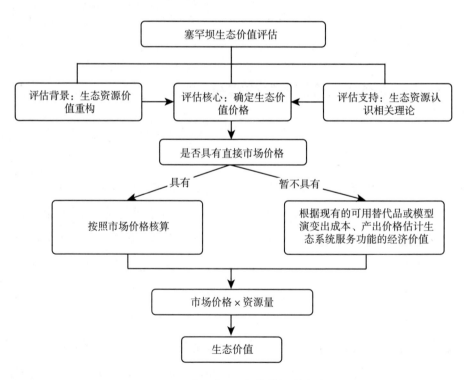

图 4-12 塞罕坝生态价值评估框架

塞罕坝地区位于河北省北部与内蒙古交界处，主要是高原台地，海拔高度在 1500 米至 1939 米之间，北面与内蒙古乌兰布统草原生态自然保护区相邻，西北与内蒙古浑善达克沙地相接，从地形地貌上看属森林草原交错地带。塞罕坝地区面积 289134 公顷，生态系统复杂多样，生物多样性丰富，植被主要是由针叶林、阔叶林、灌木丛、草丛、草甸和沼生植物组成。塞罕坝地区林地面积 140703 公顷，草地面积 106171 公顷，湿地面积 14326 公顷，耕地总面积 140 万亩，其中林地面积 115.1 万亩，森林覆盖率高达 82%，林木蓄积量 1036 万立方米。

（二）评估体系

本书在综合国内外生态价值核算评估相关方法指标的基础上，充分考虑塞罕坝生态资源地理特性和禀赋的情况下，以不同生态资源为大类确定了塞罕坝生态价值评估的指标体系。（如表 4-5、表 4-6 所示）评估重点以塞罕坝地区森林、湿地、河流湖泊、草地、农田五大生态资源为主要样本，在一级指标功能类别上借鉴"千年生态系统评估"的分类方式，采用供给功能、调节功能、文化功能和支持功能四类划分方法，在二级指标评估科目上设计了农林牧产品、生物多样性、涵养水源、固碳释氧、净化大气环境、生态防护、休憩康养、保育土壤 8 个方面。

表 4-5 塞罕坝生态价值指标体系

功能类别	评估科目	序号	主要内容	实物指标
供给功能	农林牧产品	1	农产品	粮油、果蔬、中草药等产量
		2	林产品	木材、林副产品、林下产品等产量
		3	畜牧产品	畜禽等产量
	生物多样性	4	物种保育	濒危特有级别
调节功能	涵养水源	5	水资源供给量	水资源供给量
		6	水环境质量	水环境质量
	固碳释氧	7	固碳	年固碳量
		8	释氧	年释氧量

功能类别	评估科目	序号	主要内容	实物指标
调节功能	净化大气环境	9	提供负离子	负离子释放量
		10	吸收大气污染物	年污染物吸收量
		11	滞纳粉尘（PM$_{2.5}$、PM$_{10}$）	年滞纳粉尘量
	生态防护	12	防风固沙	年防风固沙量
文化功能	休憩康养	13	旅游观光	旅行人流量
		14	森林康养	直接带动其他产业产值
支持功能	保育土壤	15	固土	年固土价值
		16	保肥	固土量中肥料元素含量

表 4-6　塞罕坝生态资源价值实现筛选

功能类别	评估科目	森林	湿地	河流湖泊	草地	农田
供给功能	农林牧产品	✓	✓	✓	✓	✓
	生物多样性	✓	✓	✓	✓	
调节功能	涵养水源	✓	✓			
	固碳释氧	✓	✓			
	净化大气环境	✓	✓			
	生态防护	✓			✓	
文化功能	休憩康养	✓		✓	✓	
支持功能	保育土壤		✓		✓	✓

（三）评估数据不确定性说明

受限于目前的科技条件与所能获取到的数据范围，本书根据生态资源类型各指标所采用的评估方法、数据来源和核算参数对各项指标评估的精准程度进行了分级。

Ⅰ级：按照生态资源核算方法或模型评估，并采用评估区域内的直接数据、统计数据、监测数据或者公报等行业数据进行验证核算。

Ⅱ级：按照生态资源核算方法或模型评估，并采用塞罕坝所在的围场县或承德市的监测数据和文献调研数据进行核算。

基于以上分类标准，本书对塞罕坝地区生态价值的指标核算精准度进行了划分。（如表4-7所示）

表4-7　塞罕坝生态价值评估数据精准度说明

功能类别	评估科目	主要内容	实物指标	
			I	II
供给功能	农林牧产品	农产品	✓	
		林产品	✓	
		畜牧产品	✓	
	生物多样性	物种保育		✓
调节功能	涵养水源	水资源供给量	✓	
		水环境质量	✓	
	固碳释氧	固碳	✓	
		释氧	✓	
	净化大气环境	提供负离子		✓
		吸收大气污染物		✓
		滞纳粉尘（$PM_{2.5}$、PM_{10}）		✓
	生态防护	防风固沙		✓
文化功能	休憩康养	旅游观光	✓	
		森林康养	✓	
支持功能	保育土壤	固土	✓	
		保肥	✓	

（四）塞罕坝地区生态产品主要分布情况

塞罕坝地区长期承担着阻滞风沙、涵养水源、保障京津冀地区生态安全的重任。在推动建设过程中塞罕坝地区持续实施国家重点生态建设工程，全面提升森林生态资源的数量和生态系统服务质量，不断增强森林生态系统功能，围绕百万亩机械林场，滦河、西辽河源头及上游生态涵养区等重点生态资源，设立了多个自然保护区，构建山水林田湖草生态系统。（如表4-8所示）

表 4-8　塞罕坝地区自然保护地情况

名称	设立时间	面积（公顷）	管理机构	生态保护情况
塞罕坝国家级自然保护区	2007 年	20029.8	塞罕坝机械林场	森林、草原、荒漠沙地交错生态系统，保护滦河、辽河水源地，保护濒危野生动植物，保护针阔混交林、阔叶混交林等天然植被群落
红松洼国家自然保护区	1998 年	7970	红松洼牧场	以塞罕坝曼甸山地草甸源生态系统及珍稀野生动植物和滦河、西辽河湿地景观为主要保护对象的综合类草地保护区
滦河上游国家级自然保护区	2008 年	8638	木兰围场国有林管理局	滦河上游森林生态系统及生物多样性和珍稀濒危野生动植物物种
塞罕坝国家森林公园	1993 年	92634.7	塞罕坝机械林场	华北地区面积最大，兼备森林、草原景观的国家公园
御道口省级自然保护区	2002 年	32620	御道口牧场管理区	草地和湿地生态系统
河北木兰围场小滦河国家湿地公园	2013 年	250.3	围场县林业局	以重点动植物为保护对象的国家级湿地公园

数据来源：河北省农业农村厅：《塞罕坝机械林场及周边地区可持续发展规划（2018—2035 年）》，2019 年。

（五）塞罕坝地区生态产品价值核算

森林是塞罕坝地区最为重要的生态资源，是塞罕坝生态产品价值市场化的核心部分，不但为塞罕坝地区提供木材、林副产品等生产资料和生活资料，而且对生态环境优化、调节生态平衡等生态功能外溢起着重要作用。本书研究的塞罕坝森林生态资源空间范围以塞罕坝机械林场为核心，外围包括御道口牧场管理区、红松洼自然保护区以及御道口街镇和接坝的森林生态资源，系统考虑森林资源和塞罕坝的生态环境在物质循环与能量转化过程中形成的各类可量化的生态产品。

从宏观层面看，森林资源在塞罕坝地区分布广泛，但结构相对简单，按照现行林业划分标准塞罕坝林场只有用材林、防护林和特用林 3 个林种，无薪炭林和经济林。从林木种类上看主要是人工阔叶林和针叶林，在物质直接产品方面，可提供食物与所需原材料。同时，塞罕坝森林资源还提供涵养水源、固土保肥、固碳释氧、净化空气及保护生物安全和生物多样性方面的功能。

1. 林木产品价值

木材产品是森林生态资源在市场体系下最直接的产品，有较为成熟的交易市场，通过活立木蓄积的生长量和立木市场价格计算得到。计算公式为：

$$U = P \times V$$

公式中：U 为林木生态产品价值；P 为立木平均价格；V 为活立木蓄积生长量。从资源情况看，塞罕坝地区森林资源以中、幼龄林为主，枯立木、倒木蓄积几乎为零，散生木的蓄积量小至可忽略，林木总蓄积和活立木蓄积差异不大。因此在评估中采用将林木蓄积量代替活立木蓄积的方式。塞罕坝地区森林木积量为 1036 万立方米，林分蓄积生长率为 5%，林木立木蓄积生长量为 51.8 万立方米 / 年，塞罕坝地区立木平均价格为 550 元 / 立方米，每年林木市场价值为 2.85 亿元。

除直接林木外，森林资源还带动了周边苗木产业的发展，其中塞罕坝机械林场每年的苗木价值 1090 万元，带动周边苗木产业 4400 多亩，年产值达到 1.4 亿元。[①]

2. 林副产品和林下产品价值

塞罕坝地区的林副产品和林下产品主要是金莲花、蘑菇、山菜、藏

---

① 《全国脱贫攻坚楷模塞罕坝机械林场探访：让"绿水青山"带富更多百姓》，河北新闻网，https://baijiahao.baidu.com/s?id=1698132475421268472&wfr=spider&for=pc。

菜、柴胡、茯苓、大黄等。(见表4-9)

表4-9 林副产品和林下产品情况

名称	年均产量（吨）	年均单价（万元/吨）	生态价值（万元）
金莲花	15	40	600
柴胡	50	10	500
茯苓	150	5	750
大黄	700	3	2100
蘑菇	100	20	2000
山菜	30	3	90
藏菜	300	3	900
合计	—	—	6940

数据来源：承德市农业农村局。

3.水源涵养

水源涵养是指生态资源通过其特有的循环系统与水相互作用，对降水进行截留、渗透、蓄积、净化，并通过蒸发实现对水流、水质的调控，主要体现在水量调控和水质优化两个方面。塞罕坝地区为典型的半干旱半湿润寒温性大陆季风气候，冬长夏短，所以林场内终年温度较低，平均温度在–1.5℃，年平均风速1.4—4.6米/秒，年均日照为3000小时，年降水量460毫米，年积雪期达7个月。

水量调控的生态价值可以采用水量平衡方法来计算，其公式为：

$$U = C_库 \times A \times （P—E—R）$$

公式中：U为水量调控生态价值，为水库建设单位库容造价（水库库容成本按照《森林生态系统服务评估规范》的6.11元/立方米计算）；A为生态资源面积；P为地区年平均降水量；E为生态资源蒸散量（蒸散量由降水量乘以生态资源的蒸散系数获得）；R为地表净流量。地表径流量由降水量乘以生态资源的径流系数获得，径流系数根据《资源环境承载能力监测预警技术方法（试行）》给出的不同生态资源的数值，如表4-10所示。

表 4-10 不同生态资源径流系数

生态资源类型		平均径流系数（%）
森林	常绿针叶林	4.52
	常绿阔叶林	4.65
	落叶针叶林	0.88
	落叶阔叶林	2.7
	针阔混交林	3.52
	灌丛	4.17
草地	草甸草地	9.13
	典型草地	3.94
	荒漠草地	18.27
	高寒草甸	8.2
	高寒草地	6.54
	灌丛草地	5.56
湿地	沼泽	0
	近海湿地	0
	内陆水体	0
	河湖滩地	0
	冰雪	0

数据来源：国家发展改革委员会：《资源环境承载能力监测预警技术方法（试行）》，2016 年。

塞罕坝地区林地面积中 1407.03 平方千米是针阔混交林类型，径流系数为 3.52；草地面积中 1061.71 平方千米是高寒草地型，径流系数为 6.54；湿地中 143.26 平方千米是河湖滩地型，径流系数为 0。通过计算可知，塞罕坝地区森林生态资源水量调控生态价值为 14.43 亿元，草地生态资源水量调控生态价值为 9.98 亿元，湿地生态资源水量调控生态价值为 1.61 亿元。

水质优化的生态价值为净水价值乘以生态资源蓄水量，塞罕坝地区地表水优良比例 100%；饮用水水源地达标率 100%；河流检测断面水质达到Ⅲ类以上 100%，净化效用 100%，其中净水费用参照的是河北省污水梳理标准 1.2 元 / 立方米。从这个指标计算，塞罕坝地区森林生态资源净水生态价值为 2.83 亿元，草地生态资源水量调控生态价值为 1.96 亿元，湿地生态资源水量调控生态价值为 0.32 亿元。

4. 生态防护

生态防护是塞罕坝地区特别是塞罕坝机械林场建设的初衷，主要体现在防风固沙方面。塞罕坝西北部接壤的是沙源浑善达克沙地，由于自然和人为因素影响，从 20 世纪 50 年代起浑善达克和北京之间原本脆弱的生态环境急剧恶化，浮尘、扬沙和沙尘暴天气频发。根据北京市气象局的统计，20 世纪 50 年代北京地区沙尘最严重，春季沙尘日数平均 26 天。随着塞罕坝地区防护林的建设，北京地区的春季扬沙天数逐步下降，2010年之后平均每年沙尘天气降低至 3 天左右。

生态资源对于防风固沙的价值主要体现在其通过控制和固定流沙以达到改善沙漠化土地的功能，同时还能有效防止扬沙等对城市地区空气造成影响。从实践核算经验来看，防风固沙的价值主要体现在直接价值和间接价值两个方面：直接价值是通过核算防风固沙生态资源减少的土地资源所带来的农作物收益计算；间接价值是生态资源通过防风固沙对城市发展提供的支持价值，间接价值直接货币化较为困难，在实践中通常用直接价值和间接价值 1∶4.5 的比例来估算。[①]

根据国内学者对我国林业生态资源防风固沙效益的计算，每平方千米森林每年可减少沙漠推进面积 0.1075 公顷[②]。目前塞罕坝西北部的浑善达克沙地仍处于活跃状态，内蒙古地区沙化防治成本平均为 1100 元 / 亩。

由此可以计算出，塞罕坝地区每年的生态防护直接效益为 2.5 亿元，间接效益为 11.25 亿元。

5. 固碳释氧

从固碳释氧的原理看，塞罕坝地区的森林、草地、湿地等生态资源均有固碳释氧的作用，但是从可持续的角度来看，森林生态资源是本书的重

[①] 参见黄金祥、李信、钱进源等：《塞罕坝植物志》，中国科学技术出版社 1996 年版，第10 页。

[②] 参见郎建奎、李长胜、殷有：《林业生态工程 10 种森林生态效益计量理论和方法》，《东北林业大学学报》2000 年第 1 期。

点。一是因为草地、湿地等生态资源的固碳植物成活周期短，生长成品资源化再利用方式不成熟，大部分成品通过氧化作用或其他方式短期回归到大气之中；二是在目前的碳汇体系中，森林碳汇是重要和相对成熟的板块；三是从实践上看塞罕坝地区 2015 年开始实施林业碳汇项目，目前共有 474.85 万吨的国家核证减排量在国家发改委完成备案。首批造林碳汇18.275 万吨国家核证减排量已签发，目前已销售 16.2 万吨，实现了 309.1万元的收入。

森林碳汇服务主要指森林每年的固碳量。在具体固碳量计算上可用林木蓄积的增加量乘以生物量与碳的转化系数可求得林木每年固碳量。塞罕坝地区枝叶和树根的生物量约为树干生物量的 30%，根茎比为 1.4，每立方米木材的含碳量为 0.2 吨，塞罕坝地区林木蓄积量为 1036 万立方米，蓄积增长率为 5%。通过计算可得塞罕坝地区每年固碳量为 10.36 万吨，按照目前已完成碳汇的平均价格，可得塞罕坝地区的碳汇生态价值为 197.67 万元。

释氧量可以用固碳量乘以光合作用的碳氧比例，从光合作用方程式可知，固碳和释氧比例为 1∶2.67，通过计算可得塞罕坝地区的森林资源释氧量为 27.66 万吨。[①]

6. 净化大气环境

清洁空气是人类赖以生存的必要物质基础。大气污染会对人群健康造成各种生理负面效应，大气中影响人体健康的主要空气污染因子包括可吸入颗粒物、二氧化硫、氮氧化物、臭氧、一氧化碳等。考虑到研究领域对空气污染认识的一致性和实践领域监测数据的可获得性，本研究选取二氧化硫、氮氧化物和可吸入颗粒物作为净化大气环境的主要指标，生态资源选取森林。

塞罕坝地区的净化大气环境的生态价值的计算可以用塞罕坝地区每

---

① 实践中有学者通过影子工程法计算固碳释氧的生态价值，用二氧化碳和氧气的工业市场价值估算生态资源的价值。但这种计算方法只注重供给，完全忽视市场需求和原料制作过程的生态破坏，不能客观反映真实生态价值。

年减少二氧化硫、氮氧化物及滞尘的量乘以相应的工业化治理成本。2020年塞罕坝所属的围场县达到和优于二级天数 333 天，重度污染以上天气 1 天，环境空气质量综合排名承德市县区第 1，年 $PM_{2.5}$ 平均浓度 28 微克/立方米，PM_{10} 平均浓度 50 微克/立方米。（如表 4-11 所示）同时期河北省各设区市空气质量平均优良天数为 256 天，$PM_{2.5}$ 平均浓度 44.8 微克/立方米，PM_{10} 平均浓度 79 微克/立方米。

表 4-11　2020 年围场县空气质量监测情况

环境空气综合指数	主要污染物浓度						首要污染物
	$PM_{2.5}$	PM_{10}	SO_2	CO	O_3	NO_2	
3.39	28	50	14	1.2	136	20	O_3

数据来源：承德市生态环境局。

根据《绿色国民经济框架下的中国森林核算研究》中河北省相关指标的平均值，统计核算得出塞罕坝机械林场每年吸收二氧化硫 13365.85 吨，氮氧化物 1195.05 吨，滞尘 156389.65 吨。根据河北省发展改革委委员会、河北省财政厅、河北省环境保护厅下发的《关于调整排污费收费标准等有关问题的通知》（2014），河北省 2020 年排污收费标准为：二氧化硫和氮氧化物 6 元/千克，滞尘费用 5.75 元/千克。经计算塞罕坝地区净化大气环境的生态价值为 9.86 亿元。

7. 休憩康养

生态资源休憩康养价值主要体现在满足游客游憩康养休闲的需要，能够提供游憩休闲娱乐活动所需要的优美自然环境、旅游服务、环境教育服务及基础设施，是整合生态资源自然属性和人文建设的价值。从理论上看，休憩康养价值可划分为旅游观光价值和日常休憩价值。其中，旅游观光价值是指游客在观光过程中的消费支出，包括交通费、景点门票、食宿购物以及娱乐项目等支出，旅游观光价值的大小与休憩资源品质、交通便利程度、居住舒适程度等因素有关，主要通过人流量和开放时限来衡量其价值。

从塞罕坝地区的实际情况看，生态资源休憩康养价值可以分 3 个方面来综合评价：一是地区直接旅游服务收入；二是依托于森林旅游的多种服务收入；三是由此拉动的社会消费。根据塞罕坝地区旅游情况的统计，近年来塞罕坝地区平均游客数量达到 50 万人次，林场的直接旅游服务收入为 4400 万元，依托于森林旅游的多种服务收入为 60000 万元，到塞罕坝旅游的游客用于目的地以外的旅行费用为 23000 万元。

8. 保育土壤

保育土壤是指森林、草地等生态资源对土壤起到的覆盖保护及对养分的调节过程，具体包括固土和保肥两个方面。固土的价值主要体现在减少土地荒废、流失的价值和减少泥沙淤积的价值，保肥是保育土壤的量中含有的氮、磷、钾元素和有机物的价值。结合塞罕坝地区的生态资源种类，本书主要计算森林和草地的保育土壤价值，其计算公式为：

$$V_{SC}=V_{LA}+V_{AS} \ ; \ A=S\left(M_0-M_1\right)/K$$

公式中：V_{SC} 为固土总价值；V_{LA} 为减少土地废弃和流失的价值；V_{AS} 为减少泥沙淤积的价值；A 为固土量；S 为有林地面积；M_0 为无覆盖土壤侵蚀模数；M_1 为生态资源土壤侵蚀模数；K 为土壤容重。根据学者的研究，全国平均土壤厚度为 1.185 吨 / 立方米，塞罕坝地区的数值要高于全国平均水平，约为 1.49 吨 / 立方米。本书评估的区域地形地貌特征较为单一，土地在降雨侵蚀量、土壤可蚀性因子等因素方面统一度较高，在水土保持因子方面林地和草原均属于高覆盖度，取值均为 1。

通过测算，塞罕坝地区林地和草原生态资源每年减少土壤流失的量为 4160 吨 / 公顷，塞罕坝地区共有林地 1407.03 公顷，草地面积 1061.71 公顷，年固土量为 1027.0 万吨。

减少土地废弃的价值是土壤侵蚀表土的损失最终使其成为废弃土地而导致的种植业、林业或畜牧业的机会成本。减少泥沙淤积的价值通常采用蓄水成本法计算，主要是河道清淤成本，依据我国主要流域泥沙运动规律，土壤流失的泥沙有 24% 淤积在江河、湖泊。V_{LA} 和 V_{AS} 的具体计算公式为：

$$V_{LA} = \frac{A}{KH} \times C \; ; \; V_{AS} = \frac{A}{K} \times Q \times 0.24$$

公式中：H 为土壤厚度，根据学者研究，全国土壤平均厚度 0.5 米；C 为每平方千米土地年均收益，根据学者研究取值 0.34 元 / 平方米；Q 为河道清淤成本，根据学者研究取值 12.6 元 / 立方米；经测算得 V_{LA} 为 468.70 万元，V_{AS} 为 2084.32 万元，V_{SC} 为 2553.02 万元

保肥价值的计算公式为：

$$V = A \times \sum (Ri/Mi) \times Pi$$

公式中：V 为森林保肥服务价值；A 为固土量；Ri 为土壤中第 i 种养分元素的含量；Mi 为第 i 种养分元素在标准化肥中的含量；Pi 为第 i 种标准化肥的市场价格。根据塞罕坝地区的资源情况，塞罕坝土壤中有机质平均含量为 3.00%，全氮含量为 1.9 克 / 千克；全磷含量为 0.2 克 / 千克；全钾含量为 0.8 克 / 千克。经核算可得，塞罕坝地区固土量中含氮 19513 吨，含磷 2054 吨，含钾 8216 吨。标准化肥中养分元素的含量分别为碳酸氢铵含氮量 17.5%，过磷酸钙含磷量 19.5%，硫酸钾含钾量 48.0%。2021 年当地的化肥市场价：碳酸氢铵 1950 元 / 吨，过磷酸钙 700 元 / 吨，硫酸钾 4200 元 / 吨。经测算塞罕坝地区的保肥价值为 2.96 亿元。

9. 物种保育

物种保育可以理解为生态资源在当前环境条件下维持生物多样性及种群更新的能力。我们可以从环境质量、物种的珍稀濒危状况两个方面开展评估。生物多样性是地球生命支持系统的核心和物质基础，是维持生态稳定性的基本条件，是人类生态文明的重要组成部分。结合塞罕坝地区的生态资源实际情况，物种保育的价值主要体现在森林资源和草地资源的物种保育价值。

塞罕坝地区环境条件良好，生物资源种类复杂多样，共有野生动物 261 种，隶属于 4 纲 24 目 66 科；鱼类 5 科 24 属 32 种；昆虫 12 目 114 科 660 种；

其中，国家一级保护动物 5 种，国家二级保护动物 42 种，属于《濒危野生动物植物种国际贸易公约》附录限定的保护种 46 种。（如表 4-12 所示）现有各种植物 659 种，其国家重点保护野生植物 4 种，分别为刺五加、蒙古黄芪、野大豆和沙芦草。另外，该地区有特有植物 3 种及 1 变种，分别是光萼山楂、黄花胭脂花、长柱多裂叶荆芥和围场茶藨子。（如表 4-13 所示）

表 4-12　塞罕坝地区动物资源

名称	等级	种类	等级指数
国家保护等级	一级	5	1
	二级	42	1
濒危野生动物植物种国际贸易公约目录		46	1

数据来源：河北省林业草原局。

表 4-13　塞罕坝地区植物资源

名称	等级	种类	等级指数
国家保护等级	重点保护	4	1
本地区特有		4	1

数据来源：河北省林业草原局。

物种保育价值核算是一个世界性难点问题，还没有形成一个统一的认识。当前较为普遍的是 shannon-wiener 指数。该指数反映的是物种丰富度，利用实际调查的经验数据，针对不同丰富度等级的生态系统，确定其单位面积生态资源维持的生物多样性价值，进而综合计算指数结果。在理论上，我国生态资源的 shannon-wiener 指数划分为 7 个等级，根据塞罕坝生态资源的具体情况，取值 $1 \leq H < 2$，单位面积价值为 5000 元 / 公顷。经核算塞罕坝地区物种保育的生态价值为 1234.37 万元。

（六）塞罕坝生态产品价值核算结果

经过评估核算，在现行情况下塞罕坝地区的生态资源每年提供大约 44.36 亿元的生态价值，其中供给功能提供 3.66 亿元，调节功能提供 28.74 亿元，文化功能提供 8.74 亿元，保育土壤提供 3.22 亿元。（如表 4-14 所示）

表 4-14　塞罕坝地区生态产品价值总量

功能类别	评估科目	生态价值（亿元）
供给功能	农林牧产品	3.54
	生物多样性	0.12
调节功能	涵养水源	5.11
	固碳释氧	0.02
	净化大气环境	9.86
	生态防护	13.75
文化功能	休憩康养	8.74
支持功能	保育土壤	3.22
合计	—	44.36

数据来源：文中测算相加所得。

第五章　生态产品价值实现的市场化机制

"草木植成，国之富也。"良好的生态资源本身蕴含着丰富的经济社会价值。2017 年，党的十九大报告提出建立生态产品价值实现机制；2021 年，中央办公厅、国务院办公厅联合印发《关于建立健全生态产品价值实现机制的意见》，对打通"绿水青山"向"金山银山"转化通道、推动生态产品价值实现的市场化提供了指导意义。生态产品具有外部性特征，大部分虽有经济价值但很难通过现有机制实现价值转化。生态产品价值实现的关键，是加大机制创新力度，实现生态产品经济价值的外溢。

一、政府购买生态服务

（一）与政府购买生态服务相关的几个概念

1.政府采购

政府采购（Government Procurement）是指各级政府为履行职责需向公众提供的公共服务性事项，通过政府财政支付的方式，以特定的方式、程序和采购方式，从社会组织和团体购买商品、服务、劳务、工程项目等。

在我国，政府采购主要包含两大类：第一，根据《中华人民共和国政府采购法》中第一章第二条所规定的政府采购给予了明确界定，其采购的主体是各级国家机关、事业单位或团体组织，采购对象必须属于采购目录或达到限额标准的商品、服务、劳务或工程项目等；第二，根据《政府和社会资本合作项目政府采购管理办法》所规定的政府和社会资本合作项目的政府采购资金进行采购①，对采购主体以及对采购对象是否属于集中采购目录或是否达到限额标准均无要求，或是利用社会资本进行 PPP 项目采购。从狭义上来说，主要是对货物和服务的政府采购。②

2. 政府购买生态服务

生态服务属于一种公共产品或公共服务，是为改善、修复生态功能而提供或生产的生态产品。生态服务与生态产品的区分度并不高，在现实研究中可以发现，很多学者并没有从概念上、功能上或价值上对这两个概念进行严格的区分。从两者的关系上看，生态产品涵盖了生态服务的内容，而生态服务是生态产品的基础，两者相辅相成，有着密不可分的内在联系。

在西方学者看来，政府购买生态服务主要分为两种：一种是以横向支付来补偿生态系统所受破坏的付费行为，称之为生态系统服务付费（Payment for Ecological/Environmental Services，PES）；一种是通过市场化手段实现环境服务的付费行为，称之为环境服务付费（Payment for Environmental Services，PES），这两种付费行为都是基于为环境服务为目的的支付方式。

3. 政府购买生态服务的购买主体和承接主体

政府购买生态服务过程中涉及购买主体和承接主体。购买主体是指提供生态服务的供给方，承接主体是指承接服务项目的非政府组织和社会团体。（如表 5-1 所示）

---

① 即 PPP 项目采购。

② 参见刘海桑：《政府采购、工程招标、投标与评标 1200 问》（第二版），机械工业出版社 2016 年版，第 1 页。

表 5-1 政府购买生态服务的购买主体和承接主体

	功能	主体	职责
购买 主体	提供生 态服务	涉及生态服务的各级政府及政府 部门	政策支持、制度建设、行业监督、 沟通协调、验收考核、支付资金
承接 主体	承接生 态服务	承接生态服务项目的企业或社会 组织	代替委托单位履行生态服务职责

购买主体通过购买生态服务的方式，向具备承接资质的非政府组织、社会团体以资金支付的方式，将其所承担的生态服务职能转交给非政府组织或社会团体承接，代替其完成所需职责。因此，购买主体主要涉及有生态服务职责的林业部门、水利部门、环保部门等。承接主体是指具备承接资格，并且有能力完成承接任务的企业或社会团体，代替委托单位履行生态服务职责。

（二）政府购买生态服务运行机制分析矩阵

政府购买生态服务的优势：2021 年，财政部印发了《中央本级政府购买服务指导性目录》，对于政府购买服务的事项以及边界进行了更清晰的界定，其中"生态保护和环境治理"被明确纳入政府购买服务范围，从而使得生态产品需求和供给的交易闭环更加完善。各地政府大刀阔斧进行创新和尝试，相继出台了支持政策开展政府购买生态服务事项。例如浙江省丽水市云和县发布《云和县人民政府办公室关于印发〈云和县生态产品政府采购试点暂行办法〉的通知》，全力推进生态产品价值实现机制相关工作，将分散的山、水、林、田、湖、草、集体土地、闲置农房等进行集中化收储和规模化整治，转换成优质生态资源资产包，促进资源资产化、资产资本化。

政府购买生态服务的劣势：从购买动力来看，现有量化绩效缺乏标准等问题制约着政府购买生态服务的发展。以西安市为例，相关的体制机制、量化标准还处于初步发展阶段，且从现有的民间组织来看，专业化程度都不高，相关专业人才比较匮乏。

政府购买生态服务的机会：党的十八大以来，我国愈发重视生态资源的价值转化。2005 年，习近平总书记在浙江安吉考察时指出，如果能够把生态环境优势转化为生态农业、生态工业、生态旅游等经济发展的优势，那么绿水青山也就真正变成了金山银山。由此可见，从中央对于建立生态产品价值实现机制的要求来看，推动生态产品价值转化，是绿水青山变成金山银山的关键。近年来，为了满足生态产品价值实现多元化需求，相关社会组织快速发展，有效应对，不断提升能力和技术水平。

政府购买生态服务的威胁：目前，政府购买生态服务的制度体系、体制机制还不太成熟，不能完全适应国家治理体系和治理能力现代化的要求。特别是在政府购买生态服务方面并没有建立完善的相关法律法规，标准流程欠缺。而且，由于缺乏系统而完整的政策法规和实施细则，政府购买生态服务仍处于探索阶段，面临诸多问题和挑战，直接导致社会组织参与度不高，并且面临技术人才匮乏、业务技术不精的困境，这将直接制约社会组织承接生态服务的能力。（如表 5-2 所示）

表 5-2　政府购买生态产品运行机制分析矩阵

	政治（P）	经济（E）	社会（S）	技术（T）
优势（S）	党中央国务院及地方政府高度重视	经济社会发展需要透明度高	良好的信誉	职能分工明确，降低成本
劣势（W）	购买动力不足计算成本困难，量化绩效无标准	投资方式单一，资金有限	民间组织的专业化程度不高	相关专业人员匮乏
机会（O）	适应社会多样化需求专业部门成为政府购买的助推剂	政府职能转变需求迫切，需要做好政府与社会协作关系	非政府组织不断壮大，能力技术不断提升	国外拥有相对完善的技术经验值得借鉴
威胁（T）	缺乏完善的法律法规缺乏可操作性强的标准和流程	对现有体制机制提出挑战	社会组织参与性不高	民间组织技术有限相关领域研究人员和专业人员少

（三）国内外经验

国外对于政府购买生态服务的研究主要集中在购买机制与机理方面。所谓政府购买生态服务是在生态服务领域通过引入市场化机制来实现生态服务的经济溢价。对此，美国和欧盟都已经建立了相对完善的生态服务市场化机制，美国主要通过建立负面清单制度，实现对生态环境的有效监督和管控。欧盟则主要通过建立正面清单制度在生态服务供给领域运用市场机制取得显著成绩。

国内研究政府购买生态服务较晚。首次提出这一概念的是陕西师范大学地理科学与旅游学院的延军平教授，他认为"所谓的生态购买，是一种国家为购买主体的市场经济形式，通过市场经济为手段，为实现生态效益和经济效益双赢，通过购买方式为林草所有者提供的生态服务支付相应的货币或者费用"[1]。吴晓青等（2006）认为，生态购买是指政府通过生态银行等购买生态产品或者生态服务从而促进生态产品价值转化的方式。[2] 吴学灿等（2006）从生态购买的价值维度，认为这种方式直接改变了生态效益和经济效益的两难困境，有利于吸纳资源要素，补偿效果显著。[3] 从国内学术界研究的成果看，政府购买生态服务的主要特征是以市场化为手段，政府直接向非政府组织、团体以及个人，按照规定的程序和特定方式，将自身所需承担的关于环境的公共服务转交给具有资质的社会组织承接，并支付相应费用。

美国对于生态环境治理的市场化运作，尤其在政府购买生态服务方面有着非常成熟的经验，其运作机制具有购买依据法治化、购买方式多样

---

[1]　参见延军平：《基于生态购买的西部经济与生态良性互动发展模式研究》，《陕西师范大学学报（哲学社会科学版）》2006年第7期。

[2]　参见吴晓青、夏峰、洪尚群：《生态购买是西部生态建设的新战略》，《四川环境》2006年第1期。

[3]　参见吴学灿、洪尚群、吴晓青：《生态补偿与生态购买》，《环境科学与技术》2006年第1期。

化、购买程序规范化和购买价格市场化等特点。首先，美国实行公共服务政府采购负面清单制度，规定 19 项"政府固有职能"之外的职能可以进行外包。同时，制定了相关的立法保障政府采购行为，其中包括将国有林养护费纳入预算的《国家森林管理法》，应对环境问题的《环境应对、赔偿和责任综合法》，针对农业污染问题的《面源污染管理计划》《国家口岸计划》《地下水保护计划》《杀虫剂计划》《湿地保护计划》等。其次，美国拓宽了购买方式，主要包括以土地产权为交易手段，通过合同外包进行服务外包，以降低贷款或补贴政策等经济手段进行的补偿以及通过技术、培养、人才建设为主的智慧补偿。再次，购买程序规范化是确保政府购买生态服务的基础保障，主要包含根据政策法规制定实施方案，结合生态服务类型和需求，选择合作伙伴并签订合作合同，之后进行网络型治理，最终以绩效评估方式检验生态服务完成情况，并支付相应费用。最后，为明确购买价格美国建立了完善的价格体系，主要包括以政府公共支付为主的财政购买、私人直接补偿、通过生态产品认证以及限额的交易为计划的四大体系。（如图 5-1 所示）

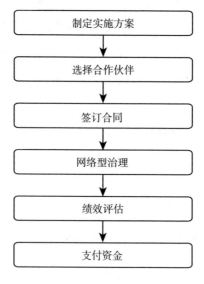

图 5-1　美国政府购买公共服务流程

自 20 世纪 90 年代以来，日本积极探索"市场化实验"，建立了包括激励约束机制、生态服务购买方式以及环境服务政策评估体系等一系列运行机制。一是构建激励约束相融的环境治理制度。从"公害治理"到"环境保护"，再到"绿色循环低碳"，日本逐步形成了多元化社会参与的环境治理体系，以此作为生态服务良性发展的保护依据。日本分别出台了以污染防治为重点的《公害对策基本法》、以运用经济补助为手段的《环境基本法》、以推行绿色采购为目的的《绿色采购法》、以激发民间资本投入为手段的《运用民间资金等以推进公共设施建设的法律》、以拓宽市场化领域为目标的《规制改革、民间开放三年推进计划》、以规范竞标流程为媒介的《关于导入竞争机制改革公共服务的法律》。二是创新生态服务购买方式。日本根据不同的环境服务种类以及成本利益核算的差异化，探索不同的购买方式。主要包括适合于竞争较为激烈的公开招标、资质要求较高的特约邀请招标、捆绑式打包治理等。三是建立环境服务政策评估体系，按评估对象分为事前评估和事后评估两种，评估方式以事业评估、业绩评估和综合评估为主要方式。

广东是在全国较早推进政府购买公共服务的省份之一，2008 年就出台以购买服务方式扶持社会组织政策，积极推进政府购买服务改革工作，尤其在生态服务购买方面也取得了显著成绩。其成功经验主要包括：第一，建立健全政府购买生态服务的制度体系。出台了开展购买生态服务试点、向社会购买生态服务的相关政策方案。第二，优化政府购买生态服务目录。印发了关于向政府购买服务的系列目录，并细化至二级、三级。第三，培育社会组织承接政府购买生态服务工作。通过出台相关政策措施，创造良好的政策环境，增强社会组织的可承接能力。

无锡市的政府购买生态服务从购买需求的确定，到认证供应方的资质和能力，到规范采购方式，再到招标流程以及资金拨付，每一处细节都详细的纳入政府采购体系建设中，形成了规范化的运作流程。其成功经验包括：一是管办分离。政府部门剥离公共服务职能，成立了医院、学校、体育、公园、文艺等几大"管理中心"。二是资源汇集。将有效生态资源进行汇集，建立了供应方资源库，对于市场现状、生态产品特征以及服务事项等内容做到精准把控、精准选择。对于专业技术条件强且市场竞争不充分的生态项目，直接采用定向购买方式。三是实现过程管理。以资金链条为手段，对供应方有针对性的进行约束和监督，将资金拨付与服务进度以及服务质量相挂钩。

（四）政府购买生态服务的运行模式

1.政府购买生态服务的机构及其职能

政府购买生态服务主要涉及到采购人、中介组织以及供应商，同时也涉及到采购的管理机关、资金的管理部门以及政府的采购机关。不同的主体具有不同的职能，其中，政府采购管理机关属行政管理机构，不参与、不干涉采购中的具体商业活动；政府采购机关，则属于招标工作专门机构；社会中介组织主要从事招标代理业务；政府采购资金管理部门包括财政部门和采购单位的财务部门，负责制定相关政策法规，规范采购行为。（如表5-3所示）

表5-3 政府购买方式的主要机构及职能

主要机构	职能
政府采购管理机关	制定政府采购政策、法规和制度，规范和监督政府采购行为
政府采购资金管理部门	编制政府采购资金预算、监督采购资金
政府采购机关	负责本级财政性资金的集中采购和招标组织工作
采购单位	使用财政性资金采购物资或者服务
政府采购社会中介机构	从事招标代理业务
供应商	提供服务的中标供应单位

2.流程及运作方式

从流程看，政府购买生态服务可分为合同承包、凭单、政府补助、公私合作等。政府采购方式主要包括公开招标、邀请招标、竞争性谈判、单一来源采购和竞争性磋商等，并以公开招标为主。（如表5-4所示）

表5-4 政府购买方法选择

类型	特点
公开招标	政府采购的首要选择方式
邀请招标	具有一定的特殊性，特殊在于只能从有限范围的供应商处采购
竞争性谈判	无供应商投标或无合格标的，不能确定详细规格或具体要求，招标所需时间不能满足用户紧急需要，不能事先计算出价格总额
单一来源采购	采购方不具备采用其他采购方式所需条件，仅能从唯一供货商进行采购
竞争性磋商	解决竞争性谈判最低价成交的问题

（1）公开招标

公开招标主要涉及要素有供应商、采购代理和采购人。由采购代理机构（或称为集中采购机构）负责公开招标的主要流程。其中包括了与采购人签订委托协议；编制招标文件；5个工作日内在财政部门指定媒体公告信息；编制、提交并发售招标文件；在开标前半天或者前一天从财政部门专家库抽取专家，组织开标；采购人或者采购代理应当依法对投标人的资格进行审查；由评标委员会成员进行评标[1]；采购人应当在收到评标报告后5个工作日内确定中标供应商；采购人或采购代理机构在省级以上财政部门指定媒体发布公告结果，且招标文件随中标结果同时公告；采购人与中标供应商签订政府采购合同；由采购人对采购项目进行验收，验收合格后申请支付资金。（如图5-2所示）

---

[1] 评审委员会成员由采购人代表和有关技术、经济等专家组成，成员人数应为5人以上单数，评审专家不少于2/3；1000万元以上、技术负责、社会影响大评委会组成人员应为7人以上单数。

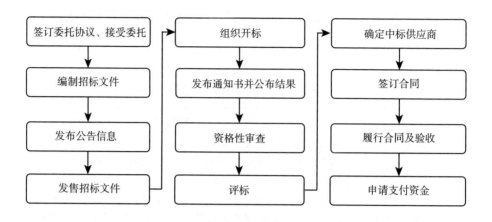

图 5-2　公开招标流程图

（2）邀请招标

根据《中华人民共和国招投标法》第十条规定，邀请招标是指招标人以投标邀请书的方式邀请特定的法人或者其他组织投标。与公开招标不同，这种招标形式是非公开的，不需要发招标公告。参标单位为邀请单位，招标的费用相对较少、周期也比较短、效率较高。（如图 5-3 所示）

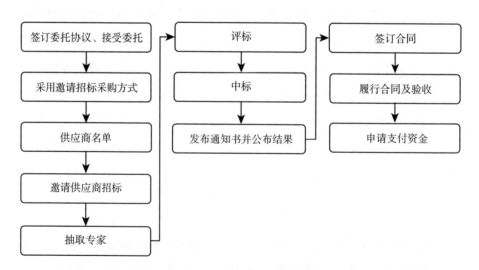

图 5-3　邀请招标流程图

邀请招标主要涉及要素有供应商、采购代理和采购人。由采购代理机构（或称为集中采购机构）负责邀请招标的主要流程。确定采用邀请招标采购方式后，将按照政府采购相关要求发布征集公告，并且邀请不少于3家且符合条件的供应商进行招标；发出招标邀请书和招标文件；在开标前半天或前一天，在财政部专家库抽取专家；组织专家进行评标；在收到评标报告5个工作日内确定中标供应商；在确定供应商2个工作日内在省级以上财政部门指定的媒体上公布中标结果；采购人在中标通知书发出之日起30个工作日内签订采购合同；并开展合同履约及项目验收；验收合格后申请支付资金。

（3）竞争性谈判

竞争性谈判是指采购人必须与满足条件的至少3家供应商进行谈判，在谈判过程中商定价格、谈判条件以及合同所涉及内容条款，并允许谈判对象二次报价确定签约人，最后从中确定成交供应商的采购方式。（如图5-4所示）首先与采购人签订委托协议、接受委托；向政府财政部门申请批准；在开标前半天或者前一天从财政部门专家库抽取专家并成立

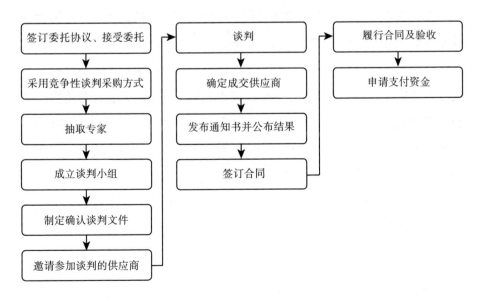

图5-4　竞争性谈判流程图

谈判小组[1]；制定并确认谈判文件，谈判文件应当明确谈判程序、谈判内容、合同草案的条款以及评定成效的标准；通过以指定方式发布公告，并按照政府采购文件要求抽取符合资格审核条件的供应商；确定供应商后进行谈判，必须明确的一点是，谈判过程中不得透露与谈判相关的任何信息，以确保保密性；在经过谈判后确定供应商，并且必须以书面形式告知供应商结果；确定后再在规定时间内通过指定媒体发布成交结果，并签署合同；履行合同事项后需针对合同进行验收，待验收合格后方可申请支付资金。

（4）单一来源采购

单一来源采购与其他采购方式不同，不属于达到公开招标数额标准的采购，所以不需要公示进行招标，也不需要组织专家论证。整个采购过程的关键是确定单一来源供应商，并与其进行一对一的采购洽谈，所以整个过程仅需要通过专业人员与供应商协定成交价格、编写协商情况记录，即可发出成交通知并在指定媒体公布。公布后程序与其他采购方式相同，需要签订采购合同、进行验收，验收合格后支付相应资金。（如图5-5所示）

（5）竞争性磋商

竞争性磋商为了解决竞争性谈判最低价成交的问题，可以理解为竞争性谈判和公开招标的结合。（如图5-6所示）竞争性磋商主要涉及要素有供应商、采购代理和采购人。由采购代理机构（或称为集中采购机构）负责竞争性磋商的主要采购交易流程。其中包括了与采购人签订委托协议接受委托；向设区的市、自治州以上人民政府财政部门或省级人民政府授权的地方人民政府财政部门申请批准；在财政部门专家库抽取专家；成立磋商小组；制定包括供应商资格条件、采购邀请、采购方式、预算、需求、政策等内容的磋商性文件；通过发布公告并根据政府采购文件要求选择供应商；采取集中与单一供应商磋商方式进行竞争性磋商；最终确定采购需

---

[1] 谈判小组由采购人代表和评审专家共3人（达到公开招标数额标准为5人）以上单数组成，其中评审专家人数不得少于成员总数的2/3。

求和供应商；在省级以上财政部门指定媒体发布成交结果；与成交供应商签订采购合同；合同履约及验收；验收合格后申请支付资金。

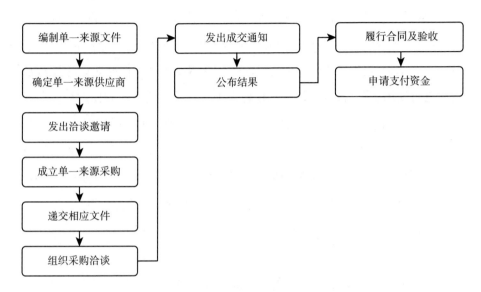

图 5-5　单一来源采购流程图

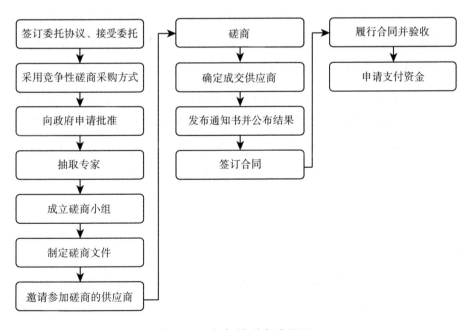

图 5-6　竞争性磋商流程图

二、水权交易

"水权"一词的说法主要可分为三类："一权说""二权说"和"多权说"。"一权说"认为所谓水权就是以国家为区域划定的水资源的用益物权，是可持续占有水资源使用权的一种权利，社会群体以及个人依照法律法规对水资源进行使用。"二权说"认为水权包含了水资源的所有权和使用权。根据《水利百科全书》关于"部门或个人对于地表水、地下水的所有权、使用权"的定义，水权属于产权渗透到水资源领域的产物。"多权说"认为水权是由多个权利组成的权利束，属于所有权、经营权和使用权的权利整合，同时涉及到水资源的分配权、让渡权、交易权、配水量权和质押权等。

（一）国内外经验

水权交易是借助水权交易平台，通过既定的交易手段，以资金形式开展的有偿转让交易行为。水资源属于公共产品，受生态环境影响和制约，具有循环性和不可控性。因此，各个国家在制定水权交易制度的时候都充分考虑到环境因素，将环境管理、维护和保护等内容加入到水权交易制度相关条款中，以确保在用水过程中不对水资源造成不可控的破坏和污染。从各国实践可以看出，法律和制度建设是各国在水权交易方面重点关注的内容。如美国、加拿大等国家就以权益形式在法律法规中作出了明确规定。而从水权交易流程来看，从水权交易申请到水权交易审批，从水权交易公告公布到水权交易登记，再到水权交易整体流程监管，交易流程日趋完善。而且，由于将企业管理引入了水权交易，市场化运作特点也日渐凸显。如澳大利亚直接将水权交易交由公司管理，并根据自身特点建立不同特色的水权交易体系。

美国的水权交易主要包含三种模式：一是行业间交易。这种交易模式主要分为水权转换与干旱年特权。水权转换属于一种长期交易行为，主要用于农业灌溉；干旱年特权是一种短期交易，主要针对干旱年对于灌溉用水的转让，具有一定的特殊性。二是用水主体间交易。这种交易模式主要分为用水置换与优先放弃权。用水置换指的是水权人之间的水权交换，也就是双方都有权限使用对方的水资源；优先放弃权指的是用水级别高的水权持有者可以以资金形式转让或者授予用水级别低的水权持有者一定配额的用水权。三是以政府为主的水资源配置，也称"水银行"。

澳大利亚水权交易主要分为两种：一是水融通，基于交易双方签订交易协议基础上的交易行为，属于短期模式的交易；二是水股票，这种交易行为是依靠变现的方式进行交易，属于长期模式的交易。从政府的角度，澳大利亚对水权交易拥有调控、监管职责，并有权购买水权，以此达到保护水环境、调控水权市场的目的。

由于淡水资源相对紧张，日本在水资源使用和管理上较为严谨，建立了完整的水资源管理体系。《河川法》对水权进行了详细的划分，包括批准水权和惯例水权以及使用目的、稳定程度、法源等，规定严禁进行生活用水和工业用水的交易，只有在特定的土地改良区范围内，才允许进行这类水交易。

浙江省是中国首例实现跨地区水权交易的省份，主要经验做法：一是签订有偿转移水资源协定。如东阳市与义乌市通过签署协定，作为出让方，东阳市有偿将横锦水库的一些水权转让给义乌市，以解决义乌的用水需求。二是降低用水成本。如果义乌市依靠修建水库的方式缓解水资源紧张问题，每立方米的建造价格大约6元，而通过购买的方式只有4元/立方米，并且水库的修建还要历经批准、测量和动工等相关流程，需要时间较久，无法解决目前义乌市水资源紧张问题，而东阳市借助这次交易可以一次性获得足够的所需水权。三是落实主体责任确保水资源质量。根据协议，东阳市有责任确保水资源质量，并且按时对配套设施进行维护；而义乌市有责任投资建设运送水资源的管道。

2015年11月，郑州新密市与平顶山市签订了水权转让协定，这是国家第一例跨流域水权交易，按照双方签署的协定来看，平顶山市每年需要为新密市提供 2200 万立方米的水资源，时间是 20 年，转让价格为 0.87 元 / 立方米，同时约定双方的水利部门每 3 年对细节进行磋商，重新制定水价。

从国内外经验来看，水权交易的运行离不开以下几个方面：一是构建完善合理的水价体系；二是重视保护水环境和第三方利益，实现水资源高效配置与水环境保护均衡发展。

（二）运作机制

1. 水权交易的类型划分

明确水权交易类型、进行市场化运作是水权交易的首要任务。水利部出台的《水权交易管理暂行办法》中对可交易水权的范围和类型、交易主体和期限、交易价格形成机制、交易平台运作规则作出了具体的规定，这些细则是开展水权交易的政策依据。（如表 5-5 所示）

表 5-5　水权交易类型

	区域水权交易	取水权交易	灌溉用水户水权交易	水权收储
概念	介于行政区域间开展的水权交易	通过有偿转让取水权的交易方式	介于灌溉用户和用水组织之间的水权交易	政府机构对认定过的用水指标进行回购的行为
交易主体	县级地方人民政府被授权的部门、单位	依法获得取水权的单位或者个人	灌溉用水户用水组织	
交易客体	具备调水条件，不局限于同一流域	通过各种方式所节约的水量	灌区农户所节约的用水量	

依据水利部《水权交易管理暂行办法》规定，水权交易类型主要划分为四种类型，其中包括行政区域间进行用水总量控制指标交易的区域水权；针对取水许可用户间交易节约结余的取水权交易；灌区内部用水户或者用水组织间水权证的交易；政府机构对认定过的用水指标进行回购行为的水权收储。

2. 水权交易形式

现行的水权交易主要采取平台交易和自主交易两种方式进行。（如表 5-6 所示）采用平台交易时，可采取协议交易和竞价交易的形式。其中协议交易是当同一水权交易标的只有一个符合条件的受让方或转让方时，可通过双方协议的形式进行交易。而竞价交易，是当同一水权交易标的有多个符合条件的受让方或者转让方时，可采取竞价的方式进行公平竞争性交易。平台交易对交易主体提交材料、资格核验、交易公告、交易受理、交易协议、费用缴纳、成交公示等流程制定了相应的制度。开展自主交易，由交易主体自主选择交易对象，并将交易结果报具有管辖权的水行政主管部门备案，期限超过 1 年的按规定变更双方涉及的水资源使用权。

表 5-6 水权交易形式

平台交易	自主交易
借助平台，介于县级以上行政区域之间开展的水权交易	可自主进行的水权交易方式

除此之外，水权交易方式还包括协商性交易和竞价性交易。（如表 5-7 所示）两者最大的不同，在于参与交易主体的数量。如果交易主体仅有单一主体，则可以通过协商方式进行；如果交易主体为多个，则可以采取竞价方式进行公平竞争。

表 5-7 水权交易方式

水权交易方式	
协商	竞价
只有一个符合条件的参与交易	由多个符合条件的参与交易，交易形式要突显公平性竞争

3. 水权交易流程

水权交易流程主要涉及交易水量、交易申请、交易协商和交易签订 4

步流程。（如图 5-7 所示）

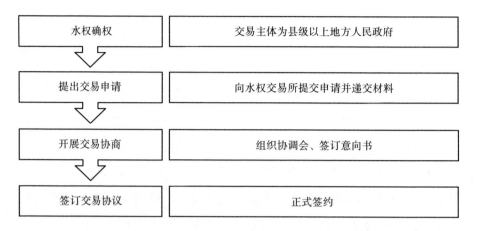

水权确权	交易主体为县级以上地方人民政府
提出交易申请	向水权交易所提交申请并递交材料
开展交易协商	组织协调会、签订意向书
签订交易协议	正式签约

图 5-7　水权交易流程图

从交易流程来看，水权确权是整个交易流程的第一步，也是非常关键的一步，因此，必须进行明确的界定。水权确权主要需要做好以下两方面工作：一是明确区域用水总量和各市县总用水指标；二是对生活用水、生态用水、工业用水、农业用水指标进一步细化和明确，从而确定各领域用水量。

水权交易要素主要包括县级以上地方人民政府和水权交易所。在水权交易过程中，由县级以上地方人民政府确定可交易水量，然后向水权交易所提交申请并递交材料，开展交易协商签订意向书，最终签订交易协议。

三、碳汇交易

碳汇交易是基于《联合国气候变化框架公约》及《京都议定书》对各国分配二氧化碳排放指标所确立的规定，是一种把碳排放作为商品所形成的虚拟性交易行为，买方通过向卖方支付相对应的金额从而获得相对应数量的碳排放权。碳汇交易产生的主要原因是工业生产过程中的碳排放量无法通过其他手段降低，无法达到《联合国气候变化框架公约》及《京都议定书》所规定的指标要求，因此通过购买的方式增加碳汇，以此来减轻自身的碳排放量总额上限的压力。这种交易主要针对排放高于配额的企业，需要通过市场购买方式满足排放标准。

（一）国内外经验

国外在 20 世纪 80 年代末针对碳汇问题展开了深入研究并取得了一些理论成果。Sedjio（1993）通过计算得出，地球三大碳库（包括森林生态系统、草地生态系统和海洋生态系统）之一的森林生态系统储存了约占陆地生物圈地上碳储量的 80% 和地下碳储量的 40%，是陆地生态系统最大的碳库。[①]Silva 等（2016）认为森林碳汇是森林资源的无形资产，可以引导森林经营主体通过转变土地资源利用的方式，实现长期经济效益的目的。[②] 从碳汇经济计量的角度，Robert George 等（2020）以 Retezat 国家森林公园为研究样本，提出可根据全球自愿碳市场的价格计算碳汇经济价值，并依据市场价格对碳汇经济价值进行评估。[③] Duc Nguyen 等（2020）运用边际成本方法对森林生态系统服务进行了评估，以在既定时间点所额外排放的对社会造成危害的二氧化碳的货币价值作为碳汇单位价格。[④] 李淑霞等（2010）从经济学角度对林业碳汇市场的产权进行了深入研究，提出了构建以供求关系、交易价格、竞争环境和风险控制为要素的市场化运行机制。[⑤] 张瑞等（2012）提出了建立全国碳交易市场的建议，他认为应

[①] See Sedjio, R. A., "The Carbon Cycle and Global Forest Ecosystem", *Water, Air, and Soil Pollution*, 1993.

[②] See Silva, C. A., Hudak, A. T., Vierling, L. A., et al., "Imputation of Individual Long Leaf Pine: Tree Attributes from Field and Li-DAR Data", *Canadian Journal of Remote Sensing*, 2016.

[③] See Robert George, P., Vasile, A. I., Mihai Daniel, N., "Economic Valuation of Carbon Storage and Sequestration in Retezat National Park Romania", *Forests*, 2020.

[④] See Duc Nguyen, M., Ancev, T., Randall, A., "Forest Governance and Economic Values of Forest Ecosystem Services in Vietnam", *Land Use Policy*, 2020.

[⑤] 参见李淑霞、周志国：《森林碳汇市场的运行机制研究》，《北京林业大学学报（社会科学版）》2010 年第 2 期。

借鉴重庆市"地票"模式实现碳交易的市场化。[1]

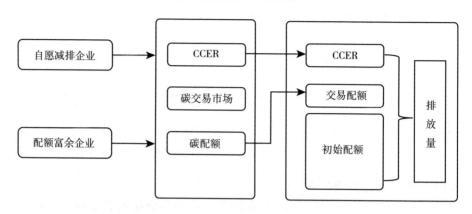

图 5-8 CCER 交易机理图

目前国际上碳交易的产品（标的物）主要有两类，分别是占主导地位的排放配额和基于项目的减排量（如清洁发展机制 CDM 项目的 CER，国际核证碳减排标准 VCS 的 VCU）。从国际和国内碳汇交易的数量上看，碳汇交易的产品大多数是碳排放配额（排放许可）[2]，也包括一定比例的基于项目的减排量。

从碳交易的 CCER 交易机理进行分析（如图 5-8 所示）。国内碳交易产品以排放配额为主，以国家核证自愿减排量（CCER）为辅，主要是政府分配给重点排放单位（控排企业单位）指定时期内的碳排放额度（排放许可）。

CCER 是指对我国境内可再生能源、林业碳汇、甲烷利用等项目的温室气体减排效果进行量化核证，并在国家温室气体自愿减排交易注册登记系统中登记的温室气体减排量。

美国是世界上碳排放量较多的国家，因此在碳交易的体系构建上相对

---

① 参见张瑞、陈德敏、林勇：《建立区域碳交易市场的路径与对策设计：基于重庆市碳票交易模式》，《中国科技论坛》2012 年第 5 期。

② 碳排放配额是政府分配给控排企业指定时期内的碳排放额度，1 单位配额相当于 1 吨二氧化碳当量。由国家发改委制定国家配额分配方案，省发改委制定行政区域内分配指标，报国家发改委确定后实施。

成熟。一是制定了强制性报告温室气体的 MRV 体系，所监测的温室气体除《京都议定书》规定的 6 种温室气体外，还有其他的氟化气体，同时还详细规定了温室气体排放源头。二是规定了详细的监测办法，包括电子和现场两种核查，电子核查的内容涵盖了前期数据检验和后期数据核查，现场核查是从业人员针对电子核查所涉及问题进行现场查验。三是建立了森林碳汇风险保障体系，以减少因价格制定而造成的损失，或者为扩大森林碳汇交易而开发的碳汇证券交易。四是建立了第三方认证体系，专门负责核查机构资质，并对碳汇交易情况实时监测。

欧盟出台了《监测和报告条例》《欧盟监测决定 Decision280》《欧盟排放贸易指令 Directive2003/87/EC》等政策法规，建立了欧盟森林碳汇交易 MRV 系统。检测范围包括工业和化石燃料的排放，通过计算法与测量法进行监测。除此之外，欧盟对于森林碳汇交易制定了完善的交易运行机制，包含了认证组织、设施运营商、核查技术人员和主管部门等，其主要工作是制定监测计划、撰写监测报告、核查认证组织和相关人员的资格。

日本森林碳汇交易体系的独创性就在于，依据《全球变暖对策推进法》可以对温室气体的排放进行计算、报告和披露。该体系对《京都议定书》提及的 6 种温室气体进行监测和管制，并且针对不同的监测主体采取不同的检测和管制方式，要求学校、运输企业、工业企业等机构要按时将排放的温室气体规模上报。政府对公司提交的报告进行记录，并将计算得到的温室气体排放量向社会公布出来。

北京市是我国第一批碳汇交易试点之一，主要做法包括：一是建立了碳交易市场，针对交易市场运行制定了相应的政策体系。二是编制六大行业二氧化碳排放量指南，计算二氧化碳排放量。三是采用物料平衡法和排放因子法两种碳排放量计算方法。四是明确碳排放报告的主体，内容涉及需要减排企业的基本情况、排放的二氧化碳含量、分析计算得到的结果、影响二氧化碳排放量不确定因素分析、核查报告等。

深圳市是第一批开展碳汇交易并建立碳排放交易所的地区，创建了深圳森林碳汇交易体系，成立了深圳市温室气体核查制定专家组，编制形成系列文件，内容涵盖了特殊行业方法学和普遍适用技术等。同时还构建起了相关核查体系，选定具体的核查对象，规定详细的核算方法以及抽样调查的具体占比。

重庆市森林碳汇交易主要做法：一是检测行为，包括二氧化碳温室气体在内对《协定书》提及的6种气体全部进行监测。二是碳交易核算。颁布核算办法，采用第三方认证机构。三是碳汇交易行为。主要依托碳汇市场开展交易。

从国内外研究及经验可知：第一，要加大碳汇宣传教育，培养社会生态保护意识，注重森林碳汇知识的利用最大化。第二，完善碳汇交易平台，碳交易平台是碳汇交易的首要条件之一，可以有效地降低交易成本，促进减排目标的实现。第三，建立风险机制。基于碳资源的不稳定性，风险机制的建立至关重要，尤其对于不同形式下的自然风险，可以设定不同的承担主体。同时，将保险市场和碳汇交易相结合，加强两个市场的协调联动。第四，培育市场有效需求。明确市场需求方，以法律形式确定交易方责任、权利及义务。

（二）运行机制

从交易机制来看，主要包含三种交易机制：一是基于项目的清洁发展机制（CDM），二是联合履约机制（JI），三是基于配额的国际排放贸易机制（IET）。

1.碳汇交易的市场运作要素

市场运作要素包括碳汇交易主体、运行机制和项目类型。碳汇交易主体包括政府管理部门（如国家发改委、国家林业局、地方发改委等）、项目业主与碳信用买方（如国内外机构、企业、团体和个人等）、第三方独立机构和中介机构（如审定机构、计量监测、核证机构、相关咨询服务机构、碳汇交易经纪人和计量认证机构等）。碳交易的市场运行机制是指构成市场的诸要素相互关联并相互制约，从而构成特有的资源配置条件、配置方式以及配置功能。① 碳汇交易项目类型主要包括 CCER 和 BCER。CCER 是直接向国家发展改革委申请项目和核证资源减排量备案的林业碳汇项目；BCER 是先由地方发展改革委预签发项目减排量、再报国家发展改革委进行项目和核证自愿减排量备案的林业碳汇项目。

2.碳汇交易方式

（1）CCER 林业碳汇交易方式

CCER 林业碳汇交易有以下两种方式。（如表 5-8 所示）

表 5-8　CCER 林业碳汇交易方式

主要交易方式	其他交易方式
碳汇交易形式为通过碳汇交易所完成交易行为	碳汇交易形式为签订合同

CCER 碳汇交易从准备文件到进入交易所进行交易主要涉及 15 个步骤，主要包括项目文件设计、项目审定、备案、实施与监测、减排量核查、核证与签发。（如图 5-9 所示）

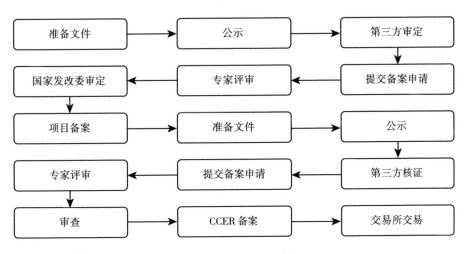

图 5-9　CCER 碳汇交易流程图

---

① 市场的诸要素包括市场的主体、客体、市场中介、价格、供求、信息、竞争和风险等。

（2）BCER 林业碳汇交易方式

BCER 交易首先通过园林绿化部门对项目和项目碳减排量进行初审并跟踪监管，然后由地方发展改革委对项目和项目碳减排量进行审定并预签发 60% 核证减排量。（如图 5-10 所示）在交易流程中必须注意以下几点：项目设计责任方为交易主体公司，项目计量、项目检测责任方为获林业部门认可的第三方机构，项目第三方审定、项目核证责任方为发改委备案的第三方机构，主管方为地方发改委及园林绿化部门。

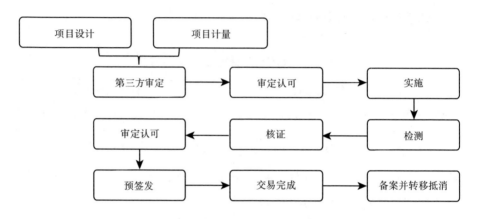

图 5-10　BCER 碳汇交易流程图

四、生态补偿

（一）生态补偿的内涵

生态补偿（Eco-compensation）是指以保护生态系统和可持续利用生态系统服务为目的，借助市场手段调节、协调利益相关方的补偿方式。主要包含两层意思：一是在生态系统获取经济效益过程中对生态资源和生态系统造成的破坏、污染进行的补偿。这里既有对生态系统和自然资源保护所获得效益的奖励，也有对破坏生态系统和自然资源所造成损失的赔偿，同时还有对造成环境污染者的收费。二是指以保护生态环境、促进人与自然和谐为目的，在考量生态系统服务价值、生态保护和发展机会成本的基础上，综合运用行政和市场手段，实施的调整生态环境保护和建设相关各方之间利益关系的环境经济政策。

"生态补偿"的意义在于：第一，从生态补偿目的来看，是为了明确保护者以及受益者之间的相关利益关系，使生态保护实现市场化的内部交易方式；第二，从生态补偿手段来看，采用市场交易手段进行财政资金支付实现生态补偿；第三，从生态补偿的价值来看，生态补偿充分考虑了生态保护的成本、未来发展以及生态服务预期价值。

但是，从不同角度对生态补偿的理解也不一样：从经济学角度看，生态补偿是指对破坏、污染、损害生态环境的行为实行价格收费，以此来实现对生态环境的保护和补偿行为。这样的理解赋予了生态补偿行为一定的收益和成本内涵，促使生态环境破坏者为减少经济损失，而自觉产生保护环境的行为。由此可以看出，经济学界对于生态补偿的理解，更多的是侧重于对于生态环境破坏后的经济补偿行为。[1] 从法学角度看，生态补偿是指对因人类生产生活活动而造成的生态环境破坏进行的修复和维护活动。

对于生态补偿问题，国内外学者进行了持续关注。Allen 等（1996）认为，生态补偿应包含两种补偿方式：以惩罚为目的的惩罚性收费和以补偿为目的的补偿性制度。[2] Wunder 等（2008）认为，生态补偿是一种自愿性交易行为，通过自愿性交易来满足生态系统持续发展功能，是一种环境管理的实践。[3] 张诚谦（1987）认为，为提高陆地净初级生产力，需要在生态环境和经营等方面投入补助，生态补偿就是从生态资源中获取的价值中

---

[1]　See Pushpam, Kumar, "Payment for Ecosystem Services: Emerging Lessons", *Ecological Economy*, 2008.

[2]　See Allen, A. O., Feddema, J. J., "Wetland Loss and Substitution by the Permit Program in Southern California", *U. S. Environmental Management*, 1996.

[3]　See Wunder, S., Engel, S., Pagiola, S., "Taking Stock: A Comparative Analysis of Payments for Environmental Services Programs in Developed and Developing Countries", *Ecological Economics*, 2008.

提出一部分资金归还于生态系统，以此达到保护生态平衡的目的。[1] 史会剑、方娇慧、刘建（2017）提出，应该利用多元化的筹资模式汇聚财政资金，生态补偿的标准应根据当地实际情况，结合年度考核来确定。[2] 钟成林、周峰、胡雪萍（2019）从市场模式角度研究生态补偿的运行机制，提出通过多元化方式进行生态补偿，例如水权交易、碳汇交易、生态彩票、基金信托等方式，将生态系统服务进行市场化、产权化。[3]

（二）国内外经验

在应对生态环境问题上，美国提出了生态服务费这一概念，并在1950年逐步施行。美国生态服务费的主客体非常明确，补偿主体不仅有政府，还包含了企业单位、非政府机构等。政府根据社会对生态环境服务的需求实施购买行为，并且同意在市场上开放生态补偿服务交易，并提倡个人或是社会力量加入到生态补偿之中。比如，美国德尔塔水禽协会作为一个私人组织，提出了一项沼泽地承包计划，对即将绝迹的北美野鸭提供保护，通过和农场主直接签署合同，对沼泽地进行承包，并且将租金支付给农场主，对此地的环境提供保护。生态补偿中的客体涵盖了诸多利益关联方：包括在生态环境破坏中利益受损的一方、维护和管理生态环境的一方和国家。[4] 美国生态服务费补偿模式多样，不仅有资金、政策和实物补偿，还非常重视智力补偿。[5] 美国拥有完善的生态补偿监管机制，并采取

---

① 参见张诚谦：《论可更新资源的有偿利用》，《农业现代化研究》1987年第5期。
② 参见史会剑、方娇慧、刘建：《基于问题导向的自然保护区生态补偿机制研究》，《环境与可持续发展》2017年第42期。
③ 参见钟成林、周峰、胡雪萍：《土地生态利益分配制度对城市建设用地碳排放生态效率的影响研究——基于直接效应和间接效应的分解》，《经济问题探索》2019年第7期。
④ 把国家列为生态补偿的客体，开发和使用自然资源的组织或个人一定要向国家缴纳补偿费，国家能够将这部分的资金投入到环境保护中。
⑤ 智力补偿指的是将专家调派到生态受损的地区，专家能够将环境修复和保护的教育培训提供给当地居民，而且还能为其提供技术帮助，帮助生态受损区域恢复生态。

集权和分权相结合的模式：一方面，遵守生态体系的关联性和整体性，对每个类型的环境问题都建立了统一的行政管理部门；另一方面，重视地方所有组织结构和统一的管理组织的独立治理，避免国家权力过度集中，地方享有较大自主权。

欧盟生态补偿机制实践较早、机制总体比较完善。首先是生态补偿立法体系完备。欧盟非常重视健全的法律机制为生态补偿提供的保障作用。几乎所有的国家都颁布了保护生态环境的相关法律，这里面最完整的是农业和森林保护方面的法律。如德国仅针对农业生态问题就先后制定了《自然资源保护法》《种子法》等诸多法律，规定了补偿的主客体和具体标准，为实施生态补偿提供指导。其次是生态补偿标准合理。欧盟国家有两种补偿标准：一是欧盟中处于中西部和北部的国家一般根据生态服务具有的价值对补偿标准作出计算；二是根据市场价值里面所有要素的成本，将全部生态服务的费用（如劳动力、设备材料费和生态环境基础设施相关的费用）计算出来实施补偿。最后是生态补偿模式丰富。欧盟发挥竞争、价格和激励机制的作用推动私人资本和社会资本参与到生态公共服务领域，并且依靠竞标方式允许具备资格的企业、社会机构或是个人经营公益属性的生态产品和生态工程以及管护等项目，建立了多样化的生态补偿机制。如法国矿泉水企业依靠对流域或是上游水源范围内的农业土地进行购置，之后将土地免费提供给有意向改变土地运营模式的生产人员，这些生产人员便能获得矿泉水企业提供的补偿。同时欧盟还开展了生态产品认证计划，把验收标准交给消费者，私营机构的生态产品只有获得消费者认可才能售出，从而构建了一方对另一方的补偿关系，政府只负责相应的认证。

浙江省很早便启动了生态补偿工作，其中，金华市和磐安县实行了异地开发方式。金华市与磐安县之间是上下级的关系，磐安县在金华市上游，经济欠发达，但是对于金华市的生态涵养发挥着巨大作用。1996年，金华市为了解决磐安县经济落后问题，在金华工业园设立金磐扶贫经济开发区，从政策和基础设施方面提供大力支持，金磐扶贫经济开发区所有财政收益都返回给磐安县，为磐安县因为保护水源地而发展受阻给予补偿。此模式的主要特点是：以政府推动为主导，以企业运营和生产为主体，以税收补偿为手段。

（三）运行机制

1. 生态补偿要素

生态补偿主要包括补偿主体、补偿机制、补偿方式和补偿制度。

补偿主体包含了生态利益的提供者、保护者以及开发者，涉及到中央政府、地方政府以及非盈利的社会团体，是生态补偿的参与者、保护者和实践者。其主要职责是通过市场化手段或其他方式，维护和保护生态资源，以增加生态利益。（如表5-9所示）

补偿机制包含了四个方面的内容：一是建立健全组织机构，明确生态补偿多方利益关系。二是建立完善的补偿制度，制定相关实施办法，对补偿主体、客体、补偿方式和补偿标准予以明确规定，避免生态补偿机制在运行过程中出现制度鸿沟。三是建立有效的监督管理机制，通过行政、媒体、社会公众形成多元化监督体系，确保阳光运行。同时，制定评估制度和评估标准，确保评估工作的有效性。四是确定科学可行的补偿标准。生态补偿有效与否的关键还在于补偿标准的制定以及补偿核算。充分考虑地区间差异性，以核算为基础，确保核算的准确性和有效性。

表5-9　生态补偿主体

行动主体	生态利益提供者	生态利益保护者	环境资源开发利用者
行动逻辑	通过积极行动，创造或增进生态利益	牺牲发展机会保护生态环境而致生态利益相对增进	开发利用环境资源，获得经济利益而致生态利益减损

目前，我国生态补偿方式主要分为四种，分别是资金补偿、实物补偿、政策补偿和智力补偿。（如表 5-10 所示）生态补偿的方式必须结合生态开发活动的具体形式、生态补偿对象及生态补偿主体的特点等有选择地加以适用和有创新地进行补充与完善。

表 5-10　生态补偿方式

补偿方式	范畴	范围
资金补偿	对补偿者给予资金的补偿方式	渔船报废补偿、对退耕还林者的补偿
实物补偿	补偿者给予被补偿者一定的实物补偿	对退海还渔的渔民给予土地以便耕种作物
政策补偿	中央和各地方政府通过制定各项优先权和优惠待遇的政策以促进生态补偿的顺利进行	税收优惠、提供优惠贷款
智力补偿	对被补偿者进行免费的智力服务	培训专门的技术或管理人员

2021 年，中共中央办公厅、国务院办公厅印发了《关于深化生态保护补偿制度改革的意见》，对生态补偿制度提出了明确要求，如建立健全分类补偿制度、健全综合补偿制度以及加快推进多元化补偿等。[1]

---

[1]　2021 年 9 月 12 日，中办、国办印发《关于深化生态保护补偿制度改革的意见》（2021年第 27 号）指出："加强水生生物资源养护，确保长江流域重点水域十年禁渔落实到位。针对江河源头、重要水源地、水土流失重点防治区、蓄滞洪区、受损河湖等重点区域开展水流生态保护补偿。健全公益林补偿标准动态调整机制，鼓励地方结合实际探索对公益林实施差异化补偿。完善天然林保护制度，加强天然林资源保护管理。完善湿地生态保护补偿机制，逐步实现国家重要湿地（含国际重要湿地）生态保护补偿全覆盖。完善以绿色生态为导向的农业生态治理补贴制度。完善耕地保护补偿机制，因地制宜推广保护性耕作，健全耕地轮作休耕制度。落实好草原生态保护补奖政策。研究将退化和沙化草原列入禁牧范围。对暂不具备治理条件和因保护生态不宜开发利用的连片沙化土地依法实施封禁保护，健全沙化土地生态保护补偿制度。研究建立近海生态保护补偿制度。"

2. 生态补偿流程

生态补偿流程主要包含补偿主体、补偿客体、补偿标准以及补偿方式，并涉及了制定、核算、协商和选择等。（如图 5-11 所示）具体流程如下：一是确定面积。核实面积签订承诺书和管护合同。二是资金申请。规定申请时间、程序和内容。三是补偿兑现。规范考核、公示、兑现、建档。

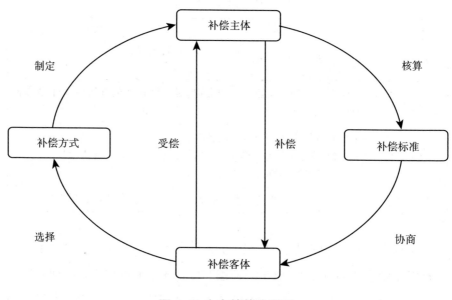

图 5-11 生态补偿流程图

五、生态银行

生态银行（亦称为"绿色银行"）是以推进自然环境保护和生态事业发展为目的，将信贷资金贷放给重视环境保护企业的"银行"。但是，"生态银行"并非真正意义的"银行"，而是一个生态资源价值实现和转化的平台。通过借鉴银行分散化输入和集中化输出的特征，将零散、碎片化的生态资源通过租赁、转让、合作入股等进行市场化、集中化收储，提升成优质资产包，再引入、委托和授权专业运营商导入绿色产业、对接市场和持续运营，实现生态资源的价值转化。

　　"生态银行"的运营对象包括山、水、林、田、湖等生态资源和生态产品以及具有利用价值的文物、古民居、遗迹等文化资源及非物质文化等。"生态银行"运营的是生态资源的权益，通过对生态资源的重新配置和优化利用，搭建起一个绿色产业和分散零碎的生态资产之间的资源、信息、信用三重中介平台。因此，"生态银行"包含了整合、修复、创新、交易、融资、运营六大功能定位，在保持生态系统价值基础上，通过将散而乱的各种生态资源进行集约化，打造成资源优化的生态资源包，对接金融市场、资本市场并引入市场化资金和专业运营商，从而将资源转变成资产和资本，形成多主体、市场化的生态产品价值实现机制。

（一）国内外经验

　　1999 年，澳大利亚在《环境保护和生物多样性保护法案》中首次提出"环境抵偿"概念。2007 年，发布该法案修正案，明确环境抵偿将作为政策应用目标和范围，将涵盖房地产开发、采矿工程、海洋天然气项目和道路港口等基础设施建设，涉及世界遗产、国家遗产、国际重要湿地、濒危种群和保护地、受国际协定保护的迁徙物种、英联邦海洋领域和大堡礁海洋公园等多种土地类型，甚至核电站所在区域。2011 年，澳大利亚政府出台《碳信用额（碳汇农业方案）法案》，基于农业生物多样性价值转化为碳汇的科学核算，为增加植被碳储藏量的农户提供补偿。2015 年，澳洲环境部制定《生态银行认证评估方法学》，为已颁布的《环境抵偿政策》提供信用核算标准，该方法学主要适用于采掘项目导致的显著且不可逆转的生物多样性影响。根据矿区所造成的物种和生态系统损失的信用（credit），通常以"公顷"计算，在生物多样性区域中相应地重建、增加植被群落（包括土壤）、生态系统和动物物种，使之大于等于在矿区所造成的信用损失。目前，国际上具有代表性的生态银行主要有湿地缓解银行、森林银行（碳汇交易）、土壤银行（土地保护性储备计划）、水银行（水权交易）等。（如表 5-11 所示）

表 5-11　生态银行类型及运行保障机制

类型	湿地缓解银行	森林银行	土壤银行	水银行
典型代表	美国湿地缓解银行	美国芝加哥气候交易所	美国土地保护性储备计划	美国加利福尼亚州水银行
运行机制	湿地缓解银行向管理部门缴纳履约保证金和保险费并借助抵押银行	出台税收减免政策、制定交易规则、搭建交易平台	采用环境效益指数对土地进行综合评价确定补偿区域	成立水银行，并通过浮动价格进行经济补偿
运行保障	湿地事务管理体系监督、湿地开发许可、信息跟踪系统	碳汇风险保障、中介服务、交易监管	立法保障、自愿申请	明晰产权制度、政府宏观调控、信息管理

1. 美国湿地缓解银行

湿地缓解银行主办者对因项目发展建设造成的湿地破坏进行恢复、保护产生的湿地信用，通过市场化方式将其出售获取利润。这一过程包含了湿地事务管理体系、湿地信用卖方、湿地信用买方和湿地银行资金保障等。湿地事务管理体系是湿地缓解银行的主要运行体系，负责包括审核与监管湿地缓解银行的设立、信贷所涉及内容的确定、补偿标准、监督与评估以及湿地的整体治理。湿地信用在运行过程中主要涉及买方和卖方。买方主要职责是从事开发活动，在购买湿地信用之后，通过开发补偿因项目所导致的湿地破坏；卖方主要职责是长期维护和管理湿地。美国湿地缓解银行主要分为 4 种类型。（如表 5-12 所示）

表 5-12　美国湿地缓解银行分类

类型	主办者	服务对象
单一用途湿地缓解银行	一个设立者	湿地损失涉及公路修建
联合项目湿地缓解银行	两个或两个以上，不少于一个公共实体机构	生态补偿范围明确
公共商业湿地缓解银行	公共实体机构可为多个	湿地损失涉及城市建设
私人商业湿地缓解银行	私人部门	多元化

2.长沙生物多样性银行

生物多样性银行是绿色金融的主要形态，它运用在经济发达地区，与生态银行最大的不同就是绑定了实体金融机构与科研院所，其评估对象往往是政府主导的工程类项目，且评估范围比生态银行更广泛。作为第三方专业的授信与评级机构，生物多样性银行通过对某一个区域政府主导的生态资源消耗型项目进行评估与授信获得盈利，其本质是通过环境破坏与环境治理、投入成本与产出收益两个维度的博弈获得两个高附加值的固定收益及增值收益，即项目环评中的咨询评价收益、利用企业购买授信额度和所缴纳保证金的投资收益，以及上述两项收益在担保、补偿、恢复、拓展区域生物多样性的基础上得到的二次收益。

长沙生物多样性银行围绕六大重点业务，形成了本土生活生态、产业投行生态、市场投资生态的三大业务生态。除此之外，金融科技生态、内部组织生态形成了对其他三大生态以及整体战略的支撑，金融科技全面为业务发展和管理提升赋能，强化数字驱动；内部组织生态则提供人才支撑和组织保障，确保整个生态体系的无缝链接、高效运转和动态优化。其主要运营模式如图 5-12 所示。

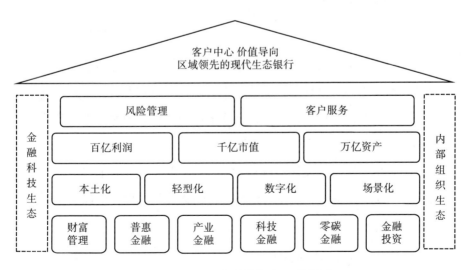

图 5-12　生态多样性银行运营模式

3. 南平"森林生态银行"

福建省南平市属于生态资源富集区，依托生态资源优势积极开展"生态银行"建设，历经多年的发展形成了"森林生态银行""文化生态银行""古厝生态银行""建盏生态银行"等多种运作模式。[①]

从机构设置来看，南平"森林生态银行"形成了以政府政策为引导，地方政府、金融机构和农民共同参与并协作的多元化协作运营方式，职能明确，运行良好；从职责分工来看，南平市政府是"生态银行"的牵头发起人，南平市生态银行有限公司是主要运营方，通过市场化运作方式实现"生态银行"的整体运行。（如表 5-13 所示）

表 5-13　南平"森林生态银行"机构设置

机构	专家委员会	大数据中心	收储中心	资产评估中心	研发中心	交易中心	风险防控中心
职责	战略发展、总体模式、运作流程、产品创新、规则制定等宏观指导和技术把控	对资源进行精准测量，建立自然资源账本，进行动态管理	相关自然资源通过收购、租赁、托管等多种方式进行流转和收储	资产价格评估，确定参考价格	产业产品的设计和论证	市场化交易	风险识别、防范和动态监控

南平"森林生态银行"侧重于农民与农场等生态资源所有者的交易流程创新，通过不同交易环节，促使生态资源交易所有者转让自然资源使用权，将生态资源使用权进行整合，最终形成资产包。同时，充分利用资本市场和产业运营商，实现生态资源资产保值增值。

国内外生态银行的发展经验启示：第一，建立完善的生态银行事务管理体系，明确交易规则、制定补偿标准、强化监督管理，确保生态银行的

---

① 参见崔莉、厉新建等：《自然资源资本化实现机制研究——以南平市"生态银行"为例》，《管理世界》2019 年第 9 期。

有效运行。第二，构建可交易的生态产品产权制度，明确自然资源产权归属，确立经营权实现方式，盘活自然资源资产产权。第三，履行好审核和监管职能，管理部门担当好"中介"角色，搭建信息平台，严格用途管制规则，避免生态补偿滥用。

（二）运行模式

1. 生态银行的架构

"生态银行"通过将分散的生态资源和产业投资商以及运行商集中在中介平台进行交易，是一个由多元主体组成，需要高度配合、分工合作的运行体系。因此，在生态银行的架构中，主要涉及政府、运营商和金融机构。政府主要职责包括：发起成立生态银行，并全面负责生态银行的顶层设计和全程把控；打造平台，编制组织架构，吸引人才加入；推进生态资源的确权登记和三权分置改革；制定交易规则和运营机制；负责监管；等等。运营商的主要职责包括：细分产业的运营，盘活资产；运营过程中的投融资；培育人才；等等。金融机构的主要职责包括：资金提供、项目研判和防范风险。

2. 生态银行的运营

从运营方式上看，在政府监督下，生态银行通过多种方式将散乱的生态资源进行有效集中、归类和整理，形成优质高效的生态资源包，并委托运营商进行经营。从盈利手段上看，生态银行具备了绿色金融的雏形：一方面，它通过对未开发土地的收储、作价与抵押换得银行贷款，贷款资金加土地资源(银行以股权形式参股) 再次投入具有市场潜质的环保项目中，以此保障环保项目稳定的盈利水平；另一方面，它通过对已开发土地的实际损耗进行评估，并向非环保项目的受益方进行授信，根据授信额度索取一定比例的项目收益，该收益用于设立补偿已损坏土地的新项目，以此保障地区生态环境的可持续发展。

3. 生态银行运行流程

生态银行运行要素包括政府、企业、农户以及消费者。生态银行的基础性运作流程：政府搭建配置生态资源平台，通过社会资本嫁接、市场买卖等方法，将农户分散的资源进行整合收储，在实现集约化后对生态资源进行配置优化，具体可归纳为资源整合、资产整理以及资本引入三个步骤。（如图 5-13 所示）政府通过购买、流转、租赁、托管经营等方式，集约各种资源，通过信息录入平台系统，实现规范管理，而运营企业根据建设需求向政府申请专项资金，用于推动基础设施开发和引导外部资金投资方向。

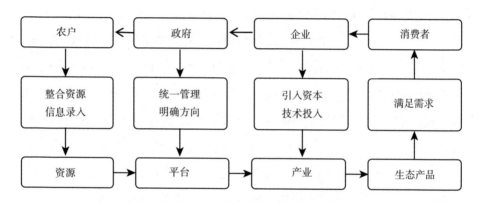

图 5-13　生态银行运营流程图

第六章　生态产品价值市场化实现机制的政策支持体系

生态产品价值市场化，就是通过生态产品的投资、生产经营、市场交换活动，把生态价值转化为经济价值的过程，这需要明晰的产权、充足的资金、地方政府的积极推进以及广泛的社会参与作为支撑。我国必须全力构建起明晰的生态产权制度、完善的生态产品投融资政策、生态产品价值实现的考核机制以及生态信用制度，形成服务于生态产品价值市场化全过程的系统化制度和政策支持体系。

一、健全生态产权制度

无论是生态银行、水权交易、碳汇交易等区域生态产品市场，还是生态服务政府购买，抑或是生态资本产业化等生态价值实现路径，实质都是产权的交易或转让。所以，明晰、科学的产权界定和交易制度设计是生态产品价值市场化的基础。

（一）生态产权与生态产权制度

1. 生态产权

生态产权可拆分为"生态"和"产权"两部分，是产权安排引入并应用于生态领域。目前，由于对生态产权客体认识的不统一，国内有"资源与生态环境产权""生态资产产权""生态资源产权""生态财产权"等诸多概念。胡胜国（2010）对资源环境产权进行了界定，指出资源环境产权是人们合理开发利用自然资源的权利，其中的"资源"，不是指全部的自然资源，而是能够对自然环境产生正负影响的资源；"产权"，也不是纯粹的权利，而是包含义务的权利。[①] 张蕾等（2017）对生态文明产权制度进行了阐释，认为狭义的生态文明产权制度分为自然资源产权制度、环境资源产权制度和气候资源产权制度三大类别[②]，从而映射出其对生态产权客体的认识。陈宝山（2021）提出生态财产权的概念，认为供给主体对所供给生态产品（仅指无形生态产品）的经济利益——财产利益的权利化，就是生态财产权，它是自然资源财产权的结构延伸。[③] 关于生态资产产权，李江华、谷彦芳（2022）认为是通过生态资源的资产化，在固有的生态资源产权基础上，附着资源保护、开发利用等权利义务后形成的产权。[④]

综合分析学者们的观点，我们对生态产权的认识更加清晰：生态产权客体应该是生态系统内所有的自然资源、生态环境产品；生态产权的内容是附带责任的、以所有权为核心的占有、使用、转让、收益等一组权利。

2. 生态产权制度特征

经济学意义上的产权，是指资源所有者对其资源的占有、使用、收益、处分的权利，具有商品属性。而能够促使生态资源环境产品物尽其用进而实现价值最大化的产权设计和安排是有效率的。正如肖国兴（2021）所言，只是产权常在，有效率的产权不常有。[⑤] 郭雯静（2006）认为，健

---

① 参见胡胜国：《资源环境产权制度研究》，《中国矿业》2010 年第 S1 期。

② 参见张蕾、沈满洪：《生态文明产权制度的界定、分类及框架研究》，《中国环境管理》2017 年第 6 期。

③ 参见陈宝山：《生态财产权的类型化建构与制度表达》，《华中农业大学学报（社会科学版）》2021 年第 3 期。

④ 参见李江华、谷彦芳：《新发展理念下中国生态资产产权交易研究》，《价格月刊》2022 年第 4 期。

⑤ 参见肖国兴：《再论中国自然资源产权制度的历史变迁》，《政法论丛》2021 年第 1 期。

全完善的产权制度应当具备一般财产权利特征，即明晰性、排他性、可分离性、可转让性和稳定性[①]，生态产权制度也是如此。

明晰性是指包括生态产品所有权在内的各项权利的边界、权利主体及其行使权利的范围和权限、所承担的责任必须完全由法律明确界定。产权边界不清的生态产品，其范围和数量无法确定，价值无法量化，也就无法进行市场交易。

排他性是生态产权得以发挥激励作用的前提条件。生态资源只有在有效实现排他性消费和收益的基础上，才有进一步建立交易制度的必要。因为如果任何人都可以随意获取，则其经济价值趋向于零。

生态产权涵盖了占有权、使用权、收益权、处分权等权能。可分离性意味着这些权能既可以由一个主体行使，也可由不同主体来行使。在这样的产权安排下，"占有"与"使用"分离成为可能，公共生态资源的使用权才有可能成为产权交易的对象。

可转让性是指生态产品产权能够通过市场平等公平地被处置、交易和转让。没有产权转让就失去了市场交易的目的和意义，可转让是有效产权制度的必要设定内容。

生态产权制度一经形成就应具有一定的稳定性，包括时间和内容上的，由此才能带来生态产品供给者预期的稳定性，促成在既定制度下长期提供生态产品的决策和合理化方案，而不是短平快式的开发，进而稳定生态产品市场供给。

3. 生态产权制度创新

随着我国生态文明建设的不断深入，特别是生态价值实现机制的实践探索，生态领域原有产权制度的不适应性日渐显现，生态产权制度的创新成为研究热点。基于对现行的产权制度无法实现重要生态功能区永不开发的认知，钟茂初（2014）认为，只有进行生态产权制度层面的新设计，才

[①]　参见郭雯静：《略论我国自然资源产权制度改革》，吉林大学硕士学位论文，2006 年。

能真正实现重要生态功能区的永久保护。杨海龙等（2013）明确了生态资源产权制度制定的基本遵循：既要达到生态保护目的，又要对我国生态资源及其主体的特殊性、复杂性加以充分考虑。[①] 面对生态产品极强的正外部性难题，徐双明（2017）创新性地提出"非开发性所有权"和"开发性所有权"，并主张建立"非开发性所有权"交易市场。[②] 刘尚希（2018）在我国自然资源产权改革研究中指出，以"基本权利"为基础的经济产权应转向以"权利—责任"为基础的生态产权，最佳的产权安排，应当是双向的约定：谋利不损人，损人则补偿。[③] 基于有效保护生态产品供给主体财产利益的要求，陈宝山（2021）认为应赋予无形生态产品生态财产权，内容包括占有权、使用权、收益权和处分权[④]，力求把生态调节服务等无形生态产品纳入产权保护范围，并通过保障制度建设推动财产权的实现。上述观点为我国生态领域产权界定、产权交易制度的创新提供了有益的思考。

（二）生态产权制度的演进与缺失

1. 我国生态产权制度演进历程

我国生态领域产权制度随着自然资源产权制度的建立、转型和环境产权制度的建设而不断丰富完善，自新中国成立至今其发展历程大致可分为四个阶段：

第一阶段：产权管理行政化（1954—1978）。这一时期，环境保护不被重视，环境资源未被认可，生态产权制度完全以自然资源产权制度为内容，

---

① 参见杨海龙、崔文全：《资源与生态环境产权制度研究现状及"十三五"展望研究》，《环境科学与管理》2013 年第 11 期。

② 参见徐双明：《基于产权分离的生态产权制度优化研究》，《财经研究》2017 年第 1 期。

③ 参见刘尚希：《自然资源设置两级产权的构想——基于生态文明的思考》，《经济体制改革》2018 年第 1 期。

④ 参见陈宝山：《生态财产权的类型化建构与制度表达》，《华中农业大学学报（社会科学版）》2021 年第 3 期。

产权管理被行政管理所取代，自然资源公有、公用、公营。20世纪50年代我国选择了自然资源公有制，自然资源所有权主要界定为国有产权，即全民所有。"五四"宪法规定"矿藏、水流，由法律规定为国有的森林、荒地和其他资源，都属于全民所有"。由于把国家所有权混同于国家主权，自然资源禁止交易，即使在公有产权内部也是如此。中国自然资源产权的初始界定已经排除了自然资源的价值与效率。[①] 在此前提下，自然资源使用权和经营权安排主要体现为"公有公用"和"公用公营"。各级政府和部门直接支配、控制大部分自然资源，并通过许可证形式无偿授予国有资源企业等相关主体使用。没有资源利用效率目标的激励，尽管林业、土地、海洋等按资源品种设立的政府管理部门林立，但没能带来自然资源的合理开发利用，国有产权也没有形成由国家完整支配的局面，资源浪费、资源无价、资源产品低价，"靠山吃山，靠水吃水"成为普遍现象。[②]

第二阶段：产权管理法制化（1979—1991）。改革开放后，随着市场经济体制转型的加快，我国环保意识和法制意识逐步增强，自然资源产权管理由行政规范向法律制度变迁，并正式进入创设阶段。[③]1979年，我国颁布《环境保护法》，20世纪80年代相继修订、出台了《宪法》（1982）、《森林法》（1985）、《草原法》（1985）、《渔业法》（1986）、《土地管理法》（1988）、《水法》（1988）等一系列规范自然资源产权的法律法规。自然资源产权安排有了法律依据，内容也发生了变化：明确了自然资源由国家和集体所有，且可由单位和个人依法开发利用。开发利用产权的安排突破了原有自然产权结构，但除国有土地资源外的其他资源使用权安排仍是从政府无偿获得。这一时期的自然资源市场交易仍属法律禁止行为。

---

① 参见肖国兴：《论中国自然资源产权制度的历史变迁》，《郑州大学学报（哲学社会科学版）》1997年第6期。

② 参见寇美：《论我国生态产权制度改革》，《财经政法资讯》2021年第2期。

③ 参见肖国兴：《论中国自然资源产权制度的历史变迁》，《郑州大学学报（哲学社会科学版）》1997年第6期。

第三阶段: 自然资源产权与环境产权并存 (1992—2011)。20 世纪 90 年代开始, 随着市场经济体制的确立, 在地方政府对财政收入的追逐和生态经济理论发展的双重影响下, 国有土地、矿产资源等部分自然资源有偿使用制度逐步确立, 森林、水资源等使用权依法转让制度也相继设定。同时, 环境产权制度进入创设期。在《土地管理法》(1988) 确立国有和集体土地有偿使用制度的基础上, 1994 年出台的《城市房地产管理法》规定了国有土地使用权有偿出让制度, 明确土地使用权可以出让、转让、出租、抵押, 从而使土地产权最早进入市场交易。水资源严重短缺使得水权交易概念和自发实践也较早进入公众视野。但由于水资源系统的复杂性等原因, 水权有偿交易制度建设进程较慢。1988 年《水法》明确了水资源国有属性, 设定了取水许可制度, 规范了水量分配活动, 时隔 5 年, 国务院于 1993 年发布《取水许可制度实施办法》。进入 21 世纪, 水权立法加快步伐。2002 年《水法》修订, 进一步明晰了农村集体经济组织对其水库、水塘中水的使用权, 同时完善了河流水量分配、用水总量控制等制度。2006 年,《取水许可和水资源费征收管理条例》由国务院颁布, 取水权转让制度设定。2007 年、2008 年水利部分别出台了《水量分配暂行办法》和《取水许可管理办法》, 初始水权分配制度基本建立。由于环境问题日益严峻, 20 世纪 80 年代末, 我国也开始了无形的环境资源产权制度的探索。1989 年, 创新环境管理, 实施排污许可证制度。1990 年, 开始大气排污许可证和大气排污交易的城市试点。1996 年, 国务院批准《"九五"期间全国主要污染物排放总量控制计划》。2000 年,《大气污染防治法》确立了大气污染物总量控制和大气污染物排放许可证制度。2007 年, 开始排污权有偿使用和交易制度全国试点工作, 天津等 11 个省市先后成为国家级试点单位。2008 年, 新修订的《水污染防治法》把排污许可证作为加强监管的重要手段。排污权交易的实践、关于污染物排放总量和排放许可证制度的国家立法为完整构建我国排污权交易制度奠定了坚实基础。为了促进清洁发展机制项目在中国的有效开展, 维护中国的权益, 2005 年我国发布《清洁发展机制项目运行管理办法》，明确了清洁发展机制项目（CDM）产生的温室气体减排量的所有权主体及转让收益分配，对大气环境容量权益进行了初步设定。

第四阶段：生态产权制度规范化建设（2012年至今）。党的十八大确立了"五位一体"中国特色社会主义总体布局，生态文明建设成为我国重大战略。充分认识到产权交易对生态资源环境保护的激励作用，中央积极出台政策，推动生态领域产权界定和产权交易的规范化、法律化。2012年以来，国务院、国家发改委、水利部印发了《国务院办公厅关于进一步推进排污权有偿使用和交易试点工作的指导意见》《温室气体资源减排交易管理暂行办法》《碳排放交易暂行管理办法》《水权交易管理暂行办法》等多个文件，加强对生态权益交易的规范和指导。2017年，中央又启动新一轮自然资源产权制度改革，国务院发布《国务院关于全民所有自然资源资产有偿使用制度改革的指导意见》（国发〔2016〕82号），本着"保护优先、合理利用，两权分离、扩权赋能，市场配置、完善规则，明确权责、分级行使，创新方式、强化监管"原则，健全完善全民所有自然资源资产有偿使用制度，力求解决市场配置资源的决定性作用发挥不充分、所有权人不到位、所有权人权益不落实等突出问题，切实维护国家自然资源资产所有权人权益。2019年，自然资源部发布《自然资源统一确权登记暂行办法》，全面实施自然资源统一确权登记制度，我国自然资源确权登记迈入法治化轨道。通过对水流、森林、山岭、草原、荒地、滩涂、海域、无居民海岛等自然资源所有权和所有自然生态空间，以自然资源登记单元为基本单位统一登记，清晰界定全部国土空间各类自然资源资产的所有权主体，划清全民所有和集体所有之间的边界、全民所有不同层级政府行使所有权的边界、不同集体所有者的边界、不同类型自然资源之间的边界。这轮自然资源产权制度改革将为国有自然生态资源使用权顺利进入市场交易创造坚实的基础。

2. 生态产品价值市场化的产权支撑不足

我国以自然资源产权制度为主要内容的生态产权制度自20世纪80年代以来不断完善，但改革是一个渐进的过程，目前，无形生态产品产权保护缺失以及部分生态产品交易权安排短缺、交易制度不完备等问题依然存在，生态产权安排还不能完全适应市场交易的需要，生态产品价值市场化的产权支撑有待加强。

（1）生态产权界定的局限性。产权明晰是生态产品价值市场化的前提，只有产权（占有、使用、处置、收益等权利）清晰的生态产品才能进入市场交易。生态产权客体既包括有形的自然生态资源（森林、水资源、草原、湿地等），也包括无形的环境资源（环境容量、碳汇等）。目前，自然生态资源根据《自然资源统一确权登记暂行办法》规定，以不动产登记为基础的确权登记工作正在进行中。随着自然资源统一确权登记工作的规范有序进行，我国各类自然生态资源及生态空间权属和边界将逐步明晰化。而环境权益类生态产品，除排污权、碳排放权的初始分配额度、碳汇分别由环保、发改等相关部门依据申请核定登记外，其他无形生态产品产权还没有被确立。如陈宝山（2021）所说，除财产权化的碳汇权以及附着于传统产品且能得以实现的少数生态产品财产利益外，其他生态产品的财产利益均游离于产权制度保护之外。[①] 因此，我国生态领域已有的权益交易局限于碳汇交易、碳排放权交易、排污权交易、用能权交易、水权交易、林权交易等。另外，即便是已经开展有交易的排污权、林业碳汇，也因为产权界定的政府文件法律层级较低，市场对其认可度不高，影响了金融功能的发挥。

（2）生态产品交易权安排不足。作为生态产权制度重要组成部分的交易权是生态产权拥有者交易产权的权利安排。交易权安排"短缺"是我国生态产权市场低效的主要制度根源。[②] 生态产品初始产权界定后，并不必然产生交易权制度安排，还要看有没有交易需求。目前，我国部分自然生态资源、排污权、碳汇等的交易权安排还处在探索阶段。例如，农村集体

---

① 这里所说的生态产品指的是无形的生态系统服务，是自然资源及其生态系统的"无形产物"。参见陈宝山：《生态财产权的类型化建构与制度表达》，《华中农业大学学报（社会科学版）》2021年第3期。

② 参见寇美：《论我国生态产权制度改革》，《财经政法资讯》2021年第2期。

宅基地"三权分置"改革仍在试点中，无人海岛交易权安排也是"试点"状态，没有形成稳定的制度；湿地生态系统服务功能还未进入交易权安排视野；作为碳汇主要内容的林业碳汇，允许交易的是造林再造林和营林碳汇项目，交易空间不大——《京都议定书》下的清洁发展机制项目（CDM：林业碳汇起步项目）因周期长、申请与评估程序复杂、交易成本高等问题，已处于萎缩或停滞状态。国内自愿减排市场，由于各省市或企业没有强制约束性减排目标，市场规模非常小。2021年启动的全国碳交易市场，规定重点排放单位可以购买经过核证并登记的温室气体减排量（CCER），来抵销其一定比例的碳排放配额清缴，但这一比例很低，最高不能超过5%（包括可再生能源项目、林业碳汇、甲烷再利用项目等）；从排污权的交易安排来看，交易试点工作的开展以行政区域(省、地级市)划定界限，各个交易市场覆盖范围小，且市场内各板块间禁止或限制排污权流通，市场内参与主体较少，供需匹配难度高、交易不活跃，交易权实现难度大。

（3）生态产权交易制度不完备。"产权交易制度"是在产权界定、交易权赋予的基础上对市场交易规则的安排，涉及交易主体、交易客体、交易价格形成机制、交易平台运作规则等各方面规定。我国生态产品交易权赋权较晚，市场交易制度还不完备。一是产权交易政策各地差异较大。由于缺少国家层面的指导性办法和统一监管，在交易制度设计、生态产品配额分配方式等方面没有统一的规定，各地交易市场主要是由当地政府根据本地实际情况制定相关政策，相互之间无论是衡量标准还是监督制度等差异都较大，产权交易的公允性受到社会质疑，也阻碍了交易资源在更大范围内优化配置，比如林业碳汇标准，国内有 BCER、PHCER、"熊猫标准"、FFCER、CCER 等。[①] 依据上述不同标准，开发出来的碳汇项目的目的、

---

① BCER 是北京市林业碳汇抵消机制，PHCER 是广东省级碳普惠制核证减排量，"熊猫标准"由北京绿色交易所开发完成，FFCER 是福建省林业碳汇抵消机制，CCER 是依据国家发改委发布实行的《温室气体自愿减排交易暂行管理办法》规定，经其备案并在国家温室气体自愿减排交易注册登记系统中登记的温室气体减排量。

应用范围、作用效果也各不相同。虽然目前差异化制度的存在有一定合理性和适应性，但市场终究显得有些混乱。二是产权交易基础制度薄弱。一些跨省江河和省内跨区河流的水量分配工作还没有完成，不能为取用水户水权确权和区域水权交易提供清晰的边界条件，影响着水权交易在全国的推进；水权、碳排放权初始分配不尽科学合理，初始配额无偿取得，一些试点配额分配总量较宽松，使得资源环境消耗主体更倾向于通过向政府申请取得消耗权，弱化了利用二级交易市场获得的动力。而在排污权取得方式上，多个省份对新（改、扩）建项目新增排污权的排污单位实施有偿使用，老污染源（或老企业）则无偿使用。新、旧固定污染源排污权获取方式的差异化导致先准入的企业或污染源应付的占用环境资源要素的代价尚未完全体现在企业经营成本中，实质上构成了不公平竞争。[①] 在环境权益交易中还存在第三方机构不健全、第三方审定核证费用高、交易双方信息不对称等问题，影响交易价格的合理化，造成交易费用过高，对生态产权交易及融资形成障碍。产权交易中惩戒机制约束力也不够，执行中弹性较大。即便实施了信用、政府补助和绩效考核等综合惩罚措施，部分企业还是选择接受惩罚来规避履约。三是产权交易市场交易品种单一，发育不成熟。目前生态产品市场主要是现货产品交易，目的还在于满足交易者自身消费需求。产权抵质押、期货交易等尚未实现规模化，产权市场金融化发展不足，不能给生态产品投资者稳定的价格预期和更多的资金支持。

（三）生态产权制度的建构理路

适应生态产品价值市场化的时代需要，我国应坚持整体性思维，以自然资源产权制度、环境产权制度的建立健全为方向，以生态产品确权登记认证、市场交易制度优化为重点内容，加快构建系统完备、科学规范、运行高效的中国特色生态产权制度体系。

---

① 参见赵佳：《排污权交易试点暴露出的问题亟待破解》，《中国环境报》2022 年 7 月 29 日。

1. 推进无形生态产品产权构建

产权是生态产品价值市场化的重要基础，是保护生态产品供给者利益的具体措施。针对无形公共生态产品产权缺失、市场交易类型少的现实，可以考虑继续沿用全国试点的方式，从单项和整体两个方面逐步拓展生态产权类型，明确使用、收益、处分权，促使更多无形公共生态产品财产利益权利化并得以实现。具体而言：一方面，仿照现行碳汇权及其核证、抵消和交易等制度，建构其他单项生态服务（如增量排污权、增量水权和增量用能权等）的财产权[1]；另一方面，参照我国的森林覆盖率指标权、美国的湿地缓解银行信用产权、澳大利亚的生态价值信用产权及其评估、认证、集中交易等制度，赋予森林、湿地、一定区域包含多项生态服务（如固碳释氧、涵养水源、调蓄洪水、气候调节、生物多样性维护）的生态服务簇整体财产权。

2. 激活生态产权市场

生态系统服务类生态产品交易还主要集中在一级市场，即政府与企业之间。要激活企业与企业之间的交易，也即二级产权交易市场，必须发挥政府的作用，优化相关制度设计。

（1）完善配额制度。一级市场初始配额数量和取得方式直接影响生态产权二级市场交易需求规模。水权、排污权等初始配额数量的设定既要考虑企业当前的承受能力，也要对企业绿色生产发挥导向作用，兼顾当前和长远发展，参考资源消耗、污染排放的地区平均水平、全国平均水平及先进水平；初始配额获取方式可探索有偿取得、阶梯式价格，一方面提高企业节能减排意识，另一方面为企业转型发展提供缓冲时间。

---

[1] 增量排污权，指通过生态保护、修复和建设等提供吸收和净化污染物服务产生和增加的环境纳污容量；增量水生态产品财产权，指通过水源涵养地区生态保护和建设，或者新建水源地等，形成的增量水能财产权、新增取水权以及新增养殖权等水生态财产权；增量用能权，指通过植树造林、营造能源林等提供碳吸收和存储服务可以形成新的用能量。参见陈宝山：《生态财产权的类型化建构与制度表达》，《华中农业大学学报（社会科学版）》2021年第3期。

（2）拓展抵消制度。确认生态产品供给对生态产品消耗和损害的抵消效力，是明确服务类生态产品使用权效力、融通"两山"的关键环节。[①]抵消制度直接为生态产品开辟了一条进入二级市场交易的通道，这一制度应用范围应该逐步拓展。一是确立碳汇以外的单项服务类生态产品的使用权对消耗性生态产品财产权的转化和抵消效力。在具备相应的测算技术前提下，把增量排污权、增量用能权、增量水权转化为相应的排污权、用能权、取水权，进行限额抵消。二是逐步认可同类自然资源要素的整体性生态产品供给及其财产权对生态产品修复和赔偿责任的抵消效力。

（3）扩大自愿减排环境权益交易市场。建立健全自愿减排交易激励机制，引导鼓励机关、企事业单位、社会团体以及大中型活动组织方、旅游景区等社会主体，在现阶段自主购买林业碳汇，未来购买增量水权、增量排污权等环境权益，践行社会责任，支持生态建设。

（4）健全生态产权交易监管制度。生态产权交易市场的健康运行离不开政府部门的监管。环保、水利、发改等相关部门要加大对企业污染物实际排放、配额清缴、交易平台信息公开、第三方核证的公允性等监测、监管力度，对违规行为严加惩罚，营造良好的生态产权交易环境。

3. 增强生态产权生成和实现的法律保障

宪法、环境保护法和自然资源保护单项法律以及相关行政法规、地方性法规、规章等构成了我国生态产权法律体系，为生态产权界定、生态产权转让和市场交易等活动提供法律依据，为生态产权主体合理权益提供法律保护。基于自然资源产权制度不断演进的需要以及生态公共产品产权建构的需要，应该及时总结生态产权试点中的经验教训，适时修订完善现行法律法规。一是修订《环境保护法》及《水法》《草原法》等单项自然资源保护法律，明确排污权、林业碳汇、水权等法律地位、私人产权属性以

---

① 参见陈宝山：《生态财产权的类型化建构与制度表达》，《华中农业大学学报（社会科学版）》2021 年第 3 期。

及各产权主体的权利、义务，消除生态产品供给主体、投资主体顾虑，也减少地方在顶层设计和实践中的阻力；二是完善或制定相关行政法规、部门规章，使生态产权交易有法可依。如果行政法规不能出台，也应该完善或制定部门规章，建立健全各类型生态产权交易的顶层设计，统一基本交易制度和技术指导，对配额分配、交易规则等进行统一规范。

二、优化生态产品投融资政策

增加生态产品供给，持续改善我国生态环境，离不开资金要素。而能否获得充足的资金支持，取决于投融资政策是否能引导更多的社会资本投入到生态环保领域。

（一）生态产品投融资渠道

现代市场经济条件下，资源配置的方式主要有两种，即市场配置和政府配置。生态环保领域也是如此，分别为财政支持和市场化融资。

1. 财政支持

生态环境保护具有公共产品属性和外部性特点，存在着"搭便车"和"不道德行为"，政府财政必须承担起提供环保公共产品、配置环保资源的应有职能。

（1）财政投资生态产品的主要理论依据

公共产品理论。如前所述，公共产品分为准公共产品和纯粹公共产品两大类，准公共产品又分为俱乐部产品和公共池塘资源。纯粹公共产品具有非竞争性和非排他性特征，而公共池塘资源则具有竞争性和非排他性，非排他性的存在使得这两类产品都存在"搭便车"现象，市场机制无法充分提供，需要政府财政承担以满足社会公共需要。森林、草原、水流等生态环境资源具有非排他性和竞争性特征，属于公共池塘资源，如果没有明确的产权界定，"搭便车"行为难以避免，市场主体没有保护意愿，政府公共服务主体地位要求财政必须承担起生态环境保护和修复的责任，满足公众对良好生态环境的需求。

外部性理论。外部性，简单说是一个经济主体的行为给另一个经济主体带来了利益或损失的影响，却没有获得相应的收益或承担相应的成本。根据影响结果，可分为正外部性和负外部性。负外部性行为给他人带来损失，却不需要承担相应的成本，人们有较强的积极性，比如污染物排放。政府可以通过征收排污费和环境税把外部成本予以"内化"，对污染行为纠偏；正外部性行为给他人带来好处，效益发生外溢，人们没有积极性，比如绿色生产等环境保护活动。政府可以通过财政补贴、税收优惠等财政支出方式对正外部收益加以弥补，从而激励经济主体采用绿色生产方式，增加环境生态产品供给。

（2）发达国家和经济体环保财政政策

从美国环境财政发展历程来看，受环保模式、环保工作重点关注领域变化等影响，不同时期财政环保支出重点不同。二战前，美国联邦财政环保支出主要用于新建国家公园、扩建和恢复国有森林，以资源保护为主要目标，二战后受严峻的环境形势所迫则主要用于环境污染的治理，20 世纪 70 年代，美国联邦环保财政的一半以上用于支持污水处理设施建设。伴随着环保政策的市场化发展，近年来，美国财政环保支出结构呈现出"环境资源管理为主导、污染治理为辅助"的格局，2020 年，其污染控制和减排支出占财政环保支出的比重仅为 15.84%。[1] 当然，美国财政环保支出规模基本上还是呈上升趋势。

美国财政环保资金主要来自四个方面：一是超级基金，支持资金短缺的环保项目。2020 年，美国环保署设有 9 类基金项目，包括有害物质超级基金、地下储罐泄漏基金、周转基金、农药登记基金等，在生态环境保护

---

[1]　参见刘婷婷：《我国财政环保支出政策优化研究》，中国财政科学研究院硕士学位论文，2022 年。

中发挥了巨大的作用。二是市政债券，其发行主体是州和地方政府。环保事业支持资金的很大一部分是通过发行市政债券获得的。三是环保税收，如大气污染税、水污染税、固体废弃物税、农业污染税、噪声税、能源税等。四是环境费用，指公民支付的污水处理费用、汽车尾气净化费用等。

2007年以来，欧盟国家整体财政环保支出占GDP比重基本稳定在0.8%左右。德国占比在0.5%—0.7%之间，荷兰占比在1.4%—1.6%，法国占比在0.9%、1.0%两个数值上变换。由于欧盟国家上世纪就完成了污染治理任务，现有环保支出主要集中在日常废物和废水管理上。为了实现2019年提出的"2050年前实现碳中和"的气候目标，应对低碳转型的巨大资金需求，欧盟一方面制定绿色预算参考框架（GBRF），鼓励各国将气候变化目标纳入公共财政政策框架，推动发展绿色公共投资、绿色税收；另一方面利用基金支持能源转型和绿色发展。

20世纪60年代，工业化带来的环境污染问题使得日本出台大量环境治理政策，直接导致70年代财政治污支出快速增长，甚至90年代泡沫经济时期仍然保持较高水平。在政府的强力治理下，20世纪末日本基本解决工业污染问题。进入21世纪，日本财政环保支出力度不减，方向转为积极应对全球气候变化、推动国内产业绿色低碳发展，现阶段以脱碳领域和循环经济领域为投入重点。2020年，日本经济产业省宣布：2021—2022年用于能源转型的预算支出将提高15%。实际上，日本自20世纪70年代国际石油危机以来就一直在运用财政补贴、绿色税收、绿色采购等政策扶持新能源技术研究和开发，寻求能源供应和能源消费转型。

（3）中国环保财政政策

20世纪70年代，我国开始开展环保工作，环境保护基本建设被纳入政府预算内基本建设投资计划。1979年，《中华人民共和国环境保护法（试行）》正式确立了排污费制度。1982年，排污费被要求纳入预算作为环保专项资金专款专用。1984年，中央明确了财政环保支出资金来源，包括城市维护费、排污费、企业利润、财政环境保护投资计划等共8项。由于中央地方间、部门间环保事权和支出责任界定不清，加之地方政府对经济增长和财政收入的追逐，环保投入在很长一段时期内被忽视。伴随着经济的高速增长，生态环境问题越来越突出。"十一五"时期，我们开始了财政环保支出政策的探索，在一般公共预算支出中单辟"环境保护"科目，中央设立了专项环保资金，建立生态补偿制度、绿色政府采购制度等。这些措施奠定了我国财政环保支出政策体系的基础。党的十八大以来，在生态文明建设导向下，财政环保支出政策不断优化、完善。中央围绕"气""水""土""固"等环境短板，以转移支付方式向地方拨付财政专项资金，引导地方实施生态环境保护政策。

现阶段，我国生态环保领域财政支出主要包含在一般公共预算的"节能环保支出""城乡社区支出""农林水支出"科目和政府性基金预算的"可再生能源电价附加""船舶油污损害赔偿基金""废弃电器电子产品处理基金""核电站乏燃料处理处置基金"和"污水处理费"等科目下。[①] 一般公共预算支出是财政生态环境保护的主要支出渠道，基金预算支出是补充。根据刘婷婷（2022）的研究：2007—2019 年，一般公共预算中"节能环保支出"占 GDP 比重由 0.37% 上升至 0.75%；2015—2020 年，一般公共预算中"节能环保支出"以外的其他环保支出占 GDP 的比重在 0.30%—0.28% 之间变动；2014—2020 年，一般公共预算与政府基金预算合计的财政环保支出占 GDP 比重由 0.94% 上升至 1.1%。[②] 很明显，我国财政环保支出强度呈不断上升之势，财政在生态环境领域持续"加码"。另外，从一般公共预算环保支出结构来看（如表 6-1 和表 6-2 所示），仅就"节能环保支出"结构而言，污染防控支出规模最大，而如果综合一般预算中"节能环保支出"外的其他环保支出（"农业资源保护修复与利用""林业和草原""水土和水资源保护"3 项），则生态保护与修复方面的支出规模最大。

---

① 我国环保专项债发行起步较晚，有关数据尚不全面，暂不作分析。

② 参见刘婷婷：《我国财政环保支出政策优化研究》，中国财政科学研究院硕士学位论文，2022 年。

从现有数据看，2015 年起，后者年度财政投资规模就超过了前者。这表明生态文明战略下，政府对生态保护与修复的重视程度越来越高。

表 6-1 "节能环保支出"结构

单位：亿元

	2014 年	2015 年	2016 年	2017 年	2018 年	2019 年	2020 年	总计
污染防控	1383.69	1629.64	1762.83	2189.54	2750.76	3090.33	2916.71	15723.5
能源节约与利用	1007.74	1371.22	921.83	1022.18	1022.12	1052.07	816.11	7213.24
生态保护与修复	827.76	991.74	944.11	1128.83	1175.32	1307.24	114.86	6489.86
基础保障事务	596.31	810.14	1101.81	1272.82	1345.48	1936.63	1450.36	8513.55

数据来源：刘婷婷：《我国财政环保支出政策优化研究》，中国财政科学研究院硕士学位论文，2022 年。

表 6-2 一般公共预算中其他环保支出情况

单位：亿元

	2015 年	2016 年	2017 年	2018 年	2019 年	2020 年
农业资源保护修复与利用	254.03	256.22	300.58	323.27	415.14	458.46
林业和草原	1613.38	1696.64	1724.92	1931.32	2007.7	2035.1
水土和水资源保护	137.04	229.21	310.94	296.22	322.2	402.63
总计	2004.45	2182.07	2336.44	2550.81	2745.04	2896.19

数据来源：刘婷婷：《我国财政环保支出政策优化研究》，中国财政科学研究院硕士学位论文，2022 年。

2. 市场化融资

市场化融资是市场经济条件下资金要素配置的主渠道。作为准公共产品的生态环境产品，在产权清晰的前提下可以通过市场解决大部分资金需求，主要路径包括银行信贷、资产证券化、直接的市场交易、股权融资、公私合作等，目前国际上已有很多相关金融产品。

（1）国际生态金融产品类型

就全球而言，发达国家的生态金融发展相对比较成熟。当前，国际上利用的生态金融产品有债务环境交换机制、生物多样性基金、森林证券化机制、生态互换、全球环境基金、生态期权、绿色投资基金、碳互换、自然灾害证券、气候衍生产品、生态远期交易等。

全球环境基金（GEF）1991 年成立，主要采取公司和信托的组织形式，管理着四大信托基金：全球环境基金信托基金（GEF）、最不发达国家信托基金（LDCF）、气候变化特别基金（SCCF）和名古屋议定书执行基金（NPIF），资金主要来源于公共机构和民间机构。它不以盈利为目的，通过直接馈赠的方式向发展中国家提供资金和技术支持，帮助他们履行《生物多样性公约》（CBD）、《联合国气候变化框架公约》（UNFCCC）、《关于持久性有机污染物的斯德哥尔摩公约》（POPs）、《联合国防治荒漠化公约》（UNCCD）等国际环境公约。其重点资助领域包括气候变化、生物多样性、国际水域及臭氧层，并且土地退化、化学品和废弃物等有关环境保护活动也在其支持范围之内。

生物多样性基金通过投资资助发展中国家保护生物多样性的项目或者通过间接资助生物多样性区域内商务活动的方式来保护生物多样性区域。它主要采取公司和有限合伙的形式，资金主要来源于政府补贴、捐赠和私人投资，有盈利要求。实践证明，生物多样性基金推动了发展中国家有机农业、生态旅游、可持续森林和渔业的发展。

森林证券化就是将依附于森林资产的未来现金流在收益和风险两个维度下进行重新组合，并辅以风险隔离和信用增级等手段之后，转换成流动性较强的标准化证券过程[①]，是资产证券化在森林资源资产中的应用。在森林证券化机制下，创设企业证券的森林开发公司将其所有的商业利润作为担保转移给新的法律主体，新的法律主体通过在资本市场发行证券的方式从投资者那

---

① 参见潘焕学、田治威：《我国森林资源资产证券化探析》，《中国林业经济》2006 年第 5 期。

里获得资金，并将出售证券获得的收入借贷给森林开发公司，而森林开发公司以其所有的商业利润作为这项借贷的担保，发行证券的主体从森林开发公司所支付的借贷本金和利息中获利。实际上，资产证券化并不是将实物资产证券化，而是将依附于该资产的现金流或某种权利义务证券化。

20 世纪 90 年代末以来，许多国家、地区和多边金融机构为共同应对气候变化、落实《京都议定书》，纷纷成立碳基金，在全球范围内开展减排和碳汇项目，并购买和销售项目所产生的碳信用指标。最早建立碳基金并开展业务的世界银行，目前管理着包括原型碳基金（PCF）、社区发展碳基金（CDCF）、生物碳基金（BioCF）、荷兰清洁发展机制（CDM）、共同执行（JI）在内的 10 个碳基金和融资机制。

随着社会环保意识的不断提高，生态金融衍生产品不断创新，生态期权、生态互换、生态远期交易等产品受到了广泛欢迎。因为有了这些金融衍生品，污染主体不但可以用其将来可获取的污染许可证、排污消减信用对冲其现状的恶化，还可以实现所持有的额外许可证和信用的保值。

通过环境权益交易，权益出让方可以直接从市场获得资金。国际上环境权益交易产品包括排污权交易、碳排放权交易、湿地信用等。排污权交易在美国非常普遍、活跃。美国自 20 世纪 70 年代就开始了排污权交易，有排污削减信用模式、总量—分配模式和非连续排污削减模式。前两种模式贯穿美国排污权交易实践多年，非连续排污削减模式则应用较晚，其排污削减来源于采取某项控制排污行动的前后实际的排污量的差值。碳交易在欧盟起步较早。2005 年，欧盟建立了二氧化碳排放交易体系（EUETS），涉及欧盟温室气体排放的 40％以上，该体系形成了世界上最大份额的碳排放权交易市场。

绿色金融产品主要包括绿色项目贷款、绿色债券、绿色投资基金等。其中，绿色项目贷款是目前最主要的绿色项目融资方式，主要来自银行贷款，支持包括能源基础设施建设项目、绿色环保与节能行业大型企业的生产建设项目、民生类水务、燃气、垃圾处理等项目。绿色债券是募集资金专门用于符合规定条件的现有或新建绿色项目的债券工具。国际市场通用的绿色债券标准有两个：绿色债券原则（GBP）和气候债券标准（CBS）。[①] 绿色投资基金最早产生于政府绿色投资的需求，在欧洲发展尤为迅速，目前已经有近 7 万亿欧元各类主题绿色投资资产。[②]

（2）中国生态环保金融支持产品

党的十八大以来，顺应生态文明体制改革的要求，我国生态环保金融支持体系不断完善，已初步形成包括绿色信贷、绿色债券、绿色基金、绿色信托、碳金融产品等多层次绿色金融产品体系，为生态产品的投资和生产提供了资金支持。

绿色信贷在我国起步较早，近年来在生态文明目标指引下日渐成熟，并成为绿色金融的主力。截至 2022 年二季度末，我国本外币绿色贷款余额 19.55 万亿元，同比增长 40.4%。[③] 根据 2013 年银监会发布的《绿色信贷统计制度》，我国绿色信贷支持的领域已扩展为绿色农业开发项目、绿色林业开发项目、工业节能节水环保项目、自然保护、生态修复及灾害防控项目、资源循环利用项目、垃圾处理及污染防治项目、可再生能源及清洁能源项目等 12 大类。

根据监管机构和发行主体的不同，我国绿色债券主要分为绿色金融债、绿色公司债、绿色企业债等。[④] 其中，绿色金融债募集资金用于支持绿色产业；绿色公司债募集资金用于污染防治（包括煤炭清洁利用）、节能、清洁

---

① 绿色债券原则（GBP）是国际资本市场协会与国际金融机构合作推出的，气候债券标准（CBS）是由气候债券倡议组织开发的。

② 参见陈亚芹、别智、酒淼：《国内外绿色金融产品与金融政策综述》，微信公众号"绿色金融"，2019 年 3 月 26 日。

③ 数据来自央行发布的《2022 年二季度金融机构贷款投向统计报告》。

④ 绿色金融债的监管机构是中国人民银行，发行机构包括开发性银行、政策性银行、商业银行、企业集团财务公司及其他依法设立的金融机构；绿色公司债的监管机构是证监会，由上海证券交易所和深圳证券交易所具体实施监管，发行主体为一般公司主体；绿色企业债的监管机构是发改委，发行主体为一般公司主体。

交通、资源节约与循环利用、生态保护和适应气候变化、清洁能源 6 大类；绿色企业债募集资金重点支持节能减排技术改造项目、能源清洁高效利用项目、新能源开发利用项目、水资源节约和非常规水资源开发利用项目、污染防治项目、生态农林业项目、节能环保产业项目、低碳产业项目、生态文明先行示范实验项目、低碳发展试点示范项目等 12 大类。自 2015 年正式起航以来，我国绿色债券取得了长足发展，规模仅次于绿色信贷。2016 年和 2017 年的发行规模已达 2380 亿元、2512 亿元，分别占全球发行规模的 39%、32.16%。截至 2022 年 3 月，中国境内绿色债券余额约 1.3 万亿元。

国家绿色发展基金 2020 年正式启动运营，首期总规模 885 亿元，其中，中央财政出资 100 亿元。这是我国生态环境保护领域第一个国家级政府投资基金，旨在充分发挥财政资金的杠杆效应、乘数效应，通过增信和让利吸引更多社会资本投入生态环境领域，缓解环保行业融资难困境。其重点投资方向为环境保护和污染防治、生态修复和国土空间绿化、能源资源节约利用、绿色交通、清洁能源等绿色发展领域。长江经济带沿线 11 个省（市）是其首期存续期间主要投资区域，其他重大战略区域也适当涉及。

中国清洁发展机制基金（CDMF）2007 年开始运营，资金来源包括：清洁发展机制（CDM）减排项目收益、国际金融组织和个人赠款、国务院批准的其他收入。它关注的重点是有助于减少贫困、促进西部地区就业以及可再生能源开发项目，服务于减少温室气体排放目标。

绿色股权融资是指从事绿色低碳产业相关公司的股权融资，近年来在我国发展十分迅猛。2021 年沪市主板首发公司 87 家，募集资金 1625 亿元，其中三峡能源、太和水等新能源、节能环保企业 5 家，首发融资 258 亿元；科创板首发公司 162 家，募集资金 2029 亿元，其中新能源、节能环保企业 20 家，首发融资 328 亿元。[1]

---

[1]　参见邢萌：《多层次绿色金融体系渐成型　推"绿色股票"条件基本具备》，《证券日报》2022 年 6 月 28 日。

绿色资产支持证券与一般资产证券化产品的不同，在于其募集资金投向是绿色产业项目或基础资产属于绿色项目。我国绿色资产支持证券产品大致可划分为三类："双绿"资产支持证券、"投向绿"资产支持证券、"资产绿"资产支持证券。[①] 截至 2020 年末，境内共发行绿色资产支持证券 91 单，发行总额达 1045 亿元。[②]

环境权益市场化交易主要包括排污权交易、碳排放权交易、水权交易、用能权交易。自 2007 年开始，面向上述 4 类环境权益的交易试点工作逐步启动。目前，除已建立全国碳排放权交易市场外，排污权、水权、用能权交易等仍处于区域性试点阶段。

公私合作（PPP）属项目融资模式，它以有效引入社会资本为基础，实现项目的外部公共环境效益和市场化经营的结合。公共环境项目 PPP 模式打破了政府与金融机构的二元信用结构，实现了财政信用与市场信用相结合，是未来商业银行金融业务的主要领域。

（二）中外生态环保投融资比较分析

1.中外财政环保支持比较

（1）财政支出规模和支出结构。2017—2019 年，美国政府自然资源和环境支出占 GDP 比重在 1.1%—1.25% 之间，财政环保支出结构以环境资源管理为主导、污染治理为辅助；欧盟各国政府环保支出占 GDP 比重高低各不相同，2020 年，瑞典、波兰、瑞士等国这一比重在 0.75% 以下，而最高的希腊为 1.6%。2007 年以来，欧盟国家整体财政环保支出占 GDP 比重基本稳定在 0.8% 左右。现有环境支出主要集中在日常废物和废水管理支出上，在碳中和目标下用于支持气候相关事务的支出呈增长态势；2016—2020

---

① "双绿"资产支持证券，其基础资产为绿色项目，募集资金专项投向绿色项目；"投向绿"资产支持证券，其基础资产并不是绿色项目，但募集资金用途为绿色项目；"资产绿"资产支持证券，其基础资产为绿色项目，但募集资金用途并不直接投向绿色项目。

② 参见云祖婷：《绿色资产支持证券市场发展概况与建议》，《知乎》2022 年 1 月 25 日。

年日本国内财政环保支出占 GDP 比重保持在 1.1%—1.26% 之间，现阶段环保支出以脱碳领域和循环经济领域的财政投入为重点；我国政府在绿色低碳发展过程中处于主导地位，2017—2019 年，我国宽口径财政环保支出占 GDP 比重保持在 1.1%—1.25% 之间。2019 年财政环保支出内部结构中[1]，生态环境保护与修复以及污染防控为支出重点，能源节约和利用投入存在明显短板，财政支出与低碳转型的契合度较低。从财政环保支出规模来看，我国与世界主要发达国家和经济体相差不大。从财政环保支出结构来看，污染治理已不是发达国家的支出重点，环境资源管理是支出大头，而我国面临着生态环境保护与修复、污染防控、能源节约和利用多重艰巨任务。

（2）财政投入稳定性。发达国家近年来财政环保支出占 GDP 水平都趋于稳定，波动幅度不大。2017—2020 年，德国该指标最高为 0.7%，最低为 0.5%，有 8 年连续保持在 0.6%。近年来，我国政府不断加大财政环保投入力度，积极致力于改善生态环境。但相较于就业、养老、医疗等其他领域支出，财政环保支出优先属性不足，更易受到外部环境冲击出现巨大变动。2020 年疫情冲击下，财政支出总量出现明显回缩，就业、养老、医疗等刚性支出稳中有涨，但一般公共预算中"节能环保支出"比 2019 年减少 1057 亿元，增速为 –14.3%，"节能环保支出"占 GDP 比重从 2019 年的 0.75% 回落到 0.62%。另外，从预决算偏离度指标来看[2]，"节能环保支出"2015 年为 19.2%，2017 年为 17.8%，2020 年为 –16.9%[3]，指标波动幅度较大。与发达国家相比，我国生态环保预算投入稳定性不足，短期应急特征明显。

---

[1]　此处财政环保支出指宽口径环保预算支出，为一般公共预算环保相关科目支出和政府性基金预算相关科目支出之和。

[2]　预决算偏离度，也就是预决算差值和预算规模间的比值，该指标通常用来说明政府预算编制的外部约束性和政府资金的实际使用效率。

[3]　参见张婷婷：《我国财政环保支出政策优化研究》，中国财政科学研究院硕士学位论文，2022 年。

（3）财政环保支出效率。面对复杂的生态环境治理，发达国家和经济体都在动员多元主体力量实现共同治理。美国广泛成立各类社会环保组织，日本采用环保积分动员企业主体和公众参与，欧盟积极吸引企业资金用于环保支出。2020 年，欧盟国家环保投入环中，企业资金占 56.6%，政府和非盈利资金支出占比 22.14%。目前，我国还没有充分撬动引导社会资金参与到生态环境保护中来。[①]2019 年，一般公共预算、政府性基金预算合计财政环保支出占 GDP 比重为 1.25%，全国环境污染治理投资规模占 GDP 比重为 1.65%，二者相差仅 0.4 个百分点，社会资本投入过低。

2. 中外生态环保市场化融资比较

（1）关于融资方式。受既有金融体制影响，发达国家生态金融以直接融资为主，而我国以间接融资为主。根据中国人民大学教授蓝虹的研究，目前我国绿色金融资金 97% 左右来自债权融资，其中，95% 左右来自绿色信贷，2% 来自绿色债券，剩下的股权融资约占 3%。[②] 我国绿色金融内部发展极不平衡，债权及股权融资等直接融资规模所占比重过小，绿色投资与碳金融发展相对滞后。不仅"绿色股票"还未推出，由于国内缺乏有效的环保项目投融资机制，社会资金进入项目存在困难，而且国内商业银行绿色金融产品创新性也显不足，碳配额质押贷款业务、碳配额资产卖出回购业务、碳信用卡等还不成规模，个人绿色金融产品极其缺乏。

（2）关于融资产品成熟度。发达国家生态金融发展较早。1974 年德国就成立了全球第一家政策性环境银行，主要为环保工程和项目提供政策性贷款；1984 年英国诞生了第一个伦理基金——友诚看守者基金；2005 年欧盟就建立了排污权交易市场，生态金融在发达国家发展已相对成熟。而

[①] 张婷婷：《我国财政环保支出政策优化研究》，中国财政科学研究院硕士学位论文，2022 年。

[②] 参见陈婉：《碳中和项目或将成为前景广阔的金融投资蓝海》，《环境经济》2021 年第 14 期。

我国20世纪90年代才重视利用金融手段支持生态环境建设。1995年2月，中国人民银行、国家环保总局先后发布了《关于贯彻信贷政策与加强环境保护工作有关问题的通知》《关于运用信贷政策促进环境保护工作的通知》，共同推动运用信贷政策做好环境保护工作。2007年后，中国银监会、保监会、证监会在多年实践探索的基础上相继推出绿色信贷、绿色证券等生态金融产品，环境产权交易地方试点也于2007年拉开帷幕。目前，绿色融资体系虽已初步建立，但相关产品成熟度还不是很高。比如绿色信贷在审批、监督与贷款等方面，仍然存在制度缺失，绿色资金运行的安全性与合理性有待进一步提升；环境权益交易二级市场受交易品种单一、市场范围小、信息不对称因素影响，交易市场不活跃，交易规模较小，融资功能较弱；绿色资产支持证券的发展还面临信息披露较为有限、投资者参与不足等难题；绿色基金——作为吸引社会资本的重要载体，规范性不足，总体质量有待提高。有相当部分基金目标规模较大，但实际运作过程中募集、投资两头难，不能发挥应有的作用。

（3）关于生态金融政策。欧盟在国际上一直是绿色发展的积极推动者和领导力量。自提出绿色金融发展理念以来，积极出台政策法规，进行顶层设计，搭建绿色金融政策体系，先后制定了《欧盟能源技术战略计划》(2007)、《欧盟2050能源路线图》《欧盟分类法条例》(2020)、《可持续金融披露条例》(2021)等政策规划和法规，以"将资本引向更具可持续性的经济活动、将环境因素纳入风险管理流程、增强信息披露和提高透明度"三大目标为指引，切实推动可持续金融发展。我国绿色金融发展理念和决心与欧盟高度一致。《"十三五"规划纲要》提出要"建立绿色金融体系，发展绿色信贷、绿色债券，设立绿色发展基金"，把构建绿色金融体系上升为国家战略。2016年，中国人民银行、财政部等七部委发布《关于构建绿色金融体系的指导意见》，对绿色金融发展进行顶层设计；2019年，国家发展和改革委员会、工业和信息化部等部门联合发布《绿色产业指导目录（2019年）》，由此，明确了我国绿色金融的政策框架。为了促进绿色金融发展，我国也出台了《绿色信贷统计制度》《绿色债券支持项目目录》《绿色债券发行指引》《关于支持绿色债券发展的指导意见》《非金融企业绿色债务融资工具业务指引》等多项政策文件。但与欧盟相比，我国绿色金融在立法规范和法律指导方面仍有较大进步空间。欧盟将环境纳入投融资决策中不仅是发展共识，更是法规底线[1]，从而为绿色金融发展提供了坚实的法律基础。而我国绿色金融相关法律制度不健全，比如没有绿色金融权威立法，在执法层面均引用其他相关法律条文，如果企业出现经营问题容易导致权责不清，商业银行利益难以有效保障；"绿色项目"的口径不统一，《绿色债券支持项目目录》《绿色债券发行指引》《绿色信贷统计制度》的规定存在差异，增加了商业银行绿色金融业务操作难度和执行成本；另一方面，缺乏统一的绿色认证、评级标准，导致市场机构评级存在差异，给商业银行增加了执行难度。

表 6-3　中国绿色金融规范

2013 年	《绿色信贷统计制度》
2015 年	《绿色债券支持项目目录（2015 年版）》
2015 年	《绿色债券发行指引》
2016 年	《关于构建绿色金融体系的指导意见》
2016 年	《关于支持绿色债券发展的指导意见》
2017 年	《非金融企业绿色债务融资工具业务指引》
2017 年	《绿色债券评估认证行为指引（暂行）》
2018 年	《绿色贷款专项统计制度》
2018 年	《关于开展银行业存款类金融机构绿色信贷业绩评价的通知》
2018 年	《绿色投资指引（试行）》
2019 年	《绿色产业指导目录（2019 年版）》
2021 年	《银行业金融机构绿色金融评价方案》
2021 年	《环境权益融资工具》（JR/T 0228—2021）
2021 年	《绿色债券支持项目目录（2021 年版）》

---

[1]　参见张丽莎、林薛栋:《欧盟绿色金融发展实践对我国的启示》，《河北金融》2021 年第 12 期。

（三）生态产品投融资政策优化策略

1.完善财政投融资政策

生态环境保护是我国政府的重要职能，且政府在生态环保领域居于主导地位，这就要求财政必须保持对生态环保领域投资的稳定性，并发挥撬动社会资本投资生态环保产品的功能，推动生态环境的持续改善。

（1）增设生态环保领域政府性基金。无论是生态修复与治理，还是"双碳"目标下新能源的开发，都需要稳定而持续的财政资金投入，以保证生态环保治理的效果。从美国和欧盟国家来看，政府引导性环保专项基金发挥了非常重要的作用，如美国环保署设立的"有害物质超级基金"，欧盟的"创新基金""公平过渡基金""现代化基金"，这些基金专款专用，有效避免了财政资金调整变动带来的投入"断层"。同时，"以项目为单位实施资金审核、分配和管理，以合理市场化方式减少财政资金沉淀"的做法，实现资金的保值增值，提高了资金使用效率。借鉴欧美经验，我国应参考改革已有政府环保领域基金的运作模式，同时根据实际需要增设与"双碳"相关政府性基金，支持再生能源、清洁能源等低碳项目发展。

（2）强化社会投资引导政策。生态环境需要多元共治，引入社会资金进行项目运行已成为政府改善生态环境、提供更高质量更多生态产品的重要途径。我国财政环保支出政策优化中必须将企业、公众等社会主体对生态环境治理的积极性动员起来。一是利用好PPP项目融资方式。生态环保项目一般资金投入量大、周期长、回报慢，采用恰当的PPP运营模式，引入社会资金，可让财政产生"四两拨千金"的作用。当然，要提高项目吸引力，必须建立合理的项目投资回报机制。政府可对环境监测、生态修复、跨区域生态保护等多依靠政府支出、投资缺口明显的生态治理项目进行包装设计，与区域周边能够产生收益的经营类项目进行打包，实现有机结合，形成稳定的预期投资回报，使更多的生态建设项目进入社会投资者视野。二是发挥好国家绿色发展基金的导向作用。国家绿色发展基金的使命是：服务国家战略，推动形成绿色发展方式和生活方式，推动传统产业智能化、清洁化改造，加快发展节能环保产业。它采取市场化运作模式，是投资市场中的风向标。因此，要通过领投生态环保项目，引导更多社会资本跟进。三是探索建立政府购买生态产品机制。政府购买市场主体（企业、社会组织、个人）生产的生态产品，把生态价值转化为经济价值，可以促进生态产品的再生产，激发生态投资的积极性。实践中，地方政府已探索出了多种政府购买生态产品的方式，如生态银行、森林赎买、排污权回购等。

（3）完善生态环保转移支付政策。生态转移支付是对因承担生态环保责任而牺牲发展机会的生态保护地区给予的生态补偿。从理论上来说，生态补偿标准应介于生态保护地区保护的机会成本与其所提供的生态系统产品和服务的价值之间。但是，现实中重点生态功能区转移支付、生态保护红线、流域上下游等区域生态补偿标准的确定均未考虑生态保护地区提供的生态系统产品和服务的价值，生态保护地区显现出生态治理绩效和生态创新效率边际递减等问题。[1] 对于重点生态功能区来说，转移支付应更好地体现生态环境保护建设的成果，以便发挥其应有的激励作用。可以考虑在健全生态产品价值科学评估与衡量标准体系的基础上，把生态产品价值作为转移支付政策资金分配重要因素，形成合理化的转移支付增长机制。对于横向转移支付，补偿双方商谈补偿数额时也应把生态产品价值作为重要的依据。

2. 健全绿色金融政策

世界银行有关研究表明，当一国的环保投入在1%—1.5%之间时，环境恶化趋势可得到一定遏制。虽然欧盟国家在20世纪就已经完成了污染治理工作，但2007—2020年欧盟国家环保资金总规模占GDP比重均值仍

---

[1] 参见丘水林：《正确认识 GEP 在生态产品价值实现中的作用》，《学习时报》2021 年 10 月 27 日。

为 1.9%。而到目前为止，我国财政环保投入占 GDP 比重最高年份 2019
年为 1.25%，当年全国环境污染治理投资规模占 GDP 比重为 1.65%。[①]
政府环保投入的有限性以及生态文明建设任务的艰巨性要求充分发挥绿色
金融的资源配置功能，为资源环境、生态建设等领域引入更多国内外社会
资本。我国应在《关于构建绿色金融体系的指导意见》所确定的绿色金融
发展框架下，进一步建立健全绿色金融激励约束政策，优化绿色金融发展
的外部环境，完善绿色金融发展模式，创新、丰富绿色金融产品和服务，
为生态产品的开发经营提供更多金融支持。

（1）强化正向生态金融激励政策。近年来，中央和地方政府围绕绿色
信贷、绿色证券、绿色保险和环境产权交易等方面出台了一系列政策，激
励、引导商业银行、保险公司等金融机构和非金融企业参与绿色金融、投
资生态环境产品。但目前来看，商业银行、企业等介入的积极性、主动性
仍显不足，生态领域的金融激励政策还需加力。一要利用好财政、货币经
济手段。在利用好人民银行的结构性货币政策工具的同时[②]，发挥地方财
政的能动性，探索实施符合本地实际且有效的激励举措，为生态产品生产
经营项目增信，推动绿色信贷、绿色债券等产品创新，推进排污权、水
权、林权等自然生态环境权益抵押贷款以及森林资产支持证券等发展，为
地方绿色基金赋能，促进其健康、持续发展。当前利用的财政政策手段包
括财政贴息、财政补贴、赋予特许经营权、土地支持、建立贷款风险补偿
金、政策性担保、政府购买等。各地应对现有财政支持政策实施效果进行
定期评估，对于低效的政策摸清原因，加以科学调整。对于财力不足的欠
发达地区，中央应通过生态补偿资金予以一定保障。二要加强绿色金融标

---

① 参见张婷婷：《我国财政环保支出政策优化研究》，中国财政科学研究院硕士学位论
　　文，2022 年。

② 结构性货币政策工具是人民银行引导金融机构信贷投向，发挥精准滴灌、杠杆撬动作
　　用的工具。结构性货币政策工具通过提供再贷款或资金激励的方式，支持金融机构加
　　大对特定领域和行业的信贷投放，降低企业融资成本。

准建设。绿色金融标准是绿色金融发展的基本前提。针对标准不完善、缺失的现实，应统一明确"绿色企业""绿色项目"标准，降低社会资本参与绿色金融的执行成本。近两年，我国在统一绿色债券标准方面已出台相关政策。[①] 接下来还要围绕碳减排构建和完善绿色金融标准体系，加快建立市场主体碳信息采集与核算标准、金融产品环境效益核算标准等，推进碳金融发展；制定"绿色股票"标准，扩大直接融资渠道。三要加强配套制度建设。包括建立地方生态产品产业清单和项目清单动态发布机制，降低绿色金融的执行成本；建立权威的环境信息披露平台，强制企业公开其碳排放等环境信息，方便金融机构、企业等市场主体采集、使用；探索建立企业和个人绿色信用制度等，为绿色金融创造良好的外部发展环境。

（2）完善限制性金融法律政策。生态金融机制的产生晚于现有的金融法制，生态金融机制及其产品超出现有金融法制监管范围，缺乏法律依据。随着试点工作的深入，我们应总结经验，修改现行的金融法律制度、生态环境法律制度中的相关条款，参照国际上成熟生态金融产品制度，明确规定我国相关生态金融产品的法律性质、从业主体资格、监督管理、风险处理机制等内容，建立起符合生态产品交易特点的信贷管理与监管考核制度，统一规范生态环境公益诉讼、损害赔偿诉讼专项资金的管理、使用和审计监督。

（3）推动绿色金融与国际接轨。国际市场也是我国绿色产业、生态环境项目的重要资金来源地。目前我国绿色产业划分与国际标准还有出入，需要研究探索与国际标准可衔接又符合我国国情的绿色产业划分标准，进一步推动我国绿色金融体系的标准化，扫清绿色项目在国际上的认定障碍，吸引国际社会资本向我国绿色产业聚拢。另外，国际上生态金融产品丰富且成熟，我们应积极与国外金融机构开展国际合作，学习融资经验和

[①] 2021 年，人民银行、发展改革委、证监会三部门研究制定了《绿色债券支持项目目录（2021 年版）》；2022 年 7 月 29 日，绿色债券标准委员会发布《中国绿色债券原则》，推动中国绿色债券市场规范和高质量发展。

金融技术，加快推进国内生态金融产品的创新。当然，也要注意一点，金融是生态产品价值实现的工具而不是目的，切忌过度放大生态产品的融资属性而导致低效率和高负债。

三、建立生态产品价值实现的考核机制

生态产品价值考核是推动生态产品价值转化的重要抓手。2021 年，中办、国办印发的《关于建立健全生态产品价值实现机制的意见》明确提出，建立生态产品价值考核机制，在生态文明建设模式探索上走在世界前列。

（一）生态产品价值考核机制

1. 生态产品总值（GEP）

生态产品总值，也即生态系统生产总值（GEP），是生态系统为人类福祉和经济社会可持续发展提供的最终产品与服务价值的总和，主要由生态系统提供的物质产品价值、调节服务价值和文化服务价值三部分构成。GEP 核算是对生态系统的服务价值进行货币化评价，核算的出发点是让人们认识到生态系统服务的潜在价值，更好地保护自然生态系统。核算的结果既可以为生态产品价值实现提供支撑和科学依据，也可以成为生态文明绩效考核的参考指标。

GEP 是借鉴国内生产总值（GDP）概念提出来的，是与 GDP 平行的核算指标。前者是生态系统服务的流量，关注的是生态系统的运行状况；后者是经济系统的流量，关注的是经济系统运行状况。GEP 不能直接转化为 GDP[1]，只有在生态补偿机制、市场交易制度等人为设计下转化成现

---

[1]　参见石敏俊、陈岭楠：《GEP 核算——理论内涵与现实挑战》，《中国环境管理》2022 年第 2 期。

实的经济价值，才能在 GDP 中得以体现。所以，GEP 是潜在的没有实现的使用价值，不是市场价值。

2. GEP 核算的理论基础

GEP 核算的理论基础是强可持续发展理论。可持续发展理论有两个不同流派——弱可持续发展理论和强可持续发展理论。弱可持续发展理论认为，自然资本与人造资本之间是可以相互替代的，人造资本的累积可以弥补自然资本减少的损失，只要保持自然资本和人造资本的总和不变，维持向人类社会提供服务流量的能力就可以保持不变[①]，支持用大规模的自然资源投入来发展国民经济。而强可持续发展理论则认为，部分关键自然资本（比如地球生命支持系统、一旦破坏就难以恢复的独一无二的自然资本、环境安全等）没有办法用人造资本来替代，或者说用人造资本替代的成本会高到我们无法承受。因此，关键自然资本保护应该引入红线政策，确保存量不减少、功能不减弱。进行 GEP 核算，把生态系统产品与服务价值量化，将自然资本保护纳入到经济社会发展决策中来，体现的就是强可持续发展理念。尽管 GEP 核算为生态产品价值转化提供了支撑，但出发点和归宿还是加强自然资本保护。

3. 我国建立 GEP 考核机制的现实考量

政府是生态产品供给的责任主体，理应积极推动生态产品价值实现，调动多元主体实现生态环境共治。但要克服政府间委托代理问题，需要建立激励相容约束的考评体系。当前，无论是生态文明建设目标评价考核体系，还是高质量发展综合绩效评价体系，都存在结构性缺陷，没有涵盖生态系统的产出与效益，难以真实反映行政区域生态产品供给能力、生态保护成效。早在 2013 年，中央就提出应改变考核方法和手段，将人民福利水平、生态效益等指标作为重要的考核内容。GEP 能够真正把生态系统

---

① 参见石敏俊、陈岭楠：《GEP 核算——理论内涵与现实挑战》，《中国环境管理》2022年第 2 期。

的服务功能价值进行量化，将其作为重要的考核指标，意味着把生态系统创造的价值纳入社会发展评价体系，这会驱动地方政府推动生态产品价值实现，有效激励生态文明建设。正因如此，2021年中央明确提出，探索将生态产品总值指标纳入各省（区、市）党委和政府高质量发展综合绩效评价指标体系。

（二）生态产品价值考核机制的实践探索

1. GEP考核机制建设进程

2019年以来，我国进入了GEP考核制度探索期，多个省、市、县（区）都开展了GEP核算、考评试点并取得了积极成效。目前，浙江、贵州等省已发布了GEP核算技术规范；青海等省（区、市）、丽水等23个市（州、盟）以及100多个县（区、市）尝试了GEP核算；部分试点市、县（区），如浙江丽水、江苏南京高淳区等推进较快，已经开展了GEP考评工作。在吸收地方试点经验的基础上，生态环境部出台了《生态系统评估：生态系统生产总值（GEP）核算技术规范》等GEP核算标准，为全国推行GEP考核创造了条件。

2. 浙江丽水"GEP考核"经验

2019年，浙江丽水市在全国率先开展生态产品价值实现机制试点，较早引入了生态系统生产总值（GEP）核算体系，积极开展市、县、乡（镇）、村四级GEP核算，形成了可供借鉴的"GEP核算清单化、标准化、自动化、制度化"核算经验和"GEP核算结果进规划、进考核、进政策"应用经验。

（1）GEP核算。丽水市出台生态产品目录清单、出台地方标准、完善监测体系、定期发布核算成果的工作模式，推动了GEP核算清单化、标准化、自动化、制度化，大大提高了核算效率。第一，出台生态产品目录清单。丽水邀请中科院专家团队在实际调研的基础上，编制了市、县、乡（镇）、村四级《生态产品目录清单》。生态产品被分为了物质类、调节服务类、文化服务类三大类，并细化到三级和四级目录，为生态产品价值实现提供了基础支撑。第二，出台地方 GEP 核算标准。为了使 GEP 核算结果具有可比性，丽水市制定出台了全国首个山区市生态产品价值核算技术办法，编制了全国首份《生态产品价值核算指南》，构建了一套充分反映丽水自然生态特点的 GEP 核算指标体系，包含 3 大类（物质产品、调节服务产品、文化服务产品）、15 个核算指标（农业产品、林业产品、渔业产品、空气净化、水质净化、气候调节、自然景观等）、27 个核算科目，为生态产品价值核算提供了理论指导和实践指南。第三，推进 GEP 核算自动化。面对生态产品种类多、差异大、核算难度大的现实，丽水市依托卫星遥感、物联网等技术手段建立了立体化、数字化生态环境监测网络，形成了"空、天、地"一体化的生态产品空间信息数据资源库，建成了 GEP 核算自动化平台，实现了实时监测和价值动态展示。[①]

（2）GEP 应用。在利用 GEP 核算摸清家底的基础上，丽水市积极推进 GEP 核算结果进规划、进考核、进政策，GEP 核算结果系统化的应用调动了领导干部在生态产品价值实现中的积极性。第一，进规划。丽水市委市政府将实现 GDP 和 GEP "两个较快增长"写入了《丽水市国民经济和社会发展第十四个五年规划和二〇三五年远景目标纲要》《丽水加快跨越式高质量发展建设共同富裕示范区行动方案（2021—2025 年）》，编制了全国首个地级市《生态产品价值实现"十四五"专项规划》，明确把 GEP 核算作为生态产品价值实现的基础性制度，将生态产品价值实现纳入经济社会发展全局。第二，进考核。丽水市分别对政府部门和领导干部个人出台考核办法，调动领导干部在生态产品价值实现中的积极性。建立 GDP 和 GEP 双考核机制，出台《丽水市 GEP 综合考评办法》，明确各地各部门提供优质生态产品的职责；在《丽水市领导干部自然资源资产离任

---

① 参见高世楫、俞敏：《GEP 核算清单化、标准化、自动化、制度化》，《学习时报》2021 年 9 月 29 日。

审计实施办法》中，将生态产品价值实现机制审计内容通过细则予以明确，压实领导干部责任。第三，进政策。丽水建立了基于 GEP 核算的生态产品政府采购机制，推出了基于 GEP 收益权的"生态贷"。利用财政金融政策工具发挥政府在生态产品价值实现中的引导作用。

（三）完善提升 GEP 考核有效性的路径选择

1. 正确认识 GEP 在生态价值实现中的作用

GEP 理论认识偏差影响生态产品价值的实现。因此，地方政府和部门对 GEP 要有正确的理解。第一，GEP 核算的只是生态价值可以市场化的生态系统产品和服务，对于现在还没有确定核算方法的诸如生物多样等生态产品并没有体现，所以不能将地方 GEP 与本地生态产品价值完全等同起来。第二，山水林田湖草沙是一个生命共同体，将作为整体功能单元存在的生态系统分割成若干个核算科目，既存在重复计算或者漏算的情况，也面临各个价值分量简单叠加之和低于整体价值的问题。[①]第三，GEP 指标不具有横向可比性。因为不同地区生态资源禀赋存在较大差异，在核算科目、核算指标、关键参数、生态系统时空尺度等关键要素的选取上存在主观偏好。第四，GEP 和 GDP 之间并非线性关系。GEP 是生态产品的潜在使用价值，只有通过生态产品的市场交换才能真正实现其市场价值。GEP 向 GDP 转化的多少取决于市场化的能力，而不是 GEP 的多少。

2. 在实践中不断完善 GEP 核算体系

目前，GEP 核算已在我国多个省份有序推进，生态环境部、浙江省、江苏省南京市、深圳市盐田区等地分别制定了国家级、省级、市级、区级 GEP 核算技术规范。但生态产品价值核算尚未形成一套公认、科学的评

---

① 参见丘水林：《正确认识 GEP 在生态产品价值实现中的作用》，《学习时报》2021 年 10 月 27 日。

估框架，相对于成熟的 GDP 考核制度来说，GEP 核算还处在探索期。另外，任何一种生态产品价值核算方法都有其适用范围和局限性，在实际推进过程中仍会发现问题，各地要积极面对，及时研究优化，予以解决。制度建设不是一劳永逸的，健全完善应成为常态。另外，针对生态产品分散、易变的特点，要利用卫星和无人机遥感等现代信息技术，加强监测能力建设，加强生态价值数据库建设，加强 GEP 核算自动化平台建设，及时为 GEP 核算提供准确的数据支撑。

3. 提高 GEP 结果应用的系统化

总体而言，目前 GEP 工作过于重 GEP 核算、轻考核应用。这与各地生态系统价值"家底"不清、GEP 工作技术性强等有直接关系。但实施 GEP 评价的最大意义不是对生态系统价值量的测量，而在于如何充分发挥其在政绩"指挥棒"以及生态文明建设中的作用。核算是基础，考核才是关键。要推广浙江丽水等地方实践经验，在大力推进 GEP 核算的同时，积极研究制定 GEP 进规划、进考核、进政策的方案，出台相关制度文件，提高 GEP 应用的系统化。

四、完善生态信用制度

生态环境领域信用制度建设是我国加强生态环境治理的重要措施，也是推动绿色金融发展的重要基础。完善的生态信用制度将引导更多的市场主体和社会主体投入到生态环境保护建设中来，促进生态产品价值市场化实现。

（一）生态信用与生态信用制度

1. 生态信用

关于生态信用，国内外没有统一的界定。美国学者 Labatt 认为，生态信用主要是为了改善生态环境、降低环境风险而建立的人与生态之间的信用关系。^① 联合国环境规划署金融行动机构（UNEP FI）的解释是，人们要想在环境经济中融通资金，而金融业要想在环境经济中受益，那么生态信用是必将要考虑的。国内学者李心印（2006）提出，生态信用表达的是一种金融业在运行业务时所要承担环保责任，即金融业在投融资过程中，应当把生态环境的保护置于优先考虑的位置，通过引导社会资源和资金，促进环保产业的发展，进而使生态与经济相处和谐。^② 潘岳（2007）则认为，生态保险、生态信贷和生态证券都与生态信用息息相关，资本市场和环境经济都得依靠生态信用这个媒介来沟通。^③ 实际上，目前无论是理论研究还是实践中，"环境信用"更多被提及，成为"生态信用"的代名词。王文婷等（2019）认为，环境信用是指环境主体在环境保护领域履行法定义务或遵守约定义务的状态。^④

综上所述，生态信用常常被与金融联系在一起，二者之间有着密切的关系。其本质上还是人与生态环境之间的信用关系，倡导的是一种人与自然命运共存的哲学思想。

2. 生态信用制度

生态信用制度是规范生态信用活动和关系的行为准则。从国内外研究来看，主要是集中于企业环境信用评价制度方面。发达国家针对环境保护领域进行了系统建设，经过长期的发展完善，已形成比较成熟的信用评价体系（比如国际 GRI 可持续发展报告指南、日本的企业环境业绩评价指标体系等），对企业、金融持续发展发挥了重要作用。欧盟银行等金融机构对企业环境信用进行评级已成为常态，有效提升了金融机构的信用管理

---

① 参见杨桂海：《基于生态金融实施的生态信用制度研究》，昆明理工大学硕士学位论文，2017 年。

② 参见李心印：《刍议绿色金融工具创新的必要性和方式》，《辽宁省社会主义学院学报》2006 年第 4 期。

③ 参见潘岳：《用环境经济政策催生"绿色中国"》，《学习月刊》2007 年第 10 期。

④ 参见王文婷、熊文邦：《我国环境信用制度构建研究——兼论对社会信用法治的理论反哺》，《阆江学刊》2019 年第 4 期。

水平，降低了信用风险。TakdaZa（2008）对日本制造业上市公司研究发现，环境信用良好的上市公司更能吸引投资者。企业环境信用评价制度是我国环境管理手段的重要创新，是发展绿色金融的重要基础。[1] 但是，王瑞雪（2017）认为，目前还存在内涵与外延不足、社会化程度低、对企业约束力不足等问题。[2] 在刘煊宇（2019）看来，其主要原因是对该制度的潜在价值与效益认识不清。[3] 因此，相较于国外，我国企业环境信用评价制度在评价标准、评价主体、评价范围等方面还有待强化。[4]

（二）生态信用制度建设实践

我国生态环境领域信用制度建设有两条主线：一是由环保部门为评价管理主体的企业环境信用评价；二是生态产品价值实现机制下的个人生态信用积分。企业环境信用制度目前处于建设的初期阶段，而个人生态信用环境制度还在探索期。

1. 企业环境信用评价制度建设：覆盖全国

建立由环保主管部门牵头实施的企业环境信用制度是我国加强环境管理的重要举措。2003 年，江苏、重庆、安徽等省（市）开展企业环境行为评价试点。2005 年，国家环保总局发布《关于加快推进企业环境行为评价工作的意见》，开始着手企业环境信用评价制度建设。之后，各地纷纷制定与企业环境行为评价相关的规章制度，对企业环境行为开展评价。2013 年，环保部、发改委、人民银行、银监会四部门联合发布了《企业环境信用评价办法（试行）》，正式拉开了我国企业环境信用评价的序幕。2014 年 6 月，国务院发布《社会信用体系建设规划纲要（2014—2020 年）》，

---

[1]　参见陶奕成、沈长礼：《绿色金融视野下企业环境信用评价制度研究：价值、缺陷与对策》，《西部金融》2021 年第 3 期。

[2]　参见王瑞雪：《政府规制中的信用工具研究》，《中国法学》2017 年第 4 期。

[3]　参见刘煊宇：《环境信用制度重构研究》，湘潭大学硕士学位论文，2019 年。

[4]　参见胡颖、林羽：《国内外企业环境信用评价制度建设对比研究》，《当代经济》2020 年第 11 期。

提出将环保节能领域的信用建设纳入我国社会信用体系。贯彻落实国务院要求，各省（市）依据《企业环境信用评价办法（试行）》相继制定本地企业环境信用评价办法，企业环境信用评价制度建设在全国范围内大规模地展开。截至2020年7月，全国26个省级行政区出台了地方企业环境（环保）信用评价政策性文件，其中，浙江、江苏、湖北、山东、重庆、福建、广东和湖南等20余个省（市）开展了省级层面评价工作，江苏、福建、四川、重庆、山东、辽宁、陕西和湖南等省（市）的评价工作依托本地区企业环境信用评价系统开展。河北、浙江、海南、江苏、宁夏、贵州和河南等省对原地方文件进行了重新制（修）定。①

作为全国企业环境信用评价工作的指导性文件，《企业环境信用评价办法（试行）》构建了中国特色的企业环境信用评价框架。其中，企业环境信用评价指标涉及环境和社会两个层面，由污染防治、生态保护、环境管理、社会监督4个方面21项构成；对参评企业采取强制与自愿相结合的原则，污染物排放总量大、环境风险高、生态环境影响大的企业必须参评；评价主体规定为政府及政府部门，以及受到委托的中介机构或专家组，主要采取环保行政主管部门监督的实现方式；环保部门同发改委、人民银行、银行业监管机构及其他部门共建环保"联合守信激励机制"和"联合失信惩戒机制"。

2. 个人生态信用制度建设：地方探索

个人生产、消费行为对生态环境会产生直接或间接的影响，既可以成为生态环境的维护者、建设者，也可以成为生态环境的破坏者。所以，个人也应当成为生态信用制度规范的主体。目前，从全国性社会信用体系建设的法律法规来看，个人已被纳入医疗领域、司法领域、交通领域、金融领域信用制度，失信行为会受到惩罚，但生态环境领域还没有涉及。不

---

① 参见安蔚、钱文敏、杨宗慧、柴艳：《我国环境信用评价体系建设制度研究与政策建议》，《四川环境》2021年第3期。

过，在生态信用制度建设的地方实践中，一些地方政府已经在探索、尝试，特别是 2021 年中办、国办下发《关于加快建立健全生态产品价值实现机制的意见》，明确提出"探索构建覆盖企业、社会组织和个人的生态积分体系，依据生态环境保护贡献赋予相应积分，并根据积分情况提供生态产品优惠服务和金融服务"后，浙江丽水走在了全国最前列，2020 年初就建立起了一套个人生态信用制度，并于当年实施。

3. 生态信用制度建设的"丽水样本"

全国首个生态产品价值实现机制试点城市——丽水市，2020 年初印发《丽水市生态信用行为正负面清单（试行）》《丽水市绿谷分（个人信用积分）管理办法（试行）》《丽水市企业生态信用评价管理办法（试行）》《丽水市生态信用村评定管理办法（试行）》等 4 个文件，在已有生态机制基础上探索建立了个人、企业和行政村三个主体的五级量化评分制度，形成了丽水生态信用的"四梁八柱"，为全国首创。其中，《丽水市生态信用行为正负面清单（试行）》以企业和个人为适用对象，通过对法律法规的梳理形成加分和扣分事项。正面清单从生态保护、生态经营、绿色生活、生态文化、社会监督 5 个维度共列 18 条（如表 6-4 所示）；负面清单从生态保护、生态治理、生态经营、环境管理、社会监督 5 个维度共列 30 条（如表 6-5 所示）。而《丽水市绿谷分（个人信用积分）管理办法（试行）》《丽水市企业生态信用评价管理办法（试行）》《丽水市生态信用村评定管理办法(试行)》分别明确了个人、企业与行政村进行评定的主体、评定的指标、奖惩措施等机制。

表 6-4 生态信用行为正面清单

生态保护	生态资源保护、环境治理、清洁能源、生物多样性保护
生态经营	生态品牌、食品安全、绿色生产、产研结合
绿色生活	垃圾处理、绿色消费、绿色出行、绿色建筑
生态文化	先进示范、文化公益、文明祭祀与生态殡葬
社会监督	群众监督、践诺监督、媒体监督

表 6-5　生态信用行为负面清单

生态保护	森林生态、淡水生态、农田生态、城市生态、生物多样性、矿产资源、古建筑古树名木保护
生态治理	水治理、大气治理、土壤治理、水土流失治理、医废治理、噪声治理、畜禽养殖治理
生态经营	产品标准、品牌管理、质量管理、食品药品安全、农业投入品安全、绿色金融
环境管理	建设项管理、清洁生产管理、自然保护区管理、应急管理、危化品管理、排污管理、节能减排
社会监督	群众监督、媒体监督、信息公开

丽水市在生态信用体系建设中，由市信用办协同市生态环境局、市自然资源与规划局、市农业农村局、市大数据管理局、各市（县）人民政府负责生态信用信息的收集，县级以上国家机关、法律法规授权的具有管理公共事务职能的组织负责及时向市公共信用信息平台报送本行业、本领域相关信用信息。同时也鼓励公众、媒体、企业提供相关信用信息，经核实后采用。在个人生态信用评价中，个人生态信用积分（绿谷分）是综合浙江省自然人公共信用评价信息和丽水市个人生态信用信息，通过信用评价模型，计算得出分数和等级①；在生态信用村的评定上，丽水采取各乡镇生态信用村建设领导小组推荐参评对象——被推荐行政村填写《丽水市生态信用村评定申报表》、申报——县（区、市）信用办初审——县（区、市）信用体系建设工作领导小组审核、授牌的程序。评定过程中依据《丽水市生态信用村评定管理办法（试行）》相关规定；在奖惩制度的设计上，坚持"奖励为主、惩罚为辅"的原则，对生态信用等级高的个人、企业和评

---

① 省自然人公共信用信息，是指浙江省公共信用信息平台归集并纳入自然人公共信用评价体系的信用信息，包括身份特质、履约能力、遵纪守法、经济行为、社会公德五个方面。市个人生态信用信息，由市生态信用评价平台归集，包括生态保护信息、生态经营信息、绿色生活信息、生态文化信息、社会责任信息五个方面。个人生态信用总积分（绿谷分），由浙江省自然人公共信用积分的50%和丽水市个人生态信用积分部分加总计算而成。据《丽水日报》报道，2020年6月，丽水生态信用评价平台运用大数据为全市18岁以上共243万人打了"绿谷分"。

定的生态信用村给予优惠和激励政策，仅对生态信用等级低的企业主体施加惩罚措施，从而构筑"生态守信者处处受益"的社会氛围，不断增强各类主体生态保护意识。

（三）生态信用制度的优化路径

总体来看，我国生态信用制度还存在不完善、不平衡的问题。一方面，生态信用信息的归集、生态信用指标体系、奖惩机制等还有待进一步改进；另一方面，企业生态信用制度无论是在制度建设上还是在全国推广应用上都大大快于"个人"生态信用制度，个人生态信用制度发展较滞后；生态信用制度也存在地区间发展不平衡问题，制度完善程度和推进速度地区间差异明显。生态产品价值的实现迫切需要我国生态信用制度的建立健全与推广应用。

1.优化企业环境信用制度

（1）加快建立全国统一的企业环境信用制度。作为顶层设计，《企业环境信用评价办法（试行）》只作原则性规定（比如只规定企业环境信用评价采取评分制），给地方留下探索空间。但这种做法也导致环境信用评价制度和评级标准不相同、评价指标与方法不统一等问题，影响了环境信用评价在全国的运行和推广。规范、统一全国企业环境行为的评价标准与依据、环境信用联合激励惩戒机制、信用修复机制等成为现阶段完善社会环境信用制度的必然要求。对此，王文婷、熊文邦（2019）建议，以环境行为的定性评价为主，提升联合激励惩戒措施的精确性，尽量减少模糊不确定的表述，取消不必要的自由裁量环节，增强环境信用评价的可操作性与合理性。[①]

（2）进一步强化企业环境信用制度的正向引导和激励作用。建立企业

---

① 王文婷、熊文邦：《我国环境信用制度构建研究——兼论对社会信用法治的理论反哺》，《阅江学刊》2019 年第 4 期。

环境信用制度的目的主要是加强事前预防，引导企业遵守环境法律法规，履行环保社会责任。所以，应加强信用修复机制设计，给失信企业更多修复信用的机会，并适时写入环保法加以保障。另外，信用不仅是"罚"出来的，也是"奖"出来的。在继续惩戒各类企业环境失信行为的同时，也要更加重视激励手段的运用。对不同类型企业设计一些更加有针对性的激励措施，从根本上扭转企业环境守信成本高、失信成本低的局面。现行企业环境信用评价制度忽视度量企业环境责任表现加分，只重视环境违法行为减分，造成企业"不违法"即"信用佳"，正向生态环保行为导向作用欠缺，必须予以修正。

2. 加强个人生态信用制度的顶层设计

2014 年，国务院发布的《社会信用体系建设规划纲要（2014—2020年)》使社会信用超越了原本经济领域的"征信"而扩展到政治、司法、文化、环境、医疗等多领域。基于生态文明建设的重要地位，应尽快把个人生态信用纳入我国社会信用体系构建范畴。在这方面，我们已经初步具备了有利条件：一是《民法典》为个人生态信用指标体系的构建提供了充分依据。我国《民法典》倡导"保护环境，人人有责"的绿色价值观。总则确立了"民事主体从事民事活动，应当有利于节约资源、保护生态环境"的基本原则，物权编、合同编和侵权责任编均涉及资源环境保护，对民事主体的物权予以"绿色约束"①，为我国民事活动确立了"绿色"规范，也明确了民事主体在环境治理中的绿色责任，为个人生态信用正负面清单的制定创造了条件。二是浙江丽水个人生态信用积分制为我国个人生态信用制度建设提供了样本。丽水不但出台了个人生态信用积分制度，而且已经运行 2 年，证明我国实行个人生态信用制度具有可行性和可操作性。可在总结丽水经验的基础上，进行全国性制度设计。

---

① 参见魏伟佳：《个人绿色信用法制化》，《保定学院学报》2020 年第 6 期。

3.形成生态信用制度建设的社会共识

政府是制度的顶层设计者和推行者，企业、个人和社会组织是参与者，只有形成社会共识，生态信用制度建设才能快速有效推进。中央层面除进行制度总体谋划外，还要加强对地方生态信用制度建设的指导和督导，促使地方政府重视并加强该项工作，形成有益于地方绿色发展的政策体系；地方政府要从公众的视角积极广泛地宣传丽水个人生态信用制度，让社会公众感受到制度给个人带来的经济、环境等方面的好处，提高接受度；要切实严格落实企业环境信用联合奖惩制度，通过正向激励和负向约束增加失信成本，提高守信的收益，让企业主体成为生态信用的守护者。

参考文献

1. 马建堂：《生态产品价值实现：路径，机制与模式》，中国发展出版社 2019 年版。

2. 张永民：《生态系统与人类福祉：评估框架》，中国环境科学出版社 2006 年版。

3. 张林波、高艳妮等：《生态系统产值价值核算与业务化体系研究——以厦门市为例》，科学出版社 2020 年版。

4. 李坦：《森林生态系统服务价值与补偿耦合研究》，科学出版社 2019 年版。

5. 内蒙古自治区研究室、内蒙古自治区农牧业科学院：《内蒙古生态系统功能价值评估》，中国发展出版社 2019 年版。

6. 中国森林资源核算及纳入绿色 GDP 研究项目组：《绿色国民经济框架下的中国森林核算研究》，中国林业出版社 2010 年版。

7. [美] 汤姆·蒂坦伯格、琳恩·刘易斯：《环境与自然资源经济学》，王晓霞译，中国人民大学出版社 2016 年版。

8. 马思克：《资本论》第 1 卷，人民出版社 2004 年版。

9. 郭毅：《市场营销学原理》，电子工业出版社 2008 年版。

10. 刘海桑：《政府采购，工程招标，投标与评标 1200 问》，机械工业出版社 2016 年版。

11. 丘水林：《多元化生态产品价值实现：政府角色定位与行为边

界——基于"丽水模式"的典型分析》,《理论月刊》2021 年第 8 期。

12. 中国人民银行抚州市中心支行课题组:《金融支持生态产品价值实现机制试点的探索——以江西抚州市为例》,《当代金融家》2021 年第 8 期。

13. 李宏伟、薄凡、崔莉:《生态产品价值实现机制的理论创新与实践探索》,《治理研究》2020 年第 4 期。

14. 吴志远:《发展绿色金融 推动生态产品价值实现》,《中国环境报》2021 年 8 月 23 日。

15. 高晓龙、程会强、郑华、欧阳志云:《生态产品价值实现的政策工具探究》,《生态学报》2019 年第 12 期。

16. 季凯文、齐江波、王旭伟:《生态产品价值实现的浙江"丽水经验"》,《中国国情国力》2019 年第 2 期。

17. 孙博文、彭绪庶:《生态产品价值实现模式,关键问题及制度保障体系》,《生态经济》2021 年第 6 期。

18. 席鹭军:《生态产品价值实现须打通哪些通道》,《学习时报》2021 年 2 月 3 日。

19. 洪睿晨、崔莹:《碳交易市场促进生态产品价值实现的路径及建议》,《可持续发展经济导刊》2021 年第 5 期。

20. 陈健鹏、高世楫:《我国促进生态产品价值实现相关政策进展》,《发展研究》2020 年第 2 期。

21. 李洁:《"美丽中国"视域下生态产品价值实现的经验与路径》,《江南论坛》2021 年第 6 期。

22. 李璞:《创新政府向市场购买生态产品机制》,《浙江经济》2020 年第 12 期。

23. 彭文英、尉迟晓娟:《京津冀生态产品供给能力提升及价值实现路径》,《中国流通经济》2021 年第 8 期。

24. 郑晓伟、胡卯:《农发行支持生态产品价值实现的探索》,《农业发展与金融》2021 年第 9 期。

25.黄颖、杨洲、施俊林、王鑫、温铁军：《乡村生态产品价值实现机制设计及实施路径》，《学会》2021年第8期。

26.潘瑞、沈月琴、杨虹、何佳渝：《中国森林碳汇需求研究》，《林业经济问题》2020年第1期。

27.赵子健、田谧、李瑾、顾海英：《基于抵消机制的碳交易与林业碳汇协同发展研究》，《上海交通大学学报（农业科学版）》2018年第4期。

28.陈宝山：《生态财产权的类型化建构与制度表达》，《华中农业大学学报（社会科学版）》2021年第3期。

29.李敏、孟全省：《水源涵养林生态产权与水文生态服务价值实现：基于讨价还价博弈》，《中国人口·资源与环境》2021年第1期。

30.王佳佳、荣冬梅：《英国政府生态系统服务价值评估及实现机制研究》，《国土资源情报》2021年第2期。

31.郭晖：《关于加快推进水权交易的思考》，《水利发展研究》2017年第9期。

32.农业农村部软科学课题组：《美澳日水权制度与水权交易的经验启示》，《农村工作通讯》2018年第7期。

33.伏绍宏、张义佼：《对我国水权交易机制的思考》，《社会科学研究》2017年第5期。

34.邓延利、陈向东、张彬：《推进生态补偿型水权交易的认识与思考》，《水利发展研究》2018年第12期。

35.石玉波、张彬：《我国水权交易的探索与实践》，《中国水利》2018年第19期。

36.罗家新：《东北林区林下经济经营模式及发展对策》，《防护林科技》2018年第2期。

37.周健培：《我国林下经济发展现状问题及对策》，《南方农业》2017年第17期。

38.颜欢欢：《基于SWOT分析的福建省林下经济发展研究》，《中国林业经济》2016 年第 1 期。

39. 黄世聂：《林下经济的经营模式及发展途径探寻》，《南方农业》2018 年第 6 期。

40. 常丽霞、沈海涛：《草原生态补偿政策与机制研究》，《农林经济》2014 年第 3 期。

41. 崔宁波、张正岩、刘望：《国外耕地生态补偿的实践对中国的启示》，《世界农业》2017 年第 4 期。

42. 葛颜祥、吴菲菲、王蓓蓓：《流域生态补偿：政府补偿与市场补偿比较与选择》，《山东农业大学学报（社会科学版）》2007 年第 4 期。

43. 万晓红、秦伟：《德国农业生态补偿实践的启示》，《江苏农村经济》2010 年第 3 期。

44. 曾利民：《关于森林生态旅游可持续发展的几点思考》，《现代农村科技》2015 年第 6 期。

45. 韩成文：《黑龙江省森林生态旅游业发展的 SWOT 分析》，《技术与市场》2013 年第 10 期。

46. 韩学平、裴宇：《森林旅游可持续发展对策研究——以黑龙江省为例》，《东北农业大学学报（社会科学版）》2016 年第 14 期。

47. 杜兴兰、徐冰：《河北塞罕坝自然保护地整合优化探索》，《林业资源管理》2021 年第 6 期。

48. 刘宇晨：《草原生态补偿标准设定，优化及保障机制研究——以内蒙古为例》，《内蒙古农业大学》2018 年第 12 期。

49. 蒋凡、秦涛等：《"水银行"交易机会实现三江源水生态产品价值研究》，《青海社会科学》2021 年第 2 期。

50. 张明晶：《甘肃康县生态产品价值实现典型案例研究》，《品牌战略与电子商务》2021 年第 15 期。

51. 段巍岩、黄昌：《河流湖泊碳循环研究进展》，《中国环境科学》2021 年第 8 期。

52. 肖冰：《湖南省湿地生态补偿机制优化研究》，湘潭大学硕士学位论文，2019 年。

53. 宋慈：《基于"两山"理论的水源涵养价值动态优化研究——以张家口市为例》，中国地质大学（北京）博士学位论文，2020 年。

54. 邹学荣、江金英：《建立市场化生态补偿机制的现实路径探析》，《乐山师范学院学报》2018 年第 4 期。

55. 邓琳君：《论我国湿地生态补偿市场化——以美国湿地缓解银行机制为借鉴》，《四川警察学院学报》2020 年第 6 期。

56. 赵占永、崔萌：《浅析塞罕坝生态空间布局建设》，《安徽农学通报》2020 年第 18 期。

57. 张凯：《市场导向下不同水权交易模式价格形成机制研究》，《水资源开发与管理》2021 年第 4 期。

58. 王穗子、刘帅等：《碳交易市场现状及草地碳汇潜力研究》，《草业学报》2018 年第 6 期。

59. 潘华、刘江娥：《我国湿地生态补偿引入 PPP 模式探讨》，《科技与经济》2019 年第 6 期。

60. 杨柳：《我国碳排放权交易市场履约机制问题研究》，华侨大学博士学位论文，2020 年。

61. 邱水林：《政府购买生态服务：欧盟国家的经验与启示》，《环境保护》2018 年第 24 期。

62. 于洋：《浅析塞罕坝林场生态旅游产业发展》，《安徽农学通报》2021 年第 21 期。

63. 关志鸥：《弘扬塞罕坝精神　推进生态文明建设》，《河北林业》2021 年第 9 期。

64. 贾煜：《新时代生态文明观视角下塞罕坝精神内涵解析》，《社科纵横》2021 年第 4 期。

65. 于雷：《浅谈塞罕坝林场森林资源调查设计》，《安徽农学通报》

2021 年第 14 期。

66. 贺亮：《塞罕坝自然保护区植物保护现状及对策》，《安徽农学通报》2021 年第 1 期。

67. 王薇：《浅析塞罕坝自然保护区的管理》，《安徽农学通报》2020 年第 24 期。

68. 孙敏茹：《塞罕坝林场生态林建设现状，问题及对策》，《安徽农学通报》2020 年第 23 期。

69. 崔萌、赵占永：《塞罕坝林场森林草原生态保护规划探讨》，《安徽农学通报》2020 年第 19 期。

70. 张萌：《从"绿色发展"到"塞罕坝精神"》，内蒙古大学博士学位论文，2020 年。

71. 王建坡：《塞罕坝国家森林公园旅游发展研究》，广西师范大学博士学位论文，2020 年。

72. 王绍军：《大力弘扬塞罕坝精神力争在生态文明建设的"接力赛"中跑出好成绩》，《河北林业》2019 年第 1 期。

73. 王雄杰、朱静坚：《塞罕坝精神与中国特色生态文明建设》，《浙江理工大学学报（社会科学版）》2019 年第 1 期。

74. 米冬云：《塞罕坝国家森林公园生态效益和经济价值浅析》，《现代园艺》2018 年第 16 期。

75. 周金中：《大力弘扬塞罕坝精神，书写生态文明建设新篇章》，《河北日报》2018 年 8 月 22 日。

76. 张颖、潘静：《森林生态系统服务价值评估研究综述》，《林业经济》2015 年第 10 期。

77. 张林波、虞慧怡、李岱青等：《生态产品内涵与其价值实现途径》，《农业机械学报》2019 年第 6 期。

78. 欧阳志云、王如松、赵景柱：《生态系统服务功能及其生态经济价值评价》，《应用生态学报》1999 年第 5 期。

79. 张彩南、张颖:《青海省祁连山国家公园生态系统服务价值评估研究》,《环境保护》2019 年第 Z1 期。

80. 欧阳志云、朱春全、杨广斌等:《生态系统生产总值核算:概念,核算方法与案例研究》,《生态学报》2013 年第 12 期。

81. 谢高地、张彩霞、张雷鸣等:《基于单位面积价值当量因子的生态系统服务价值化方法改进》,《自然资源学报》2015 年第 8 期。

82. 王栋、冯楷斌、尹鑫等:《塞罕坝机械林场森林资源质量分析与评价》,《河北林业科技》2020 年第 3 期。

83. 杜兴兰、孟凡玲:《河北塞罕坝国家级自然保护区生物多样性保护存在的问题及措施》,《安徽农学通报》2012 年第 16 期。

84. 赵明阳:《塞罕坝国家森林公园旅游可持续发展的分析探究》,《现代园艺》2018 年第 4 期。

85. 穆西晗、阎广建、周红敏等:《小滦河流域复杂地表碳循环遥感综合试验》,《遥感学报》2021 年第 4 期。

86. 王雪然、潘佩佩:《河北省土地利用变化及其生态环境影响》,《江苏农业科学》2019 年第 16 期。

87. 任耀武、袁国宝:《初论"生态产品"》,《生态学杂志》1992 年第 6 期。

88. 沈辉、李宁:《生态产品的内涵阐释及其价值实现》,《改革》2021 年第 9 期。

89. 温铁军、罗士轩等:《乡村振兴背景下生态资源价值实现形式的创新》,《中国软科学》2018 年第 12 期。

90. 高晓龙、林亦晴、徐卫华等:《生态产品价值实现研究进展》,《生态学报》2020 年第 1 期。

91. 林黎:《我国生态产品供给主体的博弈研究——基于多中心治理结构》,《生态经济》2016 年第 7 期。

92. 徐秀英、李朝柱、崔雨晴等:《集体林区生态公益林产权市场化探讨》，《生态经济》2011 年第 9 期。

93. 黎元生：《生态产业化经营与生态产品价值实现》，《中国特色社会主义研究》2018 年第 4 期。

94. 聂宾汗、靳利飞：《关于我国生态产品价值实现路径的思考》，《中国国土资源经济》2019 年第 7 期。

95. 刘江宜、牟德刚：《生态产品价值及实现机制研究进展》，《生态经济》2020 年第 1 期。

96. 蒋凡、秦涛：《"生态产品"概念的界定，价值形成的机制与价值实现的逻辑研究》，《环境科学与管理》2022 年第 1 期。

97. 刘珉、胡鞍钢：《中国创造森林绿色奇迹（1949—2060）》，《新疆师范大学学报（哲学社会科学版）》2022 年第 3 期。

98. 赵林林、程梦旎、应佩璇等：《我国海洋保护地现状，问题及发展对策》，《海洋开发与管理》2019 年第 5 期。

99. 黄敏、杨飞、郑士伟：《中国城镇化进程对生态系统服务价值的影响》，《水土保持研究》2019 年第 1 期。

100. 赵苗苗、赵海凤、李仁强等：《青海省 1998—2012 年草地生态系统服务功能价值评估》，《自然资源学报》2017 年第 3 期。

101. 何凡能、葛全胜、戴君虎等：《近 300 年来中国森林的变迁》，《地理学报》2007 年第 1 期。

102. 葛全胜、赵名茶、张雪芹等：《过去 50 年中国森林资源和降水变化的统计分析》，《自然资源学报》2001 年第 5 期。

103. 庞勇、蒙诗栎、史锴源等：《中国天然林保护工程区森林覆盖遥感监测》，《生态学报》2021 年第 13 期。

104. 张晓庆、赵万奎、陈智平等：《2006—2016 年甘肃省森林生态系统服务功能价值动态变化研究》，《湖北农业科学》2021 年第 16 期。

105. 高帆、彭祚登、徐鹏：《1977—2018 年贵州省森林生态系统服务功能评估》，《生态科学》2022 年第 4 期。

106. 王世豪、黄麟、徐新良等：《特大城市群生态空间及其生态承载状态的时空分异》，《地理学报》2022 年第 1 期。

107. 王盈丽、徐新良、庄大春等：《湖南省生态系统服务供需格局演变》，《生态学杂志》2021 年第 10 期。

108. 刘慧明、高吉喜、刘晓等：《国家重点生态功能区 2010—2015 年生态系统服务价值变化评估》，《生态学报》2020 年第 6 期。

109. 徐新良、王靓、李静等：《三江源生态工程实施以来草地恢复态势及现状分析》，《地球信息科学学报》2017 年第 1 期。

110. 郑德凤、郝帅、吕乐婷等：《三江源国家公园生态系统服务时空变化及权衡——协同关系》，《地理研究》2020 年第 1 期。

111. 程琳、李锋、邓华锋：《中国超大城市土地利用状况及其生态系统服务动态演变》，《生态学报》2011 年第 20 期。

112. 张颖、潘静：《森林生态系统服务价值评估研究综述》，《林业经济》2015 年第 10 期。

113. 张林波、虞慧怡、李岱青等：《生态产品内涵与其价值实现途径》，《农业机械学报》2019 年第 6 期。

114. 欧阳志云、王如松、赵景柱：《生态系统服务功能及其生态经济价值评价》，《应用生态学报》1999 年第 5 期。

115. 张彩南、张颖：《青海省祁连山国家公园生态系统服务价值评估研究》，《环境保护》2019 年第 Z1 期。

116. 欧阳志云、朱春全、杨广斌等：《生态系统生产总值核算：概念，核算方法与案例研究》，《生态学报》2013 年第 12 期。

117. Wunder, S., "Revisiting the Concept of Payments Forenvironmental services", *Ecological Economics*, 2015.

118. Bull, L., Thompson, D., "Developing Forest Sinks in Australia and the United States-A Forest Owner's Prerogative", *Forest Policy and Economics*, 2011.

119.Kaipainen, T., Liski, J., "Managing Carbon Sinks by Changing Rotation Length in Europeanforests", *Environmental Science&Policy*, 2004.

120.van Kooten, G. C., "How Costly are Carbon Offsets? A Meta-Analysis of Carbon Forestsinks", *Environmental Science & Policy*, 2004.

121.Makkonen, M., Huttunen, S., "Policy Coherence in Climate Change Mitigation: Anecosystem Service Approach to Forests as Carbon Sinks and Bioenergy Sources", *Forest Policy Economics*, 2015.

122.Muñoz-Vallés, S., Cambrollé, J., Figueroa-Luque, E., et al., "An Approach to the Evaluation and Management of Natural Carbon Sinks: From Plant Species to Urban Green Systems", *Urban Forestry&Urban Greening*, 2013.

123.Costanza, R., "Ecological Economics: The Science and Management of Sustainability", *Columbia University Press*, 1991.

124.Daily, G. C., *Nature's services: Societal dependence on natural ecosystems*, Washington D. C.: Island Press, 1997, pp. 123.

125.Costanza, R., D'Arge, R., Groot, R. D., et al., "The Value of the World's Ecosystem Services and Natural Capital", *Nature*, 1997.

126.Alisa, G., Walt, S., Jesslyn, B., et al., "Challenges in Complementing Data from Ground-Base Sensors with Satellite-Derived Products to Measure Ecological Changes in Relation of Climate-Lessons from Temperate Wetland-Upland Landscapes", *Sensors*, 2018.

127.Porter, S. D., Reay, D. S., "Addressing Food Supply Chain and Consumption Inefficiencies: Potential for Climate Change Mitigation", *Regional Environmental Change*, 2016.

128.Hamilton, K., "Measuring Sustainability in the UN System of Environmental-Economic Accounting", *Environmental and Resource Economics*, 2016.

129.Paudyal, K., Baral, H., Burkhard, B., et al., "Participatory Assessment and Mapping of Ecosystem Services in a Data-poor Region: Case Study of Community-managed Forests in Central Nepal", *Ecosystem Services*, 2015.

130.Dewitt, T. J., "Expanding the Phenotypic Plasticity Paradigm to Broader Views of Trait Space and Ecological Function", *Current Zoology*, 2016.

131.Peng, D., Zhang, B., et al., "Country-level Net Primary Production Distribution and Response to Drought and Land Cover Change", *Science of The Total Environment*, 2017.

132.Rees, W. E., "Ecological Footprint and Appropriated Carrying Capacity: What Urban Economics Leaves Out", *Environment and Urbanization*, 1992.

133.Wackernagel, M., Rees, W. E., "Our Ecological Footprint: Reducing Human Impact on the Earth", *Gabriola Island: New Society Publishers*, 1996.

134.Sedjio, R. A., "The Carbon Cycle and Global Forest Ecosystem", *Water, Air, and Soil Pollution*, 1993.

后 记

闭户著书多岁月，天短阴浓冬日早。2022 年 12 月，石家庄的冬天来得有点早，刚入冬就已经寒风刺骨了。当我写下"后记"最后一行字，略微揉了揉酸疼的脊背，行至户外，顿感阳光明媚、空气清新，精神也爽快了。

漫步在已是草枯叶黄的街角公园，我不禁感叹光阴荏苒，季节变换。回想起三年前，大概是在一个初夏的季节开始了我们书稿的前期准备工作。

本书的构思最早源于 2020 年立项的"中共河北省委党校（河北行政学院）创新工程科研项目"——"塞罕坝生态价值市场化机制研究"。研究开展了一段时间，我总感觉现有的塞罕坝资料还不足以支撑起一本书的框架。在人民出版社陆丽云老师的建议下，并征得校（院）科研处的同意，依据"党的二十大报告"的规范表述，我把题目调整成了"生态产品价值市场化机制研究"。

在本书的写作过程中，我们研究团队分赴张家口、承德，并两赴塞罕坝机械林场，同时远赴西藏、贵州进行了充分的调研，每到一地，我们都与政府有关部门开展深入的座谈和交流，获得了大量第一手资料。

为了写好每一个字、说好每一句话，我们团队成员竭力虔心，字斟句酌，夜以继日，务求精益求精，唯恐有负众望。本书内容共分六章，第一章由牟永福撰写，第二章由白翠芳撰写，第三章由樊超撰写，第四章由杨凡撰写，第五章由张茜撰写，第六章由王海英撰写，全书由牟永福统筹修改定稿。

值此拙著付梓之际，衷心感谢人民出版社、中共河北省委党校、塞罕坝机械林场提供的大力支持和诸多帮助！感谢人民出版社陆丽云老师提出的宝贵意见，感谢周肖萌老师积极地搜集资料。

虽已定稿，伏案沉思，我们依然诚惶诚恐！囿于水平，本书难免存在这样或那样的不足和疏漏，在此敬请各位专家、学者批评指正，以求再接再厉、做得更好。

牟永福

2022 年 12 月于卓达书香园

责任编辑：陆丽云　陆思齐

封面设计：滢　心

图书在版编目（CIP）数据

生态产品价值市场化机制研究／牟永福等　著．— 北京：人民出版社，
　2023.12

ISBN 978－7－01－026137－9

I.①生…　II.①牟…　III.①生态经济－研究－中国　IV.① F124.5

中国国家版本馆 CIP 数据核字（2023）第 231401 号

生态产品价值市场化机制研究

SHENGTAI CHANPIN JIAZHI SHICHANGHUA JIZHI YANJIU

牟永福　等　著

人民出版社 出版发行
（100706　北京市东城区隆福寺街 99 号）

北京盛通印刷股份有限公司印刷　新华书店经销

2023 年 12 月第 1 版　2023 年 12 月北京第 1 次印刷
开本：710 毫米 ×1000 毫米 1/16　印张：15.25
字数：210 千字

ISBN 978－7－01－026137－9　定价：78.00 元

邮购地址 100706　北京市东城区隆福寺街 99 号
人民东方图书销售中心　电话（010）65250042　65289539